公共史学丛书

浙江红色历史文化课例

周东华　编著

人民出版社

目　　录

序　言

2016年12月8日,习近平总书记在全国高校思想政治工作会议上指出:"高校立身之本在于立德树人。……其他各门课都要守好一段渠、种好责任田,使各类课程与思想政治理论课同向同行,形成协同效应。"2019年3月18日,习近平总书记在学校思想政治理论课教师座谈会上再次指出:"中华民族几千年来形成了博大精深的优秀传统文化,我们党带领人民在革命、建设、改革过程中锻造的革命文化和社会主义先进文化,为思政课建设提供了深厚力量。……要把统筹推进大中小学思政课一体化建设作为一项重要工程,推动思政课建设内涵式发展。要完善课程体系,解决好各类课程和思政课相互配合的问题"。思政课程和课程思政是一个整体,历史课在其中发挥着重要的黏合作用。无论是中华优秀传统文化还是革命文化或社会主义文化,在中华五千年文明史中,一直承担着立德树人的重要作用。从这个角度看,历史学在课程思政方面,有着天然的优势。

2020年6月27日,习近平总书记在给复旦大学《共产党宣言》展示馆党员志愿服务队全体队员的回信中提出广大青年党员要认真学习"四史"。他说:"希望广大党员特别是青年党员认真学习马克思主义理论,结合学习党史、新中国史、改革开放史、社会主义发展史,在学思践悟中坚定理想信念,在奋发有为中践行初心使命,努力为实现'两个一百年'奋斗目标、实现中华民族伟大复兴的中国梦贡献智慧和力量。"10月,教育部召开专题会议,正式启动"四史"大学生读本编写工作,以贯彻落实习近平总书记关于加强党史、新中国史、改革开放史、社会主义发展史教育的重要指示精神,创新推动习近平新时代中国特色社会主义思想"三进",引导大学生从历史和现实、理论和实践、国际和国内的紧密结合上增进对中国共产党为什么能、马克思主义为什么行、中国特色社会主义为什么好的认识和理解,坚定中国特色社会主义道路自信、理论自信、制度自信、文化自信。

2021年2月20日,习近平总书记在党史学习教育动员大会上强调:"学史明理、学史增信、学史崇德、学史力行……要在全社会广泛开展党史、新中国史、改革开放史、社会主义发展史宣传教育,普及党史知识,推动党史学习教育深入群众、深入基层、深入人心。要鼓励创作党史题材的文艺作品特别是影视作品,精心组织党史主题出版物的出版发行,发挥互联网在党史宣传中的重要作用。要抓好青少年学习教育,着力讲好党的故事、革命的故事、英雄的故事,厚植爱党、爱国、爱社会主义的情感,让红色基因、革命薪火代代传承。"从课程思政角度看,聚焦于1921—2021年这100年,中国共产党领导下的中共党史、新中国史、改革开放史和社会主义发展史,正好涵盖中国现代史和中国当代史两个时段。这两个时段的中国史,不但是大学历史专业必修课程,同时也是中学历史教育的必修内容。对于小学思想政治和思想品德教育来说,用这100年的红色历史文化进行熏陶,也可以为小朋友扣好义务教育阶段的第一粒扣子。

在1921—2021年这100年中,浙江在中共党史、新中国史、改革开放史和社会主义发展史中都具有十分重要的地位。陈望道翻译《共产党宣言》;中国共产党诞生于浙江嘉兴南湖;中共领导的第一场农民运动发生在浙江杭州衙前;新中国成立后的第一个居委会在杭州成立;新中国成立后的第一部宪法草案在杭州起草;社会主义建设时期和改革开放后基层治理的"枫桥经验"、妇女能顶半边天的"千鹤妇女精神"、大陈岛的"垦荒精神"、新时代的"两山"理论等等,都产生在浙江。浙江丰富多彩的红色历史文化资源,是实现课程思政与思政课程相结合的最好素材。

杭州师范大学历史学师范专业(1978 年正式招生)和中国史一级学科硕士点在发展过程中逐渐形成"以史育人、以德塑身"的人才培养特色。从 2018 年暑期开始,杭州师范大学浙江省"十三五"优势专业、浙江省一流专业和浙江省一流学科中国史筹划浙江红色历史文化课例开发。中国史一级学科硕士点的 10 位研究生和人文学院历史和中文 2017 级、2018 级和 2019 级共 20 位优秀本科生,于 2019 年 6—10 月和 2020 年 7—8 月连续跟踪调研了浙江省中小学红色历史文化教育情况,发现浙江红色历史文化校本课程教材缺乏、授课教师不足、专门课程较少的问题。为了解决这些问题,项目组以"用红色历史文化让立德树人活起来"为目标,将历史教育与浙江红色历史文化有效融合,编撰了这本浙江红色历史文化课题的课程思政教材,供大学历史师范专业选修课、中学历史校本课程和小学课程思政课使用。

在章节安排上,本书以浙江的红色历史文化为主题,分为"红船首航""红旗飘飘""红色基地""红色英烈""红色治理"五个部分,涉及了众多浙江红色历史文化内容。在每一节内容的安排上,本书都详细地指出了教学环境、教学目标、教学方法具体流程、板书以及最后的思考题和课后学习资料。在具体流程中也包含了丰富的材料,并详细地阐述了教师活动、学生活动和设计意图,方便教师进行系统的教学。杨艺、鲁伊能、周艳婷、俞文悦、朱佳颖、陈洋、陈小意、许佳、孙超、叶丽君、何亦恒、周凌滢、陈元婕、王一淞、张翊越、黄梦迪、魏正凯、文杨、万旺、唐密、游杰、王婵媛等为本书编写准备了资料和部分初稿撰写。

本书的出版,得到杭州师范大学浙江省重点建设高校优势特色学科专项经费资助。杭州师范大学国家一流专业历史学、浙江省一流学科中国史和浙江省一流专业历史学师范专业也对本书编纂出版提供了资助。袁成毅、陶水木、丁贤勇、夏卫东、陈兆肆、刘俊峰等诸位同仁为本书的出版提出了宝贵建议。姜建忠、周志琴、诸英、管庆江、陈晓玲、刘华章等同志为本书的出版提供了诸多指导。

谨以此书纪念浙江红船启航 100 周年!

周 东 华

2021 年 2 月 28 日

第一章　红船首航

　　浙江是中国革命红船的启航地、新中国第一部宪法的诞生地、习近平新时代中国特色社会主义思想的重要萌发地。陈望道翻译的第一部中文版《共产党宣言》，在中国共产党和中国革命的历史上发挥了重要的引领思想、激励精神、鼓舞斗志、凝聚力量的作用。浙江南湖革命红船启航，一大党纲开天辟地；衙前农民揭竿而起，掀起轰轰烈烈的减租运动，揭开了中国现代农民革命斗争的序幕；杭州上城区上羊市街建立新中国第一个居民委员会，实践了人民民主管理城市的理念，标志着基层民主自治走上历史舞台；毛泽东带领宪法小组在西子湖畔起草新中国第一部宪法，奠定了新中国基本政治和法律制度体系，为国家治理体系的建构发挥了重要作用。

　　从陈望道翻译第一部中文版的《共产党宣言》到南湖红船上召开中共一大、成立中国共产党；从中国共产党领导的第一个有组织、有纲领的农民运动——衙前农民运动到新中国成立第一个居民委员会——杭州上城区上羊市街居民委员会；再到毛泽东在西湖边起草新中国第一部宪法。在浙江这片红色沃土之上，诞生了太多太多的"第一"。中国共产党领导浙江人民打响了第一枪，建立了新制度，发扬了开天辟地、敢为人先的首创精神。

"心有所信，方能行远。"习近平总书记的寄语彰显出真理和信仰的力量，新时代新机遇，更需要有作为、有担当的精神。通过了解党史、新中国史、改革开放史、社会主义发展史，认真学习马克思主义理论，深入理解贯彻习近平新时代中国特色社会主义思想这一马克思主义中国化的最新成果，在学懂弄通做实上持续下功夫，以理论为实践领航。要将个人的命运与国家和民族的命运紧密相连，把个人的奋斗融入国家和民族的奋斗大潮中，当好社会主义事业的建设者和接班人。

通过本章学习，知道陈望道翻译《共产党宣言》、嘉兴红船召开中共一大、衙前农民起义、上羊市街建立居民委员会、毛泽东起草新中国第一部宪法这五个历史事件发生的时间和背景，了解事件发生的过程，理解和体会事件产生的影响和意义。

第一节　真理的味道有点甜——陈望道首译《共产党宣言》

一、本节概述

1919 年的五四运动，"以彻底反帝反封建的革命性、追求救国强国真理的进步性、各族各界群众积极参与的广泛性，推动了中国社会进步，促进了马克思主义在中国的传播"①。在五四运动前后，一批马克思主义学说译文陆续被介绍到中国，李大钊、梁启超、张闻天、朱执信等均翻译过《共产党宣言》的部分章节或片段，但没有全本。

1920 年 3 月，陈望道接到了《民国日报》邵力子的来信，说《星期评论》社戴季陶约请他翻译《共产党宣言》，参照版本是日文版《共产党宣

---

① 习近平：《在纪念五四运动 100 周年大会上的讲话》，人民出版社 2019 年版，第 2 页。

言》和陈独秀从北大图书馆借来的英文版《共产党宣言》。于是,陈望道离开任教不到半年的浙江一师,回到浙江义乌县分水塘村,着手翻译工作。恩格斯说,"翻译《共产党宣言》是异常困难的"。面对《共产党宣言》尚无全本中译文可供参考等困难,陈望道迎难而上,夜以继日地译书。他在老家"柴房"中,平日只有一盏昏暗的煤油灯陪伴,身边放着《英汉辞典》《日汉辞典》,方便翻译过程中查找生疏的术语、名词,字斟句酌地翻译每一句话。有时饿了,就吃一口母亲送来的粽子,墨汁当红糖,"真理的味道有点甜"。在"费了平时译书的五倍功夫"后,陈望道以两个月不到的时间,在 1920 年 4 月下旬完成《共产党宣言》第一本全译本初稿。

二、原典呈现

陈望道译《共产党宣言》原版

中共一大会址纪念馆馆藏陈望道所译各版《共产党宣言》

共产党人同全体无产者的关系是怎样的呢？

共产党人不是同其他工人政党相对立的特殊政党。

他们没有任何同整个无产阶级的利益不同的利益。

他们不提出任何特殊的原则，用以塑造无产阶级的运动。

共产党人同其他无产阶级政党不同的地方只是：一方面，在无产者不同的民族的斗争中，共产党人强调和坚持整个无产阶级共同的不分民族的利益；另一方面，在无产阶级和资产阶级的斗争所经历的各个发展阶段上，共产党人始终代表整个运动的利益。

因此，在实践方面，共产党人是各国工人政党中最坚决的、始终起推动作用的部分；在理论方面，他们胜过其余无产阶级群众的地方在于他们了解无产阶级运动的条件、进程和一般结果。

共产党人的最近目的是和其他一切无产阶级政党的最近目的一样的：使无产阶级形成为阶级，推翻资产阶级的统治，由无产阶级夺取政权。

共产党人的理论原理，决不是以这个或那个世界改革家所发明或发现的思想、原则为根据的。

——《共产党宣言》

　　我热心地搜寻那时候能找到的为数不多的用中文写的共产主义书籍。有三本书特别深地铭刻在我的心中,建立起我对马克思主义的信仰。我一旦接受了马克思主义是对历史的正确解释以后,我对马克思主义的信仰就没有动摇过。这三本书是:《共产党宣言》,陈望道译,这是用中文出版的第一本马克思主义的书;《阶级斗争》,考茨基著;《社会主义史》,柯卡普著。到了1920年夏天,在理论上,而且在某种程度的行动上,我已成为一个马克思主义者了,而且从此我也认为自己是一个马克思主义者了。

　　　　　　　　　——齐霁:《毛泽东与〈共产党宣言〉的不解之缘》

三、教学设计

第1课时

导入:

　　同学们,老师手上这本书,有谁以前看过吗? 它就是《共产党宣言》,同学们应该知道这本书的作者是卡尔·马克思和弗里德里希·恩格斯。那么这本书传入中国后,又是谁翻译的呢?《共产党宣言》对当时国内社会产生了什么样的影响呢? 本节课就让我们来了解这段历史,看看当年究竟发生了什么。

　　话不多说,就让我们开始正式上课吧!

　　【设计意图】通过实物引入,与学生进行互动,调动学生的兴趣并吸引学生的注意力。通过一系列的问题引入本节课的主题,设下悬念,激发学生们的好奇心,帮助学生快速地进入课堂情景。最后点出课程的主要讲授脉络,讲清本节课内容。

1. 背景

(1) 五四运动

【教师活动】展示材料,并提出问题引导学生作答。对学生的回答进行概括完善,必要时进行补充。

【设计意图】通过对五四运动的说明,让学生了解到一百多年前的历史情况,并进一步认识到五四运动对之后陈望道翻译《共产党宣言》的影响。

材料一:

"五四"传单

1919 年五四运动爆发后,在 5 月 9 日国耻日,许多城市形成集会和演讲的高潮。这份传单由浙江省立第六师范学校印发,记述了日本提出灭亡中国的《二十一条》的经过,中国主权丧失的严重后果和 5 月 9 日召开国耻纪念会的目的及意义。

——《浙江省博物馆典藏大系　长夜破晓》

(2) 马克思学说研究会成立

【教师活动】展示材料,并提出问题引导学生作答。对学生的回答进行概括完善,必要时进行补充。

【设计意图】通过对马克思学说研究会进行解释,让学生了解并进一步认识到马克思学说研究会对之后陈望道翻译《共产党宣言》的影响。

材料二:

五四反帝爱国运动以后,马克思主义在全国及北京得到进一步的传播,一些具有初步共产主义思想的知识分子在与工人群众相结合的过程中,产生了组织无产阶级政党以指导中国革命的迫切要求和愿望。

酝酿筹建中国共产党,首先是从陈独秀和李大钊开始的。李大钊不仅是中国最早的马克思主义者,也是中国共产党的主要创始人之一。陈独秀在五四运动中因散发《北京市民宣言》被捕,经多方营救于3个月后获释出狱。为避免军阀政府迫害,他决定前往上海。1920年2月,李大钊扮作商人帮助陈独秀秘密出京,护送他到天津,随后陈独秀乘船去了上海。途中,李大钊和陈独秀商讨了建党的问题,并相约在北京和上海分别进行活动,筹建中国共产党。

李大钊返京后,于1920年3月与邓中夏、高君宇等人经过多次酝酿和讨论,决定首先组织一个马克思主义的研究团体,为建立共产党组织作思想上和干部上的准备。这个团体名叫"马克斯学说研究会",其宗旨是"以研究关于马克斯派的著述为目的"。"对于马克斯派学说研究有兴味的和愿意研究马氏学说的人,都可以做本会底会员"。这个研究会是秘密成立的,1921年11月17日才在《北京大学日刊》上登出成立启事,对外公开。研究会的发起者有19人,多是北大学生及旁听生。后来发展的会员除少数外校学生如女高师缪伯英等人外,基本上仍是北京大学学生,所以又称"北京大学马克思学说研究会"。这个研究会是中国最早的一个比较系统学习和研究马克思主义的团体,也是李大钊把"愿意研究马氏学说"的人联合起来的最初尝试。

  ——中共北京市委党史研究室:《中国共产党北京历史》第 1 卷

(3)中国共产党成立和早期中国共产党人的奋斗

【教师活动】展示材料,并提出问题引导学生作答。对学生的回答进行概括完善,必要时进行补充。

【设计意图】通过对中国共产党成立进行介绍,让学生了解并进一步认识到中国共产党的成立和早期中国共产党人与陈望道翻译《共产党宣言》的关联性。

材料三:

随着帝国主义的入侵和现代工业的发展,中国产生了无产阶级,而且在不断发展壮大,到 1919 年产业工人已经发展到 200 万人左右。无产阶级的产生和发展,为中国共产党的建立奠定了阶级基础。1917 年俄国十月革命的胜利给中国送来了马克思列宁主义,使中国的先进分子找到了救国救民的真理。马克思列宁主义在中国的广泛传播,为中国共产党的建立奠定了思想基础。1919 年爆发的五四运动,促进了马克思主义同中国工人运动的结合,为中国共产党的建立作了思想上和干部上的准备。

1920 年初,李大钊、陈独秀等开始了建党的探索和酝酿。4 月,俄共(布)西伯利亚局派维经斯基等一行来华,了解中国情况,考察能否在上海建立共产国际东亚书记处。他们先在北京会见了李大钊,后由李大钊介绍到上海会见陈独秀,共同商谈讨论了建党问题,促进了中国共产党的创立。从 5 月开始,陈独秀邀约李汉俊、李达、俞秀松等人多次商谈建党的问题。8 月,陈独秀在上海成立了中国共产党的发起组。10 月,李大钊在北京建立了共产主义小组。接着,在湖南、湖北、山东、广东等地相继建立了党的早期组织,同时在法国和日本也由留学生中的先进分子组成了党的早期组织。这些组织当时叫法不一,有的叫共产党,有的则称共产党小组或支部,由于它们性质相同,因此,后来统称它们为各地共产主义小组。

　　各地共产主义小组建立以后,开展了多方面的革命活动。为了广泛传播马克思列宁主义,统一建党思想,1920年9月,上海发起组把《新青年》杂志(从八卷一号开始)改为党的公开刊物;同年11月,又创办了《共产党》月刊,在全国主要城市秘密发行,这是中国共产党历史上第一个党刊。新青年出版社还翻译出版了《共产党宣言》、《国家与革命》等马克思列宁主义经典著作,以及多种宣传马克思主义的通俗小册子。各地共产主义小组又创办了一批面向工人的通俗刊物,在上海有《劳动界》,北京有《劳动音》和《工人月刊》,济南有《济南劳动月刊》,广州有《劳动者》等,对工人进行阶级意识的启蒙教育。在此基础上,各地共产主义小组积极深入工人群众,举办工人夜校,建立工会组织。各地还建立了社会主义青年团,发展了一批团员,青年团成为党的有力助手和后备军。

　　　　　　　　　　——王国奇:《中国梦的历史探究及当代启示》

【板书】背景:(1)五四运动;(2)马克思学说研究会成立;(3)中国共产党成立和早期中国共产党人的奋斗。

　　2. 过程

　　材料四:

　　陈望道(1891—1977),原名参一,笔名陈佛突、陈雪帆、南山等,浙江义乌人。中国共产党早期活动家、著名教育家、修辞学家、语言学家。1920年,在家乡翻译了《共产党宣言》第一个中文全译本,并负责过《新青年》编辑工作,1921年参与创建了中国共产党,是中共上海地方委员会的首任书记,是当之无愧的浙江红色第一人。新中国成立后,担任复旦大学校长25年之久,其专著《修辞学发凡》是中国第一本系统的修辞学著作。

——中共嘉兴市委宣传部等:《中国共产党早期组织及其成员研究》

材料五:

有一个怪物,在欧洲徘徊着,这怪物就是共产主义。旧欧洲有权力的人都因为要驱除这怪物,加入了神圣同盟。罗马法王,俄国皇帝,梅特涅、基佐(Guizot),法国急进党,德国侦探,都在这里面。

那些在野的政党,有不被在朝的政敌,诬作共产主义的吗?那些在野的政党,对于其他更急进的在野党,对于保守的政党,不都是用共产主义这名词作回骂的套语吗?

由这种事实可以看出两件事:

(1)共产主义,已经被全欧洲有权力的人认作一种有权力的东西。

(2)共产党员,已经有了时机可以公然在全世界底面前,用自己党底宣言发表自己的意见,目的,趋向,并对抗关于共产主义这怪物底无稽之谈。

为了这缘故,各国共产党员便在伦敦开了个会,草了下列的宣言,用英,法,德,意,佛兰德,丹麦各国底语言,公布于世界。

——陈望道译1920年9月再版本《共产党宣言》引言

【教师活动】展示材料,并提出问题引导学生作答。对学生的回答进行概括完善,必要时进行补充。通过提供的材料,与学生一起以讨论的形式回忆陈望道以及《共产党宣言》,并将两者联系起来为接下来的讲解陈望道首译《共产党宣言》作铺垫。

【设计意图】通过对陈望道与《共产党宣言》的相关材料进行展示和描述推动学生进行回忆,并使学生在这个基础之上能够较好地理解接下来的教学内容。

材料六：

毛泽东同志说："十月革命一声炮响，给我们送来了马克思列宁主义。"苏联革命的胜利，在我们中国引起了强烈的反响，"走俄国人的路"，成为当时一些先进分子的理想。五四运动以后，传播马克思主义成为新文化运动的主要内容。浙江的先进分子和青年学生一方面如饥似渴地阅读各地的进步报刊，如《新青年》《星期评论》《湘江评论》等，以充实自己，一方面也大办报刊，宣传新思想、新学说，特别是马克思主义的学说。如上面所说到的《浙江新潮》，就是一师等进步学生向浙江广大青年宣传马克思主义的一个重要阵地。《曲江工潮》由浙江印刷工会创刊和经办，更是直接以广大工人为读者对象的刊物。

——梁春芳等：《浙江近代图书出版史研究》

材料七：

在探求、追随马克思主义的道路上出现了很多震撼人心的故事。《共产党宣言》第一个中文全译本就是陈望道在浙江义乌分水塘村一个简陋的柴屋里译成的，谱写了一曲在中国传播马克思主义的动人篇章。

1848年，一本德文小册子——《共产党宣言》在欧洲问世，它是马克思、恩格斯为共产主义者同盟起草的纲领，它系统地阐述了科学共产主义理论，提出了"全世界无产者联合起来"的战斗口号，它照亮了正在黑暗中摸索前行的世界工人运动。72年后，也就是1920年，一位29岁的热血青年陈望道，在一盏昏黄的煤油灯下翻译了这本《共产党宣言》，它为马克思主义在中国的传播，为中国共产党的创建作出了重要贡献。

——陈立民、萧思健主编：《千秋巨笔 一代宗师
——纪念陈望道先生诞辰120周年》

材料八：

1920 年初，陈望道回到浙江义乌分水塘村的老家，开始了《共产党宣言》的翻译，翻译此书务须绝对保密，陈望道灵机一动，把翻译处设在矮小僻静的柴房里，里边放两条板凳，搁上一块铺板当作写字台。白天靠着窗口透进来的亮光，或研读日文本，或挥笔书写，或对照英文本，晚上则封闭窗口，点上煤油灯继续翻译，甚至达到了废寝忘食的程度。

南方山区的春天，夜里依然寒气袭人，加之坐的时间久了，手脚冰冷至发麻酸疼。陈望道却毫不介意，为使译文既准确又符合原意，时时刻刻聚精会神地字斟句酌，一丝不苟，曾留下了一段"吃墨"的感人佳话。为了专心致志译书，陈望道的吃喝均由母亲专送。一天母亲送来几个粽子给儿子吃，外加一碟红糖。过了一阵，母亲来取碗筷时，惊奇地发现儿子满嘴乌黑，红糖却原封没动。老人家爱怜又用带有几分生气的口吻问道：

"吃完啦，这糖甜不甜呀？"陈望道仍浑然不觉，头也不抬地答道："甜，真甜。"

——陈立民、萧思健主编：《千秋巨笔　一代宗师
——纪念陈望道先生诞辰 120 周年》

【教师活动】展示材料，并提出问题引导学生作答。对学生的回答进行概括完善，必要时进行补充。

【学生活动】通过梳理材料间的相互联系，使学生从中了解到陈望道首译《共产党宣言》的历程。

【设计意图】通过材料的展示，再现当时陈望道翻译《共产党宣言》的情形，让学生们体会到当时陈望道对革命事业的热情，加深学生对陈望道首译《共产党宣言》的印象。推动学生了解革命工作的艰难以及革命先烈的刻苦精神，进而促使学生明白现在生活的来之不易，并产生

向前辈学习的意识,培养学生对国家的热爱与拥护。

材料九:

陈望道经过4个多月(将近2个月——笔者注)的苦战,至4月底,终于完成了《共产党宣言》的翻译工作,于5月中旬赶往上海交卷。正当《共产党宣言》要在《星期评论》上连载时,因刊物宣传十月革命和马克思主义学说,引起租界当局的注意,《星期评论》被迫停刊,《共产党宣言》也就不能连载了。陈望道将《共产党宣言》译本交给陈独秀,他马上又将陈望道翻译的《共产党宣言》,连同日、英文版的《共产党宣言》一起交给李汉俊校阅。李汉俊是中国共产党创建者中的学者型人物,他通晓日、英、德、法四国外语。他经过认真仔细一一校正修改后,再交给陈独秀审阅。陈望道按两人的修改意见,做了定稿。

1920年8月,上海共产主义小组建立,共有8位成员,陈望道是其中之一。上海共产主义小组将宣传马克思主义当作首要任务,要出版《共产党宣言》。当时上海的华界由军阀统治,租界由帝国主义统治,对"共产主义的幽灵"既害怕又仇恨,岂容《共产党宣言》公开印刷发行,再者也没有经费出版印刷。正巧5月,共产国际代表维金斯基来到上海,与陈独秀等筹谋创建中国共产党,还带来了一大笔经费。经陈独秀争取,维金斯基动用共产国际经费,在辣斐德路(今复兴中路)成裕里12号开设了"又新"秘密印刷所,负责承印《共产党宣言》。8月中旬,以"社会主义研究社"的名义出版了中译本《共产党宣言》1000册,被列为"社会主义小丛书"的第一种。封面上印有水红色马克思半身坐像,肖像上端有"共党产宣言"五个大字,下面有"马格斯安格尔斯合著""陈望道译"的字样。

——陈立民、萧思健主编:《千秋巨笔　一代宗师

——纪念陈望道先生诞辰120周年》

材料十：

于是，陈望道横空出世。

在翻译界，陈望道作为翻译家的名声远远不如他在修辞学界的地位。但历史为什么选择了陈望道？本雅明曾经说过，"一部作品是否可译，这个问题有两重意义。要么，在这部作品的全体读者中，一位合适的译者是否能够被找到？要么，更贴切地说，该作品的性质是否使它适合于翻译，因此从[翻译]这种方式的重要性来看，它是否呼唤着翻译？"（Benjamin，1923/992：72）《共产党宣言》在戴季陶那里是不可译的，因为他自认其能力无法应对这部"翻译难度相当高"的原著，但在陈望道那里却是可译的，因为他具有翻译该书所需的那"三个条件"。在当时的历史条件下，是《共产党宣言》"呼唤着"他的翻译。戴季陶所列的三大条件的第一条是"熟识马克思主义、共产主义学说"。陈望道早在留学日本时就已"受日本社会主义者河上肇、山川均等熏陶启发，开始阅读马克思学说，思想由此升华，抛弃了实业救国、科学救国的幻想，向往中国走十月革命的道路"（陆茂清，2011）。第二条，"精通德、英、日三种外语中的一种"。陈望道留学日本，日语自不在话下，他在赴日之前，又潜心研习过英语，据叶永烈记载，他在"中学毕业后，曾到上海进修过英语，准备去欧美留学"（叶永烈，2005：99）。第三个条件，"有相当水平的语言文学素养"，这一条陈望道更不含糊，别的不说，就说他日后写成《修辞学发凡》而成为中国当代修辞学奠基人，就可以看出他的"语言文字素养岂止相当水平"。民国期间他还曾出任国立武昌中山大学中文系教授、复旦大学中文系主任、新中国成立后任复旦大学校长。

——王东风：《跨学科的翻译研究》

材料十一：

陈望道译《共产党宣言》，内容为：第一章，"有产者和无产者"；第二章，"无产者和共产党"；第三章，"社会主义及共产主义的著作"，包括"复古的社会主义"、"保守的社会主义（资本家社会主义）"及"批评的空想的社会主义和共产主义"，其中"复古的社会主义"又分为"封建的社会主义"、"小资本家社会主义"、"'真'的社会主义"；第四章，"共产党和在野各党派底关系"。在《共产党宣言》中，马克思及恩格斯将唯物史观与工人运动有机结合，深刻阐述了阶级斗争历史观，全面批判了各种非科学的社会主义学说，揭示了资本主义社会关系的新变化和共产主义社会的基本特征以及共产党人的立场、观点和方法。马克思及恩格斯指出："一切过去社会底历史，都是阶级争斗底历史"；古来历史的运动，都是少数人的运动，都是为了少数人的利益的运动。无产阶级运动，却与此不同。他是为了大多数人的利益，大多数人自觉的独立的运动。但现在社会最下层的无产阶级，若不把官僚社会压在上层的全部抛出九霄云外，自己是不会翻身上达的；"共产党直接的目的，（一）纠合无产者团成一个阶级，（二）颠覆有产阶级底权势，（三）无产阶级掌握政权"；"我们要废去阶级对抗和阶级所组成的旧式资本家社会换上各个人都能够自由发达，全体才能够自由发达的协同社会"；"近世阶级争斗发达到一定的状态，那离开了争斗空想的立脚地及对于争斗所发空想的攻击，就完全失了实际的价值和理论的根基"；"共产党无论在什么地方，对于各种反抗社会及政治现状的革命运动，一概援助。……共产党最鄙薄隐秘自己的主义和政见。所以我们公然宣言道：要达到我们的目的，只有打破一切现社会的状况，叫那班权力阶级在共产的革命面前发抖"。

——李金和：《当代中国核心价值体系建设的理论与实践》

【设计意图】引导学生了解陈望道《共产党宣言》的相关史实，衔接上面的教学环节，保持教学的连贯性。与之后补充的材料进行联系加

15

深学生印象、刺激学生记忆。以多位学生参与讨论畅所欲言的方式,活跃课堂氛围、调动学生的热情,营造活泼轻松的课堂氛围。

3.纪念

材料十二:

1月18日,由纪念馆与复旦大学档案馆联合主办的"青春·火种·信仰"——纪念陈望道诞辰127周年暨《共产党宣言》170周年主题展览正式开幕。开幕仪式上,团中央机关旧址馆长王娟、主题展撰稿人陈光磊分别致辞。开幕式后,主办方邀请了复旦大学中文系副教授霍四通为大家带来"重温外国语学社经典课程:讲读《共产党宣言》"讲座。讲座的举办地点就选在了当年陈望道授课的外国语学社教室。纪念馆、复旦大学档案馆、复旦大学校史研究会、校史馆志愿者团队、武警上海总队某部的代表们在现场聆听了讲座。重现了"大师课堂",在陈望道当年的授课处——外国语学社精彩开课。此外纪念馆将陆续推出微信线上展和巡回展。

陈望道是《共产党宣言》中文首译本的翻译者,中国共产党早期党员,上海社会主义青年团的发起人之一,中国著名学者、翻译家、教育家、社会活动家。本次展览用翔实的史料与珍贵的历史照片,分别以"大师陈望道"、"更名望道"、"一师风潮"、"语文革命"等20余个子专题有机构成,并重点介绍了陈望道的经典译作问世过程及其影响,以及在渔阳里、复旦大学的主要事迹,从陈望道的革命与文化贡献以及日常生活片段,真实再现了成就"千秋巨笔"的陈望道先生的生命历程。纪念馆之所以选择在这个时间节点推出此次展览,目的在于引领当代广大观众感受"信仰的味道",使革命先驱的事迹与他的著作在他的生后更为长远地感染后人、激励后人。

——《渔阳里举办"青春·火种·信仰"
——纪念陈望道诞辰127周年暨〈共产党宣言〉170周年主题展览》

【学生活动】根据材料讨论现在的人们对陈望道翻译《共产党宣言》的重视程度,进而探讨纪念陈望道翻译《共产党宣言》的意义。

【教师活动】引导学生思考,组织学生讨论,必要时完善总结学生的回答。

【设计意图】通过对陈望道翻译《共产党宣言》这一纪念活动的重视,突出陈望道翻译《共产党宣言》的深刻影响,揭示共产主义的先进性,培养学生对于当代共产党理念和政策的支持,对党和国家的拥护与热爱。以加强爱国主义教育的方式培养学生对于祖国的热爱,携手共建社会主义新时代。

第2课时

陈望道故居实地考察。要求带着问题参观:

陈望道首译《共产党宣言》的历史意义是什么?

教师带领参观并讲述陈望道首译《共产党宣言》的历史意义:

参考回答:

1. 陈望道翻译的《共产党宣言》,后来成为国民党统治时期在国内流传最广、影响最大的一部马克思主义经典著作。

2. 这部作为《共产党宣言》的第一个中文全译本,对宣传马克思主义,推动无产阶级运动在中国的蓬勃发展,起到了非常重要的作用。

3. 它也为中国共产党奠定了思想基础。

4. 在这本书的影响下,当时许许多多的革命青年,逐步树立起对马克思主义的坚定信念,成为共产主义的信仰者。

课后作业:观看了陈望道故居,了解陈望道首译《共产党宣言》的历史,你对此有何感想? 谈谈自己的感悟。下节课交流讨论。

第3课时

按照班级人数合理分组,交流讨论上节课的课后任务,小组推选两人上台展示。

教师总结:通过学习,大家对陈望道首译《共产党宣言》有了深刻的认识。虽然这一切都过去了,但是我们还能从陈望道故居中回顾当年那段历史。后辈们仍然会记得曾经那段光荣的革命岁月,铭记这本《共产党宣言》的中译本给后来的中国革命带来的翻天覆地的变化。

四、推荐阅读书目

1. 复旦大学档案馆编:《宣言中译　信仰之源》,复旦大学出版社2020年版。

2. 中央档案馆、国家档案局、上海市档案局、上海市档案馆编:《信仰的力量——中国共产党人的初心》,学林出版社2018年版。

3. 贺团卫:《民主革命时期〈共产党宣言〉在中国的翻译与传播研究:1899—1949》,中国社会科学出版社2019年版。

五、课后思考

1. 陈望道如何翻译《共产党宣言》,具体过程是什么样的?

2. 陈望道翻译的《共产党宣言》对后世马克思主义的发展有什么影响?

3.《共产党宣言》的翻译对中国革命会产生哪些影响?

第二节　红船首航嘉兴南湖:
中共一大在浙江

一、本节概述

1917年俄国十月革命的胜利给中国送来了马克思列宁主义,使中国的先进分子找到了救国救民的真理。马克思列宁主义在中国的广泛传播,为中国共产党的建立奠定了思想基础。1919 年爆发的五四运动,促进了马克思主义同中国工人运动的结合,工人阶级登上历史舞台。1920 年,共产主义小组纷纷成立,为中国共产党的诞生奠定了干部基础。1921 年,中共一大召开,会议的最后一天在嘉兴的一艘小船上进行。2005 年,习近平将中国共产党开天辟地、敢为人先的首创精神,坚定理想、百折不挠的奋斗精神,立党为公、忠诚为民的奉献精神统称为"红船精神"。"红船精神"始终贯彻在党的发展历程中,既是党的发展经验,也是党的发展方向。

二、原典呈现

嘉兴红船

一个大党诞生于一条小船。从此,中国共产党引领革命的航船,劈波斩浪,开天辟地,使中国革命的面貌焕然一新。伟大的革命实践产生伟大的革命精神。"红船精神"正是中国革命精神之源:中国共产党历史上形成的优良传统和革命精神,无不与之有着直接的渊源关系。

……

中国共产党沿着红船的航向,以开天辟地、敢为人先的首创精神,始终站在历史和时代发展的潮头。上世纪20年代的旧中国,是一个半封建半殖民地的社会。"十月革命"一声炮响给我们送来马克思列宁主义,"五四"运动中工人阶级登上政治舞台,这都为中国共产党的诞生作了思想和组织上的准备。中国共产党正是顺应求民族独立、谋人民解放的历史使命,勇立社会历史发展的潮头,在南湖红船上宣告成立,从此使中国革命的历史翻开了崭新的一页。

……

中国共产党扬起红船的风帆,以坚定理想、百折不挠的奋斗精神,矢志推动中国革命和建设事业不断前进。中国共产党是以马克思主义理论武装起来的先进政党。中国共产党的诞生,使中国革命从此有了坚定的理想信念和强大的精神支柱。

……

中国共产党载着红船的意愿,以立党为公、忠诚为民的奉献精神,努力维护好、实现好、发展好最广大人民的根本利益。"革命声传画舫中,诞生共党庆工农"。中国共产党从诞生那天起,从来就没有自己的私利,而是以全心全意为人民谋福利为根本宗旨。密切联系群众是我们党区别于其他任何一个政党的显著标志。依水行舟,忠诚为民,成为贯穿中国革命和建设全过程的一条红线,也是"红船精神"的本质所在。

——习近平:《弘扬"红船精神" 走在时代前列》

一、我党定名为"中国共产党"。

二、我党纲领如下:

1.以无产阶级革命军队推翻资产阶级,由劳动阶级重建国家,直至消灭阶级差别；

2. 采用无产阶级专政，以达到阶级斗争的目的——消灭阶级；

3. 废除资本私有制，没收一切生产资料，如机器、土地、厂房、半成品等，归社会所有；

4. 联合第三国际。

三、我党采取苏维埃的形式，把工农劳动者和士兵组织起来，宣传共产主义，承认社会革命为我党的首要政策；坚决同黄色知识分子阶层及其他类似党派断绝一切联系。

四、凡接受我党的纲领和政策，愿意忠于党，不分性别、国籍，经过一名党员介绍，均可成为我们的同志；但在加入我党之前，必须断绝同反对我党纲领之任何党派的关系。

五、介绍党员的手续如下：被介绍人应由当地委员会审查；审查期限至多两个月。审查后经多数党员同意，方可承认申请人为党员，如该地区已成立执行委员会，应由该委员会批准。

六、在公开时机未成熟前，党的主张以至党员身分都应保守秘密。

七、有五名党员的地方可建立地方委员会。

八、一个地方的委员会成员，经当地书记介绍，可转至另一个地方的委员会。

九、不到十人的地方委员会，只设书记一人管理事务；超过十人者，应设财务委员一人，组织委员一人，宣传委员一人；超过三十人者，应组织执行委员会。该委员会的章程另订。

十、各地在党员增加的情况下，应根据职业的不同，利用工人、农民、兵士和学生组织，在党外进行活动。这些组织必须受党的地方执行委员会指导。

——《中国共产党纲领》

三、教学设计

第 1 课时

【课前准备】布置课前学习任务,学生自行查阅中共一大和"红船精神"相关资料,重点了解中共一大召开的过程和主要与会人物简历。

导入:

【教师活动】播放《建党伟业》片段,之后展示中共一大上海会议旧址和南湖红船图片,通过视频和图片导入本次课堂的主题并提问。

【学生活动】观看视频和图片,根据已有知识回答"如今有多少共产党员"的问题。

【设计意图】首先播放《建党伟业》片段,在直接进入主题的同时,吸引学生注意力,提升学生的学习兴趣,同时帮助学生进行知识回顾,让学生回忆起中共一大的相关史实。之后提供图片史料,增强教学直观性的同时让学生掌握更多图片史料。最后进行提问,通过今昔对比,体现中国共产党的发展历程,将学生的关注点自然引向共产党的诞生之初——中共一大,正式开始本课内容。

1. 中共一大启新程

(1)会议背景

材料一:

社会主义学者于德独昌,于政治上有大势力。而他政党,乃却顾失势,仰其伙援焉。盖自俾士麦当路以来,言德国政治而不数社会党之势力者,未尝得为知言也。……

——朱执信:《德意志社会革命家小传》

材料二：

我平素对于马氏的学说没有什么研究,今天硬想谈"马克思主义"已经是僭越的很。但自俄国革命以来,"马克思主义"几有风靡世界的势子,德、奥、匈诸国的社会革命相继而起,也都是奉"马克思主义"为正宗。"马克思主义"既然随着这世界的大变动,惹动了世人的注意,自然也招了很多的误解。我们对于"马克思主义"的研究,虽然极其贫弱,而自一九一八年马克思诞生百年纪念以来,各国学者研究他的兴味复活,批评介绍他的很多。我们把这些零碎的资料,稍加整理,乘本志出"马克思研究号"的机会,把他转介绍于读者,使这为世界改造原动的学说,在我们的思辨中,有点正确的解释,吾信这也不是绝无裨益的事。万一因为作者的知能谫陋,有误解马氏学说的地方,亲爱的读者肯赐以指正,那是作者所最希望的。

——李大钊:《我的马克思主义观》

【教师活动】补充列举早期马克思主义者在中国传播马克思主义的作品,如《庶民的胜利》、《布尔什维克的胜利》等。引导学生思考中共一大召开的背景。

【学生活动】阅读史料,根据教师引导,思考关于中共一大召开背景的问题,得出"马克思主义在中国传播"的结论。

【板书】中共一大背景:①马克思主义在中国传播。

【设计意图】培养学生阅读史料、分析史料、归纳结论的能力,促进学生史料实证核心素养的发展。

材料三：

商务印书局、中华书局男女工人于前日(5日)一律停工。

——《新闻报》1919年6月7日

材料四：

南市华商电车公司卖票、开车人等前日（五日）在西门某馆集议罢工后，昨日（六日）遂将各路电车一律停开，与各学各商店取一致行动。

——《申报》1919年6月7日

材料五：

英美电车公司司机人昨（六日）闻华界电车公司卖票司机人皆已全体罢工，故托故告假者亦有数人，是以行驶各路之车。

——《申报》1919年6月7日

【教师活动】引导学生思考中共一大召开的另一个背景。

【学生活动】阅读史料，分析史料，根据教师引导得出结论——"工人运动高涨"。

【板书】②工人运动高涨。

【设计意图】培养学生史料实证的核心素养。

【教师活动】补充相关内容：1920年8月，上海共产党早期组织最先成立。1920年10月，由李大钊、张申府、张国焘3人发起成立北京共产党早期组织，李大钊为负责人。1920年秋，董必武、陈潭秋、包惠僧等人在武昌秘密召开会议，正式成立武汉共产党早期组织，推选包惠僧为书记。1920年秋，施存统、周佛海等人在日本东京建立旅日共产党早期组织，施存统为负责人。1920年秋冬之际，毛泽东、何叔衡等在长沙，以新民学会骨干为核心秘密组建共产党早期组织。1920年底至1921年初，王尽美、邓恩铭等在济南建立共产党早期组织。1921年春，在与无政府主义者组织的"共产党"分道扬镳后，陈独秀等重新组建广州共产党早期组织，成员有谭平山、陈公博、谭植棠等，陈独秀、谭平山先后任书记。1921年，张申府、周恩来、赵世炎、刘清扬等在法国巴黎也建立了由留学生中先进分子组成的共产党早期组织，张申府为负责人。

这些早期共产主义组织统称为"共产主义小组"。

【板书】③共产主义小组的广泛成立。

【设计意图】补充相关知识,拓展学生知识面。同时建立历史联系,培养学生全面看待历史活动的意识——中国共产党的诞生并非一朝一夕。教师自行讲解,加快进度,提高课堂教学效率。

(2)会议过程

材料六:

党的十九大闭幕仅一周,中共中央总书记、国家主席、中央军委主席习近平带领中共中央政治局常委李克强、栗战书、汪洋、王沪宁、赵乐际、韩正,于 31 日专程从北京前往上海和浙江嘉兴,瞻仰上海中共一大会址和浙江嘉兴南湖红船,回顾建党历史,重温入党誓词,宣示新一届党中央领导集体的坚定政治信念。

——新华社上海/浙江嘉兴 2017 年 10 月 31 日电

【教师活动】根据材料做过渡性讲解:2017 年,党的十九大召开,十九大闭幕仅一周,新的领导班子就来到了上海和浙江嘉兴参观中共一大会址,瞻仰红船,这体现了我党对中共一大历史意义的高度重视,那么,中共一大召开的具体过程是怎样的呢?

【教师活动】提问学生,并根据学生回答情况作相应的补充或解释。

【学生活动】根据自己的课前准备和已有知识,阐述中共一大召开的具体过程:1921 年 7 月 23 日,中共一大在上海召开,地址为如今的上海兴业路 76 号。出席大会的共有 13 人,他们分别是:上海小组的李达、李汉俊,武汉小组的董必武、陈潭秋,长沙小组的毛泽东、何叔衡,济南小组的王尽美、邓恩铭,北京小组的张国焘、刘仁静,广州小组的陈公博,旅日小组的周佛海,以及受陈独秀委托参加会议的包惠僧。共产国际代表有马林和尼克尔斯基出席会议。但是当会议进行到尾声时,遭到法租界巡捕的搜查,最终会议决定转移到嘉兴南湖的一艘游船上,即如今的"红船"。在这艘红船上,进行了中共一大最后一天的会议。

【设计意图】充分发挥学生主动性,将课堂交给学生,同时检验学生的自我学习能力和学习主动性。

(拓展思考)

【教师活动】在详细讲述过程之后,进行提问。

【学生活动】思考问题,按照自己的想法回答问题:中共一大为何在上海召开? 预设一:上海经济发达;预设二:上海人比较多,有发展的空间。

材料七:

在近代中国工业发展过程中,上海工业占有重要位置。比如面粉业,据上海粮食局等单位编的《中国近代面粉工业史》提供的材料说,1920 年上海面粉厂数量占全国的 14.8%,生产能力达 93500 包,占全国的 30.3%。又如出口数量,上海也占全国首位。据陈真编《中国近代工业史资料》提供的材料:1920 年上海面粉出口量占全国的 83.71%;丝的出口量占全国的 38%。

——张静如:《中共一大在上海召开是历史必然》

材料八:

1894 年上海工人数占全国工人总数的 46.4%,一是 1920 年上海全部工业和交通运输业的工人约 30 万人(占上海人口的 20%),大致可以看出,上海确是全国工人数量最多的城市。至于上海工人运动的开展,在全国也是名列前茅的。

——张静如:《中共一大在上海召开是历史必然》

材料九:

与《新青年》相呼应,上海《民国日报》副刊《觉悟》、《星期评论》、

《建设》、《解放与改造》、《时事新报》副刊《学灯》等许多报刊都介绍过马克思主义、社会主义学说。在陈独秀周围,团聚了李达、李汉俊、邵力子、陈望道、俞秀松、施存统、陈公培、沈玄庐、沈雁冰等一大批社会主义、马克思主义宣传者。

——张静如:《中共一大在上海召开是历史必然》

材料十:

在中国,最早的共产主义组织是由陈独秀于 1920 年 8 月 1 日在上海正式成立的。是年 12 月陈去广州后,由李汉俊和李达先后代理过书记的职务。组织建立后,通过写信联系、派人指导或具体组织等方式,积极推动各地这类组织的建立,实际上起着共产党发起组的作用。

——张静如:《中共一大在上海召开是历史必然》

【教师活动】结合学生的回答和材料,给出更加规范的答案:中共一大在上海召开是历史的必然。首先,中国共产党的诞生是中国先进生产力发展的结果,上海生产力发展水平高;其次,上海工人多,无产阶级力量大;再次,上海对马克思主义的宣传比较充分,很多马克思主义者聚集在上海;最后,上海最早诞生的共产主义小组有共产主义组织核心的作用。

【设计意图】促进学生思考,深挖历史原因,抓住历史本质。在培养学生能力方面,既锻炼了学生的思维能力,又突破了唯物史观和史料实证的核心素养,使核心素养真正在课堂中落地。

(3)会议成果

材料十一:

(1)革命军队必须与无产阶级一起推翻资本家阶级的政权,必须支援工人阶级,直到社会的阶级区分消除为止;

(2)承认无产阶级专政,直到阶级斗争结束,即直到消灭社会的阶级区分;

（3）消灭资本家私有制，没收机器、土地、厂房和半成品等生产资料，归社会公有；

（4）联合第三国际。

——《中国共产党第一个纲领》

【教师活动】提问。

【学生活动】结合材料，回答教师提问：《中国共产党第一个纲领》明确了哪些问题？回答：明确了中国共产党的任务：推翻资产阶级，建立无产阶级专政，实现社会主义共产主义。

【教师活动】补充讲解：中共一大确立了"中国共产党"这个名称，明确了中国共产党的奋斗任务，同时选举确立了党的领导机构，陈独秀任书记，中国历史从此走向了新征程。

【设计意图】给出《纲领》原文，从共产党的任务着手，在引出中共一大取得成果的同时，突出中国共产党的本质——无产阶级政党，它组建的初心是建立无产阶级专政，消灭剥削。通过本质解释让学生对中国共产党有本质了解，进而从本质上认可、拥护中国共产党。

（拓展思考）

【教师活动】中国共产党的成立，是"开天辟地"的大事件。再次提问。

【学生活动】结合所学知识，思考问题："开天辟地"是如何体现的？预设回答：中国共产党领导工人运动进入新的高潮；领导中国人民抗击日本侵略者，成为抗日战争的中流砥柱；成立中华人民共和国，使中国走向新的历史；建设中国特色社会主义。

【教师活动】对学生回答进行点评并做详细讲解。

【教师活动】（过渡）"开天辟地"，也在多年后，被总结成为红船精神的主要内容之一。接下来我们就来了解一下"红船精神"。

【设计意图】强调中国共产党诞生的重要性,同时自然过渡到下一部分内容——红船精神。

2.红船精神指方向

材料十二:

红船劈波行,精神聚人心。红船所代表和昭示的是时代高度,是发展方向,是奋进明灯,是铸就在中华儿女心中的永不褪色的精神丰碑。"红船精神"同井冈山精神、长征精神、延安精神、西柏坡精神等一道,伴随中国革命的光辉历程,共同构成我们党在前进道路上战胜各种困难和风险、不断夺取新胜利的强大精神力量和宝贵精神财富。80多年来,"红船精神"一直激励和鼓舞着我们党坚持站在历史的高度,走在时代的前列,勇当舵手,引领航向,不断取得革命、建设和改革的一个又一个胜利。

——习近平:《弘扬"红船精神" 走在时代前列》

【教师活动】我党在经历了长久的风风雨雨后,总结出了宝贵的自身经验与支持其发展的重要精神,如今,领导人再一次用简洁明了的话语,指明了这种经验和精神,短短三句话,成为长久以来我党立足风雨而不倒的精神支柱,这正是——红船精神。

【学生活动】阅读材料,感受"红船精神"的精神支柱作用,理解我党发展的不易,把握正确发展的方向。

【设计意图】以领导人原文正式开始"红船精神"的讲解,直入主题,同时让学生感受"红船精神"的重要作用。

【板书】红船精神。

3.精神内涵

材料十三:

开天辟地、敢为人先的首创精神,坚定理想、百折不挠的奋斗精神,立党为公、忠诚为民的奉献精神,是中国革命精神之源,也是"红船精神"的深刻内涵。

——习近平:《弘扬"红船精神" 走在时代前列》

【教师活动】提示学生抓住材料重点,要求学生说出"红船精神"的主要内容。

【学生活动】阅读材料,预设答案:开天辟地、敢为人先的首创精神;坚定理想、百折不挠的奋斗精神;立党为公、忠诚为民的奉献精神。

【设计意图】在深入剖析"'红船精神'的具体内容"这一知识点的同时,点明其出处,并锻炼学生阅读史料和快速抓住重点的能力。

【板书】首创、奋斗、奉献。

(小组讨论)

【教师活动】组织小组讨论。讨论主题:你是如何理解这三个方面精神的? 根据学生讨论结果作补充说明。

【学生活动】以小组为单位进行讨论,讨论的内容可包括:在党的发展过程中,这三个方面的精神是如何具体体现的? 你认为要如何发扬这三种精神?

【设计意图】小组合作,增加课堂互动,合作学习,集思广益。

4. 精神价值

材料十四:

人是要有一点精神的,一个政党、一个民族、一个社会,都是如此。百年前,正当中国先进分子苦苦寻求救国救民真理之时,俄国十月革命的胜利给中国带来了光明、送来了马列主义。在马列主义与中国工人运动相结合进程中,中国共产党第一次全国代表大会在嘉兴南湖红船上完成闭幕式。伴随中国共产党的诞生,一种新精神即红船精神也由此产生。

——何孟飞:《红船精神:中国共产党走向胜利的精神源动力》

材料十五：

中国共产党自成立之日起，就把为中华民族谋复兴、为中国人民谋幸福、实现社会主义和共产主义作为自己的奋斗目标。敢为人先，勇立潮头，团结带领人民以坚定理想信念，驾驶着革命的航船艰难地从南湖起航。开弓没有回头箭，面对穷凶极恶的帝国主义和国民党反动派，中国共产党立足国情，把马列主义基本原理与中国实际相结合，紧紧团结和依靠人民。历经北伐战争、土地革命战争、抗日战争、解放战争，成功开辟了农村包围城市武装夺取政权的新民主主义革命的正确道路，历经28年的浴血奋斗，建立了新中国，实现了一百多年来中华民族站起来的伟大梦想。

——何孟飞:《红船精神:中国共产党走向胜利的精神源动力》

材料十六：

不忘初心，继续前进，我们党不仅经受住了从农村到进城的"赶考"，站稳了脚跟，还借鉴苏联、东欧社会主义国家经验，紧紧依靠人民群众迅速医治战争创伤、恢复国民经济，巩固新生的人民政权，荡涤旧社会留下的污泥浊水，进行土地改革、抗美援朝伟大斗争，并从中国国情出发提出了党在过渡时期的总路线，对农业、手工业、资本主义工商业进行社会主义改造，确立了人民民主专政的国体和人民代表大会的政体，明确了马列主义、毛泽东思想在社会中的指导地位，发展教育文化科技卫生事业，实现了各民族平等团结，爱国统一战线空前巩固，创造性地实现从新民主主义向社会主义的伟大历史跨越，确立社会主义的基本制度，为当代中国的一切发展进步奠定了制度基础。

——何孟飞:《红船精神:中国共产党走向胜利的精神源动力》

材料十七：

党带领人民探索社会主义建设道路，努力把我国由一个落后的农业国变成一个新的工业国，以"敢叫日月换新天"的英雄气概，秉持对马列主义、社会主义的坚定理想信念，在建设社会主义伟大实践中，谱写了"大庆精神""红旗渠精神""'两弹一星'精神""焦裕禄精神""谷文昌精神"等新的精神篇章。

——何孟飞：《红船精神：中国共产党走向胜利的精神源动力》

材料十八：

1978年，十一届三中全会召开，开启了改革开放新征程。从小岗村农民按下十八个手印，冒着坐牢危险搞"包产到户"，到"杀出一条血路"办特区，再到"看准了的，就大胆地试，大胆地闯"。党和人民的创造力竞相迸发出来。从农村到城市、从经济到政治、社会、科技、文化等各个领域改革的全面推进，社会主义焕发了新的蓬勃生机。以邓小平为代表的中国共产党人带领人民开拓奋进，走出了一条中国特色社会主义道路，使中国大踏步地赶上时代前进步伐。

——何孟飞：《红船精神：中国共产党走向胜利的精神源动力》

材料十九：

中国特色社会主义进入新时代。我国正处在决胜全面建成小康社会，实现第一个百年奋斗目标，并向第二个百年奋斗目标前进的关键时期。面对风云变幻的世界形势，我们党要经受住"四大考验"，克服"四大危险"，仍然面临"赶考"艰巨任务。红船精神是激励我们敢为人先，自强不息，敢于啃硬骨头，将改革进行到底的力量源泉。红船精神召唤我们坚定理想信念，增强道路自信、理论自信、制度自信、文化自信，牢固树立"四个意识"，保持党的先进性纯洁性，以泰山压顶不弯腰的气概，勇于挺起共产党人的精神脊梁，勇于自我革新，为实现中华民族伟大复兴中国梦而努力奋斗。

——何孟飞：《红船精神：中国共产党走向胜利的精神源动力》

【教师活动】根据材料,引导学生总结归纳"红船精神"的价值。

【学生活动】阅读材料,思考问题,结合教师的引导,回答问题。

【材料总结】①红船精神是中国共产党革命精神之源;②红船精神支撑中国共产党成功开辟新民主主义革命道路;③红船精神引领党和人民迈上社会主义革命道路;④红船精神激发中国共产党带领人民探索社会主义建设道路;⑤红船精神鼓舞党带领人民奋力开拓中国特色社会主义道路;⑥红船精神是实现中国梦的强大精神力量。

【设计意图】从锻炼学生归纳总结能力的角度出发,深入剖析"'红船精神'的价值"这一知识点。

【教师活动】请同学谈谈"红船精神"对自身,即青年学生的意义。

【学生活动】从自身角度和经历出发,探讨"红船精神"对青年学生的启发、激励等。

【设计意图】增强课堂互动的同时,让学生从自身角度出发考虑问题,使"红船精神"真正落到实处,使学生更容易理解其意义,也使"红船精神"真正在青年学生中发挥引领作用。

5. 总结

中国共产党于激流之中诞生,带领中国人民走过风风雨雨,走上了一条幸福安稳的康庄大道。经历了那么多风雨,中国共产党从自身经验中凝练出三个方面,二十四个字的"红船精神"。"红船精神"贯彻在党的发展历程中,既是党的发展经验,也是党的发展方向。青年学生,要从中汲取营养,以"红船精神"为引领,努力提升自己,成为合格的接班人。

第2课时

前往嘉兴南湖革命纪念馆,实地参观考察,感受党的发展历程和无数革命先辈抛头颅、洒热血的"五四奉献精神"。

【课后任务】排演以"中共一大"为核心内容的情景剧。

【设计意图】让学生参与情景剧的排演,印象更深刻,加深对爱国爱党情怀的感受,增强情感体验。

【剧本参考】(剧本根据《建党伟业》删改。仅作参考,在实际排演过程中,可进行改进。)

第一幕:各地共产主义小组代表前往上海,准备参加中共一大。

第二幕:

地点:上海博文女校。

人物:各地代表。(李达夫妇、李汉俊、董必武、陈潭秋、毛泽东、何叔衡、王尽美、邓恩铭、张国焘、刘仁静、陈公博夫妇、周佛海、包惠僧。)

剧情:

(打招呼,自我介绍。)

张国焘:北京代表,张国焘。

刘仁静:北京代表,刘仁静。

李汉俊:上海代表,李汉俊。

李达:上海代表,李达。这是内子王会悟,负责此次大会的接待工作。

王会悟:大家好,我是王会悟,大家有事可以来找我。

(各代表相继介绍自己)

李达:那今天就先这样吧,大家远道而来,舟车劳顿,先好好休息,明天,在我哥哥家,望志路106号开会。

第三幕:

地点:上海望志路106号。

时间:1921年7月23日。

人物:各地代表和共产国际代表。

剧情:(各代表围桌而坐)

张国焘:诸位同僚、知己,感谢大家来参加此次大会。我很荣幸,代表陈独秀和李大钊二位先生主持本次会议。大家聚在这里,都知道是为了什么。那么,其他场面话也不多说,我们这就开始吧。

张国焘:首先开始第一项议程——确定党的名称。

包惠僧:(起立,发言)关于党的名称,现在收集到的大多数意见是,采用《共产党宣言》中的"共产党"三字,全称"中国共产党"。

(各代表纷纷讨论)

马林:李大钊是什么意见?

张国焘:(展示李大钊书信)李大钊先生的意思也是——"中国共产党"。

毛泽东:同意。

刘仁静:同意。

何叔衡:同意。

(各代表纷纷表示同意)

第四幕:(7月24日)

(各地代表互相介绍组织经验和人员,互相交流)

刘仁静:我们北京支部共13人,他们是李大钊、张国焘、罗章龙、刘仁静、陈德荣、邓中夏……

周佛海:我们旅日共产主义者都对国内形势万分关切,时刻与国内共产组织保持联系。

(7月25日、26日)休会。

第五幕:(7月27日、28日、29日)

何叔衡:接下来,就党的纲领草案,与各代表共同讨论。

何叔衡:我们党的纲领如下:(1)革命军队必须与无产阶级一起推翻资本家阶级的政权,必须援助工人阶级,直到社会阶级区分消除的时候;(2)直至阶级斗争结束为止,即直到社会的阶级区分消灭为止,承认无产阶级专政;(3)消灭资本家私有制,没收机器、土地、厂房和半成品等生产资料;(4)联合第三国际。

毛泽东:没有意见。

张国焘:同意。

李达:同意。

(各代表纷纷表示同意)

张国焘:明天最后一天,我们进行最后一项议程——通过党的纲领和选举党的中央机构。

第六幕:(7月30日晚)

张国焘:昨天我们已经讨论了党的纲领草案,大家还有没有什么意见,如果有的话,现在还可以提出来,我们大家一起讨论讨论。

陈公博:我。(被拍门声打断。)

王会悟起身开门,一陌生男子闯入。

李达:你找谁?

陌生男子(暗探):我找王主席。

李达:这里没你要找的王主席。

陌生男子环视四周,而后离开。

马林:我建议,立即休会。

张国焘:我同意马林同志的意见,立即休会。

各代表匆匆离场。

不一会儿,法国巡捕至。强闯而入,搜查住宅。

李达:这里是私人住宅,你们到底要做什么?!

法国巡捕:为什么要聚众开会?

李达:开会?朋友聊天而已。

第七幕:

各代表回到住处,匆忙收拾东西。

张国焘:大家马上收拾东西,随时准备离开。

不一会儿,李达夫妇匆匆而至。

李达:上海不能待了。

王会悟:我建议可到嘉兴,嘉兴有一南湖,可以租一条游船,在船上开会。

何叔衡:可以。

张国焘:我们什么时候出发?

王会悟:明天上午十点,有一班火车。

张国焘:好。

李汉俊:陈公博那儿通知了没,他和他夫人住在汇中饭店,不和我们在一处。

王会悟:明早我会去通知他。

第八幕:

汇中饭店。

陈太太:这也太吓人了。

陈公博不语。

陈太太:要不,我们回去吧。

陈公博:说什么胡话。

陈太太一把抓住他:你,你要是被抓了,我怎么办,家里怎么办,你有没有想过?

陈公博不语。

陈太太:就当我求你了,我们回去吧!

(第二日,陈公博提前返回,并未参加最后一次会议。)

第九幕：

地点：嘉兴南湖，游船上。

张国焘：同志们，现在到了最重要的时刻，讨论最后一项议题——选举党的中央机构。根据民主原则，现在，我们需要选出中国共产党中央局成员。

李汉俊：中国共产党第一次代表大会，应到代表 13 人，实到代表 12 人。经过投票，陈独秀、张国焘、李达三位同志当选为中央局成员，陈独秀同志当选为中央局总书记，完毕。

周佛海：同志们，中国共产党，正式成立了。

掌声起。

落幕。

第 3 课时

成果展示——情景剧汇报演出。

四、推荐阅读书目

1. 习近平：《弘扬"红船精神" 走在时代前列》，《光明日报》2005 年 6 月 21 日。

2. 西安师专马列主义教研室党史组、西北大学政治理论系党史教研室合编：《中共"一大"资料汇编》，1979 年版。

3. 张志松、黄化：《红船精神史学探源及其教育实践研究》，浙江大学出版社 2014 年版。

4. 中共中央党史研究室、中央档案馆编：《中国共产党第一次全国代表大会档案文献选编》，中共党史出版社 2015 年版。

5. 汪澎澜主编：《开天辟地：中国共产党第一次全国代表大会》，河北人民出版社 2012 年版。

五、课后思考

1. 中国共产党诞生后,对中国革命产生了哪些影响?

2. "红船精神"对你来说有哪些启发和影响?

3. 简述"中共一大"召开的历史意义。

第三节　农民运动"最先发轫者"
——衙前农民运动

一、本节概述

1921 年的春天,上海共产主义小组成员沈定一先生从上海回到了家乡——萧山衙前。他专注农民运动的革命实践,联系浙江第一师范(今杭州师范大学)的进步师生、有识之士,从教育入手,兴办衙前农村小学校;从群众出发,大力发动农民,进行社会调查、民间演讲活动,向农民宣扬革命的价值意义。经过几个月紧锣密鼓的紧张筹备,终于,在1921 年 9 月 27 日这一天,在衙前东岳庙,衙前农民联合周边村民组织起了农民协会,通过了《衙前农民协会宣言》和《衙前农民协会章程》,一场为捍卫农民权益的斗争就这样轰轰烈烈地展开,中国现代农民革命斗争的序幕就此揭开。

二、原典呈现

我们底觉悟,才是我们底命运。我们有组织的团结,才是我们离开恶运交好运的途径,决定我们底命运,正是决定全中国人底命运。大地敞着胸襟,欢迎我们下锄头铁耙造成锦绣,人人生活在这锦绣堆中,全仗农民底力气。农民在锄头柄上传播气力,才用得着土地,所以我们该认定土地是农民传播气力来养活人类的工具。

——《衙前农民协会宣言》

一九二一年《新青年》九卷四号上刊登的《衙前农民协会宣言》、《衙前农民协会章程》、《衙前农村小学校宣言》

《新青年》刊登有关衙前农民运动的刊载史料

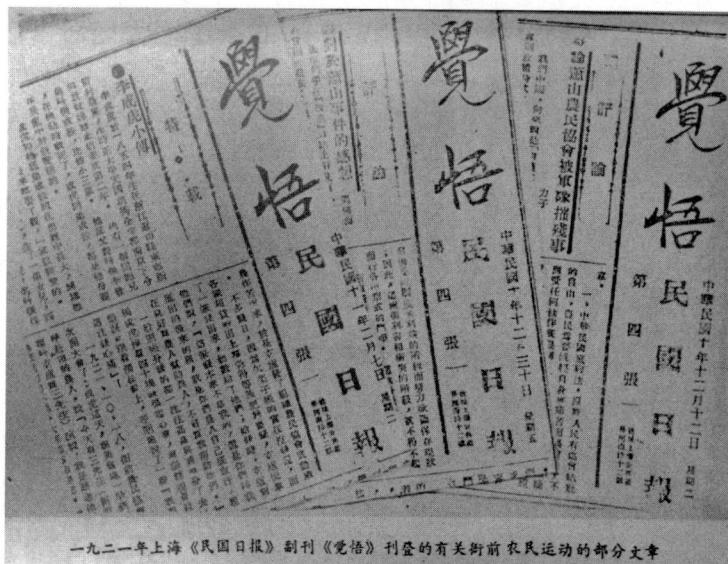

一九二一年上海《民国日报》副刊《觉悟》刊登的有关衙前农民运动的部分文章

《觉悟》刊登有关衙前农民运动的部分文章

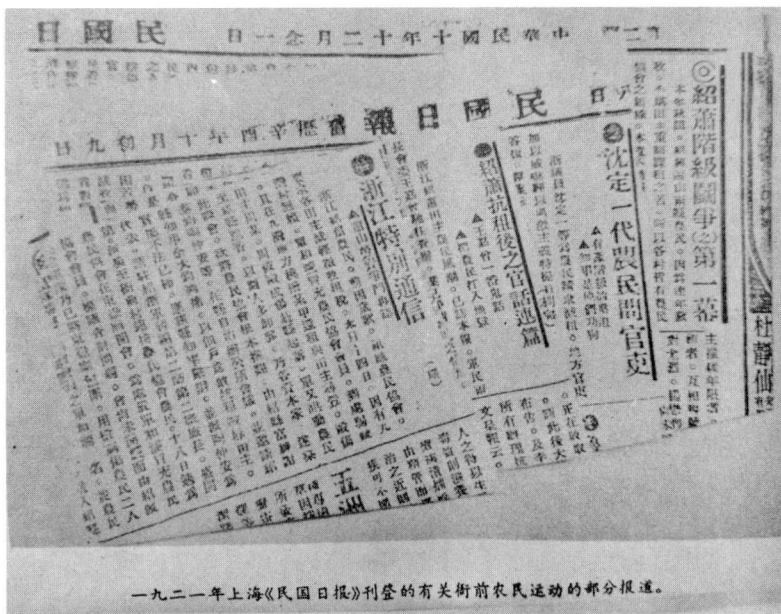

—一九二一年上海《民国日报》刊登的有关衙前农民运动的部分报道。

《民国日报》刊登有关衙前农民运动的部分报道

三、教学设计

第1课时

导入：

在座的各位同学中有没有萧山人呢？大家知不知道萧山有一个地方叫作"衙前"？衙前是萧山下辖的一个普通的小镇，但是在一个世纪之前，就是这个小镇，孕育了一场伟大的革命，壮丽的事业就此发轫。那么在这里究竟发生了一场怎样的运动呢，是什么样的契机诱导其发生，它的发生又有何重要意义呢……带着这些问题和思考，让我们开始今天的课程吧。

【设计意图】首先抛出一些简单的问题，拉近与学生的距离，调动学生的参与兴趣，吸引学生的注意力。随后围绕"衙前"这个中心话题，逐步表明这节课所讲的主要内容，并提出几个问题，让同学们带着思考进入课程。

1. 背景

（1）浙江省立第一师范阵地

【教师活动】展示材料，并提出问题引导学生作答。对学生的回答进行概括完善，必要时进行补充。

【设计意图】通过介绍知识分子的来源和活动阵地，让学生拥有相对的时空观念，将这一场运动的起源具体化，并体现近代教育起步对于革命的重要意义。

材料一：

二十世纪初叶，新知识界社团以"开智"、"合群"两大主义作为目标与意愿相凝聚，从某种角度而言，1920年在上海筹建的中国共产党早期组织，便是由文人结社而渐次演变成的君子群而党之。

细考勉力宣传社会主义，为中国共产党的成立奠定思想与组织基层的先驱者谱系，浙江省立第一师范学校的教师与学生，无疑是不容忽视的重要组成力量……

自从近代中国废除科举制度、兴办新式教育以来，学校便具有了某种不完全依附于国家建制的独立性，并渐次孕育构建出一种代替昔日士林交谊中同门、同年关系的人际网络。同一学校背景所赋予的校园文化、人格教育、师生关系，天然地成为近现代知识分子思想归属认同、情感投向汇合的先决意识。

——张直心：《晚钟集》

（2）马克思主义在"浙"传播

【教师活动】展示材料，并提出问题引导学生作答。对学生的回答进行概括完善，必要时进行补充。

【设计意图】通过介绍使学生了解，"马克思主义"作为科学的思想基础,对于一场革命运动的指导意义,以弘扬马克思主义,坚定"四个自信"。

材料二:

五四运动以后,上海继北京之后成为全国新文化运动的又一个中心。杭州临近上海一批曾在杭州学习、工作过的知识分子在"一师风潮"之后去了上海,参与了上海的新文化运动,特别是他们创办的进步刊物,积极宣传马克思主义,对马克思主义的传播作出了较大的贡献,同时,也为马克思主义在杭州的传播产生了重要的影响。

随着新文化运动的深入发展,杭州进步学生的思想认识有了进一步的提高,他们以创办刊物的形式,介绍新思想,探索救国救民的道路和改造社会的方法。当时,在杭州传播新思想的刊物主要有:《杭州学生联合会报》《浙江省立第一师范学校校友会十日刊》《浙江学生联合会周刊》《钱江评论》等。

——《中共杭州党史》

【教师活动】展示材料,并提出问题引导学生作答。对学生的回答进行概括完善,必要时进行补充。

【设计意图】通过中国共产党与衙前农民革命的关系,体现中国共产党的领导在革命中发挥的重要作用,同时也展现了党在革命中逐步探索的历程,使同学们更加明确坚持党的领导的重要性和必要性,对党史国情有一定的了解。

(3)穷则思变

材料三:

衙前,位于萧山东部,距县城十四公里。这里,地处萧绍平原,河港纵横,交通发达,土地肥沃,人口稠密,是浙东运河沿岸的一个农村小集镇,可是,在军阀政府的黑暗统治下,农民深受地主的残酷剥削,终年不得温饱。水、旱、虫灾连绵不断。劳苦大众走投无路,怨声载道:"吃也精光,穿也精光,那有东西交点王";"今载年岁凶,大旱以后遭蝗虫,无谷可收无米春,全村一样同。他家没有隔宿粮,我家米桶如洗空,可怜堂上白头翁,单衣难过冬,膝下小儿女,日不得一饱,山尽水又穷。"

——《衙前农民运动》

(4)中国共产党与农村工作

材料四:

1921年7月,中国共产党成立时,全国有党员50余人,曾在杭州学习、工作过的陈望道、俞秀松、施存统、沈定一等就是其中的一员。党成立后,首先集中主要力量领导工人运动,但党内已有一部分人开始注意农村工作,尤其是曾在杭州学习、工作过的先进分子已经在关注农村和农民问题,对马克思主义中有关农民问题的理论进行了宣传和介绍。他们认为,中国自古以来都是以农立国,无产阶级革命必须十分关注农民问题。在杭州出版的《钱江评论》特别提出应该注意农民问题。

为了迅速提高农民阶级的思想觉悟,促进农民的团结和联合,先进知识分子提出了与劳动者联合的思想,其中也包含了与农民的联合,这比当时只强调与工人阶级相结合的思想更全面。他们深入农村,从教育入手,启发和发动农民,使广大农民投身于革命斗争之中。

——《中共杭州党史》

【板书】背景:(1)省立第一师范的知识分子基础;(2)马克思主义的传播;(3)穷则思变的时代大背景;(4)中国共产党重视农民力量。

2.过程

材料五:

1921年4月,沈定一在家乡萧山衙前着手开展农民运动。他邀请原"一师"教师刘大白,学生徐白民、宣中华、唐公宪以及杨之华等,筹办衙前农村小学校,并在筹办过程中,通过访贫问苦、社会调查、演讲、开办龙泉阅书报社等方式,向农民宣传科学与民主思想,讲解城市工人运动情况和减租减息、抗捐抗税的道理。

在沈定一等人的启发和发动下,农民们开始积极投入捍卫自身权益的斗争,当年5月取得了打击哄抬粮价的胜利,涌现出李成虎、单夏兰等一批农民积极分子。9月26日,衙前农村小学正式开学,发表了《衙前农村小学校宣言》,明确提出该校将摆脱和摒弃为有产阶级训练爪牙的教育,而为穷人的儿女提供受教育的机会。

——王祖强主编:《红船扬帆远航——中国
共产党在浙江90年纪事》

材料六:

农村小学校不能单独脱离有产阶级底势力,可是能够改变现在的社会的教育的社会底性质,因为农村小学校中现在的我们,是从有产阶级底势力里面跳出圈子来的。

我们已经了解农村小学校经费底性质,已经改变掠夺劳动剩余性质为自己使用的性质了。我们更了解农村小学校所施的教育性质,已经改变有产阶级训练爪牙的教育性质为"人底发见"的教育性质了。所以我们不但反抗有产者底掠夺无产者,并且要禁止父母底掠夺儿女。

小学生呵,你们是荆棘丛中最美丽的花,朝气的太阳,正对着你们含笑哩。

——1921年8月《新青年》第九卷第四号附录
《衙前农村小学校宣言》

【教师活动】展示材料,并提出问题引导学生作答。对学生的回答进行概括完善,必要时进行补充。通过提供的材料,与学生共同讨论,为什么农民运动的第一步是从"农村小学校"入手,从而启发学生思考教育的意义何在。

【设计意图】通过对《衙前农村小学校宣言》的第一手史料展示,加强学生对史料文本的理解认识,提高其史学素养,并使学生在这个基础之上能够较好地理解接下来的教学内容。

材料七:

1921年9月27日,衙前及附近一些村子的农民在衙前东岳庙集会,宣告衙前农民协会成立。会议发布经全村农民决议的《衙前农民协会宣言》(简称《宣言》)和《衙前农民协会章程》(简称《章程》)。《宣言》提出:世界上的土地应该归农民使用,由农民所组织的团体保管分配。《章程》宣称"本会与田主地主立于对抗地位"。

衙前农民协会的成立,影响和带动了附近农村的农民,短短一两个月,萧绍地区的萧山、绍兴、上虞3个县共有82个村建立了农民协会。11月24日,衙前农民协会联合会正式成立,并作出了"三折还租"(按原租额三折交租)、改大斗为公斗(用每斗15市斤的公斗量租)、取消"东脚费"(地主下乡收租时由佃农负担的路费)、反对交预租等规定,组织农民开展抗租和反封建的斗争,减轻了农民的负担,得到了他们的拥护。

——王祖强主编:《红船扬帆远航——中国
共产党在浙江90年纪事》

材料八:

我们今后,已经了解我们农民在社会上的地位。我们承认社会的不安宁不平等,都是有产阶级形成的结果,并且有产阶级发达一步,他们的权力,也跟着发达一步。结果,使我们无产阶级的人,在世界上,没有立足的地位。所以我们从今天以后,具牺牲的态度,斗争的手段,打破有产阶级在社会上的势力,叫他们有产阶级的人,在我们面前屈服!我们的肉体,是可以牺牲的,我们的精神,确实永久的存留著!

最后,我们还是很郑重的说:

无产阶级的人,大家起来呀!

——1921 年 12 月 20 日上海《民国日报》副刊《觉悟》

力子:《论萧山农民协会被军队摧残事》

【教师活动】展示材料,并提出问题引导学生作答。对学生的回答进行概括完善,必要时进行补充。

【学生活动】通过梳理材料间的相互联系,从中了解到衙前农民运动的历程。

【设计意图】通过原典材料的展示,再现农民运动的情形,让学生们体会到革命运动的热情与张力,加深史实印象,了解时代背景。

材料九:

衙前及周围地区农民的斗争,震动了反动当局。当年 12 月下旬,当局强令解散各村农民协会,对农协领导人按名追究,悉数拘拿。李成虎入狱后,被凌虐致死于萧山县狱。

——《中共杭州历史要览》

材料十:

重农的国家而有此现象,是何等的危险呀! 其所以致此的原因:一、知识阶级对于劳农底同情心太薄,眼见他们受着极大的痛苦,总不代他们竭诚呼吁;二、农民自身没有觉悟,不能结合团体,抵御资产阶级底无理压迫。——资产阶级方面却能结合团体以行使其对于劳农的压迫政策,各地方多有什么"业主联合会"等。

——1921 年 12 月 20 日上海《民国日报》副刊《觉悟》

力子:《论萧山农民协会被军队摧残事》

【设计意图】引导学生通过衔接上面的环节,对重大史实进行评论,提高其归纳总结能力,并加以分析,进行价值观教育。

3. 深远意义

材料十一:

衢前农民运动是中国共产党成立后领导的第一次有组织、有纲领的农民运动,是"全国农民运动的历史上最先发轫者",揭开了中国现代农民革命斗争的序幕。1921 年 10 月,中共中央指派宣中华为浙江农民协会代表,出席了在莫斯科召开的远东各国共产党及民族革命团体第一次代表大会。时任中国共产党总书记的陈独秀在 1922 年 6 月 30 日给共产国际的报告中,也对衢前农民运动的英勇斗争给予了肯定的评价。

——《中共杭州历史要览》

材料十二:

衢前农民运动失败以后,以衢前农村小学教员为主体的知识分子仍然坚持在农村工作,他们在总结衢前农民运动经验的基础上,进一步探索中国的农民运动,并对中国革命道路作出了深入的思考。其主要思想集中反映在 1922 年 11 月 27 日,创刊于萧山瓮山的《责任》周刊上。该刊出至第 15 期即被当局查封。《责任》周刊的主要撰稿人是刘大白、钱义璋、魏金枝、宣中华、王贯三等,主编为徐白民。《责任》周刊对农民问题特别注意,集中刊登了一批专门讨论农民问题的文章。

《责任》周刊的撰稿者认为,中国是一个农业大国,占人口的绝大多数是农民,必须注意和帮助他们。《农民与革命》一文指出:虽然农民与工人相比,存在着许多弱点,但是,中国的革命和建设,离开了农民,决不能成功。《怎样救国?》一文提出:我们唯一帮助的人,还是被压迫的劳动群众,尤其是可算作中国的柱子的农民群众。《劳动运动与农民运动》一文强调:我们如果要谋人类的幸福,做社会事业的同志们,别把大多数的乡村劳动者忘记！农民运动应该十二分注意,十二分努力,不能疏忽的呀！

——《中共杭州党史》

【学生活动】根据材料讨论历史上对衙前农民运动的评价,及其产生的后续影响,归纳总结出衙前农民运动失败的原因及其历史意义。

【教师活动】引导学生思考,组织学生讨论,必要时完善总结学生的回答。

【设计意图】通过这样一个农民运动的分析,了解中国共产党早期运动及浙江地方的红色历史发展,从而加深爱国主义情感。

第 2 课时

搜集有关衙前农民运动的相关原典史料。

带着课后的收获和自己的疑问查阅史料,同学们会有什么新的想法？

教师带领学生实地考察,参观衙前农村小学旧址。

展示衙前农民运动范围图,培养其时空观念。

课后作业:查找有关衙前农民运动的历史,对此有何感想？谈谈你自己的感悟。下节课交流讨论。

第 3 课时

按照班级人数合理分组,交流讨论上节课的课后任务,同学们合作排练情景剧,表演再现衙前农民运动的几个标志性事件。

教师总结:通过情景重现的方式,想必同学们对衙前农民运动这一

衙前农民运动范围图

段历史已经有了更深的理解,忆往昔峥嵘岁月稠,我们今天的幸福生活离不开革命先辈"摸着石头过河"得出的经验,以史为鉴,勿忘初心,是我们学习历史的重要意义。

四、推荐阅读书目

1. 编纂委员会编:《衙前镇志》,方志出版社 2003 年版。

2. 中共萧山县委党史资料征集研究委员会办公室编:《衙前农民运动》,1985 年。

3. 中共杭州市委党史研究室编:《中共杭州历史要览》,杭州出版社 2011 年版。

五、课后思考

1. 衙前农民运动与之前其他的农民运动有何不同?

2.衙前农民运动对中国共产党的发展历史有何作用?

3.分析衙前农民运动失败的原因,并思考有什么借鉴意义?

第四节 新中国第一个居民委员会:杭州上城区上羊市街居民委员会

一、本节概述

1949 年 5 月 3 日,杭州解放。国民党溃退前,有计划地布置了一批潜伏力量,形成了"我占城市,匪占农村"的局面。武装匪徒近千人,袭击新生的区、乡政府,杀害区干部群众。面对混乱的社会现状和亟待建立的基层民主自治制度,上羊市街居民委员会毫不迟疑地接过了历史的接力棒,建立了第一个居民委员会。居民委员会取代保甲制,实践了人民民主管理城市的理念,标志着基层民主自治走上历史舞台!

二、原典呈现

时光倒退到 1949 年 10 月 23 日晚上。陈福林清楚地记得,那天,他被工友们"架"到当时的西牌楼小学的会场里。"我是土生土长的杭州人,在担任居委会主任之前,是浙江省实业厅棉种保管委员会下属杭州棉种翻晒组的组长。10 月 20 日晚上,当时单位办公室的赵主任找我谈话,想推荐我去做'革命工作'。那时候我心里也没底,回家和父母说了这事。父母担心我丢工作,有点犹豫。当时我是家中的顶梁柱,一家八口人生活来源就靠我每月的工资。"

选举那天晚上,尽管对这一份神秘的"革命工作"有些向往,陈福林还是很紧张。最后的结果是他以 220 多票的高票当选了上羊市街居委会主任。当天晚上,陈福林被委任为上羊市街居民委员会主任兼第二消费合作社经理,陈道彰被委任为居委会副主任。

当年的"上羊市街居民委员会"成立之后,在大半个世纪里,由于行政区划调整等原因,进行了多次拆分重组,但"上羊市街居民委员会"的名称从1949年一直使用至2000年,直到重建社区居委会而取消,变成了今天的杭州市紫阳街道袁井巷社区居民委员会。

"没想到我们是新中国第一个居委会啊。"在袁井巷社区居住了50多年,曾经担任过16年居委会主任的吴淑珍十分感慨。吴淑珍说,以前居委会纯粹是退休老太太尽义务,工作内容多为解决邻里纠纷,现在不一样,管的事多了,关键还要做好服务。"综治委员、文教委员、民政福利委员……十几个社区工作者,分工明确。"

——《中国社会报》2008年7月8日

三、教学设计

第1课时

导入:

2020年春天,一场突如其来的新冠肺炎疫情打破了原有的生活秩序。面对这场疫情,大家纷纷响应党中央的号召,自觉在家进行隔离。但是有这样一批人,他们面对疫情勇敢地挺身而出,奋斗在抗击疫情的第一线。那么大家觉得在抗疫期间最贴近大家生活的逆行者有谁呢?没错,就是活跃在社区进行体温测量、出行管控的居委会成员及志愿者。那居委会是做什么的,它又是怎样产生的,新中国成立以来的第一个居委会又在哪里呢? 就让我们从今天的课堂中找找答案。

【教师活动】进行课堂的导入,营造课堂氛围,点出本节课的主题。

【设计意图】通过这场新冠肺炎疫情,反衬出居民委员会的作用及其重要的意义。从熟悉的事件入手,使学生能够更快地融入课堂情境,营造良好的教学氛围。最后通过一连串的问题,点出本节课的主题,帮助学生更好地理解教学内容。以问题的形式也能更好地吸引学生的注意力,诱发学生思考。

1. 居委会的形成

(1)制度的更替

说起基层管理机构,大家脱口而出的可能都是街道办事处、居民委员会、"市民之家"这些现代或者说新中国成立之后建立的机构。那大家有没有想过在新中国成立之前,清朝乃至民国年间是如何进行基层治理的呢? 下面就请同学们通过材料,梳理一下中国基层管理制度的变化。

材料一:

据考,保甲法是王安石变法之一。熙宁三年(1070),司农寺制定《畿县保甲条例》,农户每五家组成一保,五保组成一大保,十大保组成一都保,以住户中最富有者担任保长、大保长、都保长。凡是家有两丁以上的,出一人为保丁,农闲军训,夜间巡查,维持地方治安。保甲法把人民按照保甲编制起来,以便强行稳定封建秩序。保甲的设置和职责,在北宋后期和南宋时期,因形势变化而有所不同。

——韦明铧:《论道扬州》

【教师活动】提出设问,给出材料。引导学生进行思考。

【学生活动】结合老师的设问以及材料,总结旧时代中国的基层管理方式,了解基层治理制度的沿革。

【设计意图】通过材料,让学生归纳出旧时代的基层治理制度。与历史教材中的中国古代史相沿承。通过再现课堂内容,帮助学生加深对所学知识的理解。同时展示出"保甲制度"和"居民委员会"这两个概念,为之后这两个制度的对比进行铺垫。

(2)更替的原因

保甲制度是我们在历史课堂上学习过的基层管理制度。这项制度从宋朝创建之后就一直延续了下去直到新中国成立。各朝代之间的保甲制度虽然有细微的不同,但是主要的原则没有发生改变。那同学们能不能结合材料和课堂学习过的知识总结一下,沿承多年的保甲制度的利弊呢?

材料二:

国民政府通过建立地方各级自治组织,基本搭建起了县自治的制度框架。然而,国民政府县自治制度最具特色的地方并不是对西方地方自治制度的移植,而是对传统保甲制度的采纳。如果说西方国民政府时期县自治制度的构建现代地方自治制度构成了县自治制度的框架,那么鉴于保甲组织在县自治中的基础性地位,保甲制度就可以算作是县自治制度的内核了。

——莫鹏:《国民政府时期的县自治宪法文化研究》

材料三:

连坐,一人犯罪而使其亲属、朋友、邻居等遭牵连而受罚。《史记·卷六八·商君传》:"令民为什伍,而相牧司连坐。"也作"旁坐"。

——《辞海》

材料四:

保甲制度是封建统治者为了对人民进行有效控制,利用宗法伦理关系和家族制度,以"联保相劝"、"连坐相纠"的方式在基层社会推行的一种社会管理制度。保甲制度最初由王安石创立,后被明清两代继承,是封建统治者控制基层社会的重要方式……保长通常由当地地主、土豪、顽劣担任。国民党对保甲长人选极为重视,竭力通过保甲长牢牢控制民众,"使每一保甲长均能兼政治警察之任务"。

——莫鹏:《国民政府时期的县自治宪法文化研究》

【教师活动】通过材料提供书本关于保甲制度的内容,对其在民国时期的具体落实情况进行补充。通过提问引导学生们深入地认识保甲制度。

【学生活动】根据教师提供的材料与所学知识,认识到保甲制度的运行方式、实质及其弊端,从而对新中国从成立之前的社会治理、人们的生活情况形成认识。

【设计意图】通过提供材料引导学生了解到保甲制度实质上就是通过强制人与人之间相互监督,来减少犯罪维护对统治者有利的社会秩序。其在运行过程中易出现由对人民不利者担任保长,从而损害人民的权益。保甲制度本质上还是为地主阶级服务进行政治监督的制度。通过这些认识,与新中国的基层民主自治制度形成鲜明的对比,加强学生对于基层民主自治制度乃至社会主义制度的认同感和归属感,加强对中国共产党的拥戴、对祖国的热爱。

(3)推翻的过程

保甲制度作为欺压群众而非从群众利益出发的制度,自然饱受人民的诟病,并在新中国成立之后最终被推翻了,推翻保甲制度的星星之火当时在中国各地点燃了,那我们就来看看当时的人们是如何推翻这个损害人民利益的封建制度。

材料五:

从解放战争初期到 1951 年,东北、华北、中南……东北野战军(1949 年春改为第 4 野战军)所到之处,甚至华东、西北的一些城市,全都建起了民主"街—组"体制。北平在 1949 年 3 月,由叶剑英主持制定《关于废除伪保甲制度建立街乡政府初步草案》,规定城区过渡阶段建立区政府、街政府、间或居民小组。而在 1948 年 10 月 22 日郑州解放时，中共郑州市工委废除旧的镇、保、甲组织形式，设区民主政府，辖15 个街公所。石家庄和武汉也建立了街政府。1949 年 4 月刘少奇天津讲话要求压缩城市行政层级，"街政府"被撤销，各地出现居民行政大组、街居民代表委员会或坊人民代表会议等；只有少数城市开始萌生建立居民委员会的打算。

——《新闻午报》2008 年 8 月 14 日

材料六：

直至 1950 年 3 月至 1951 年间，除杭州、天津、上海外，河北的唐山，浙江的宁波、嘉兴、德清，福建的福州，湖南的长沙、零陵、黔阳、衡阳，广西的桂林、梧州，四川的广元等地才零零星星产生了居民委员会。"第 3 野战军管辖的杭州、上海等城市，为后来的'华东方案'提供了经验基础。"韩全永说。1952 年 6 月，华东军政委员会召开民政工作会议，专门把建立城市居民委员会作为一项重要议题，以这两个城市为模型，拟定了《关于十万人口以上尝试建立居民委员会试行方案（草案）》。

——《新闻午报》2008 年 8 月 14 日

材料七：

7 月下旬，试行方案在华东各城市试行。由此，韩全永将居委会的建立和推广分为三个阶段：1949 年杭州孕育阶段；1952 年华东区试点阶段；1954 年立法以后在全国统一规范和迅速发展的阶段。

——《新闻午报》2008 年 8 月 14 日

【教师活动】引导学生分成小组，通过小组讨论用思维导图的形式，来还原居民委员会从建立到全国推广的过程。

【学生活动】以小组为单位，根据材料中的信息，梳理居民委员会的建立推广确立步骤,并与同学进行交流展示。

【设计意图】通过引导学生自行分析材料得出中国基层民主管理的坎坷历程,帮助学生对居民委员会的历史有更加完整且深刻的认识。通过感受居委会建立推广的不易,也能够激发学生更加珍惜现在健全的民主制度,并积极参与社会生活,培养学生关注时政的习惯,形成主人翁的意识。

【板书】居委会的形成:(1)制度的更替;(2)更替的原因;(3)推翻的过程。

2.居委会的构建

(1)重温选举

同学们已经通过小组探究对居委会在全国的落实有了深刻的认识,那新中国第一个居委会又是怎样形成的呢? 他又是如何展开工作的呢? 就让我们从整体切入到细节,看看新中国第一个居委会——杭州市上城区上羊市街居民委员会的相关情况。

材料八:

杭州原是蒋介石及其党务、特务头子二陈(陈立夫、陈果夫)、一戴(戴笠)、三毛(毛人凤、毛森、毛万里)在浙江的重要活动基地。为了维护统治,国民党在杭州设立了众多反动组织,盘根错节,伪装民主。1949 年 5 月 3 日杭州解放,国民党溃退前,有计划地布置了一批潜伏力量,形成了“我占城市,匪占农村”的局面。武装匪徒近千人,袭击新生的区、乡政府,杀害区干部群众。当年 8 月 10 日炸毁铁轨 150 米,导致列车脱轨,旅客死伤,人心不稳。

——《江华传》编审委员会编:《江华传》

【教师活动】教师提供时代背景的资料,引导学生对新中国第一个居委会形成的社会背景形成全面的认识。

【学生活动】根据教师提供的材料,分析杭州市上城区上羊市街居民委员会建立的社会背景以及第一个居委会在杭州上城区建立的原因。

【设计意图】通过材料引导学生了解当时社会的主要情况,对历史教科书的内容进行补充。将历史事件与时代背景结合起来,便于学生们形成历史学科素养中的时空观念。通过完成的历史线索,学生对于之后上城区居民委员会的主要工作也能更有感触。

材料九:

当陈福林走进会堂时,200余名居民代表已基本到齐,原来这一带的27个保长也在讲台右侧落座。选举会由上城区区长田奎荣主持。七点半左右,在田奎荣的带领下,居民代表们唱响了刚学会不久的《义勇军进行曲》。田奎荣发表讲话,强调取消保甲制,成立居民委员会,就是要建立人民当家做主的无产阶级基层政权。

一张张选票发到居民代表手中。那选票是油印的小纸条,约8公分宽,18公分长,选票上共有21名由群众推选产生的候选人,要从中选出9名居委会委员。经过主持人介绍候选人情况、讲解选票填写事项、大家投票、选举唱票人和监票人以及当场唱票等流程,陈福林以220多票当选为居委会主任,毕业于上海法政学校的陈道彰以208票当选为副主任。其他7名委员,有木匠、女工、中学女教师、银行经理和茶店老板,基本包括了各个阶层,具有广泛的代表性。

选举结果公布后,参加投票的居民代表怀着激动的心情和无比的自豪感,发出了热烈的掌声和欢呼声。

在场的保长们则不得不把手里的公章交到陈福林手中,由他拎回家塞进灶里当柴烧掉,随公章一起"烧掉"的是旧中国的保甲制度。

——中共杭州市委党史研究室编:《崛起路上的杭州印记(一)》

材料十：

"其实许多人我不认识，但大家还是选我。"陈福林生前曾这样分析自己当选的原因，"那时我年轻，有力气，肯帮忙。办喜事，我帮着敲锣开道；办丧事，帮人抬棺材，给钱都不要。有年冬夜，一家酱园着火，我穿着单衣，拎了两桶60斤重的水第一个跑去救火，差点被烟熏倒……邻居许多人知道我是陈家的'大儿子'"。

——杭州网，2019年1月30日

材料十一：

据陈福林老人说，过去的保长都是上级指定的，没想到解放后，自己能通过公开选举当选为有2000多名居民的委员会"主任"，居民们也都觉得开了眼界，非常激动。陈福林说，只有在新社会，人力三轮车车夫才能改变命运。

——郑杭生主编：《中国特色和谐社区建设"上城模式"实地调查研究：杭州"上城经验"的一种社会学分析》

【教师活动】通过材料，以组织学生编排历史小短剧的形式，引导学生分析新中国成立的居民委员会和旧时代保甲制度中的异同。

【学生活动】学生根据材料，分析上城区上羊市街居民委员会的人员构成。制作当时选举居委会的历史小短剧并进行扮演，并在扮演结束之后分享自己的感受，总结自己体会到的居委会和保甲制度的不同。

【设计意图】通过自导自演历史小短剧，以更加投入的方式，重现历史场景，沉浸式体验当时的氛围。活跃课堂气氛的同时，让学生更加深刻地认识到新中国的基层民主管理制度和旧时代保甲制度在性质、人员构成、主要目的、产生方式等方面的不同，从而体会到居委会的先进性。最后加强对于社会主义制度的认同感，对国家和中国共产党的热爱与拥戴。

（2）回忆工作

面对亟待建立的基层民主自治制度，上羊市街居民委员会毫不迟疑地接过了历史的接力棒，那么在居委会建立之后他们又是如何解决杭州国民党势力残留作乱，社会秩序急需解决的社会问题的呢？

材料十二：

当时，居民区的住户谁家来了客人，如果要过夜，必须要报告居委会。"我对上羊市街一带情况熟悉，只要有陌生人进来，都逃不过我的眼睛。"一年多时间里，陈福林一共抓了 18 个流窜人员。其外，居委会当时还做了不少传达政令、反映民意，协助处理治安、卫生、生产等工作。

——杭州网，2019 年 1 月 30 日

材料十三：

《指示》发布后，到 12 月底，杭各区总计建居民委员会 47 个。新型的居民组织积极展开平抑粮价、稳定市场、治安保卫、调解纠纷、卫生防疫和生产自救，并组织群众参与到城市管理和建设的各项工作中去，为城市正度动员大量社会资源，进一步增强了政府与群众的联系，密切了干群关系。尤其难能可贵的是，居委会的人员都是兼职不脱产的，他们克服个人、家庭的种种困难，没有工资，怀着人民群众当家做主的激情，以志愿者的身份坚持参加革命工作，"革命工作"不讲价钱。

——郑杭生主编：《中国特色和谐社区建设"上城模式"实地调查研究：杭州"上城经验"的一种社会学分析》

【教师活动】通过材料，引导学生们对居委会的日常工作进行分析。

【学生活动】梳理新中国成立初期居委会的日常工作，并探讨这些工作的价值与作用，形成对居委会作用的正确认识。

【设计意图】通过分析居委会的日常工作及其价值,将居委会的工作与当时的时代背景联系起来,使学生在形成时空观念的同时,更加深入地感受到居委会存在的重要作用,以此加强对于家乡建设的认同感、归属感。通过当时居委会工作人员的发言,感受先辈无私奉献、积极服务的良好品德,形成学生们学习的榜样,在品德上对学生进行正确的引导。

(3)意义探究

到这里,我们已经深刻地学习了居委会的任务、居委会的作用,正是先辈们在生活中无私奉献、积极服务的表现,为新时代的居委会建设打下了坚实的基础。那么,同学们能不能分享一下,学到这里令你印象最深刻的细节是什么? 总结一下你认为当时居委会存在的重大意义有哪些呢?

【教师活动】引导学生主动回忆思考,使学生以小组合作的方式罗列感动自己的细节并理解居委会的重要意义。并在学生回答时对学生的答案进行总结,必要时进行补充。

【学生活动】以小组活动的方式,主动回忆所学的知识,并对其进行梳理,分享感动自己的细节,结合时代背景理解居委会的重大作用。

【设计意图】通过引导学生们主动回忆,加强学生们对所学知识的记忆和掌握。通过学生讨论问题,进行自主学习,充分锻炼学生的能力。通过学生分享感动自己的细节,营造良好的课堂氛围的同时,更加有利于学生沉浸式地理解材料,感受背后的情感文化内涵,通过无私奉献、平凡而又不凡的居委会初代工作者的事迹,对学生的思想道德情感进行潜移默化的熏陶。

材料十四:

居民委员会取代保甲制,实践了人民民主管理城市的理念,标志着基层民主自治走上历史舞台,是中国基层社会的一次深刻变革。是中国公民参与国家和社会公共事务的一种新途径和新形式,是中国基层社会管理制度的重要转折点。因而,可以说,居民委员会的产生,是中国共产党领导广大基层干部群众,结合实际,探索民主执政的一项实践成果。

——舒国增:《当代浙江概览》

【板书】居委会的构建:(1)重温选举;(2)回忆工作;(3)意义探究。

3.居委会的发展

(1)地域普及

正是上城区上羊市街居民委员会工作人员的竭诚服务,上羊市街居民委员会给人民的稳定生活添砖加瓦,给人民的精神世界增光添彩。"上羊经验"、"上羊蓝本"也充分发挥它的作用走向全国。接下来就让我们来看看居委会或者说基层民主自治制度在全国范围内的发展吧!

材料十五:

①根据1952年公安部颁布的《治安保卫委员会暂行组织条例》、1954年政务院颁布的《人民调解委员会暂行组织通则》、1954年底全国人民代表大会常务委员会通过的《城市居民委员会组织条例》以及1982年宪法的规定,中国城镇和农村的广大居民都已经充分地组织起来。

②城市和农村按居民居住地区设立居民委员会或者村民委员会。它们同基层政权的相互关系由法律规定。居民委员会、村民委员会的主任、副主任和委员由居民、村民选举。

——《中华人民共和国宪法》1982年

居民委员会、村民委员会的任务是办理本居住地区的公共事务和公益事业,调解民间纠纷,协助维护社会治安,并且向人民政府反映人民群众的意见、要求和提出建议。为了实现上述任务,在居民委员会、村民委员会之下设立人民调解、治安保卫、公共卫生等委员会。

——《中华人民共和国宪法》1982 年

居民委员会、村民委员会具有基层群众性自治组织法人资格，可以从事为履行职能所需要的民事活动。

——《中华人民共和国民法总则》第一百零一条

【教师活动】把学生分成小组，引导学生按照问题进行讨论，并对同学们的回答进行概括，必要时对学生的答案进行补充。

【学生活动】分成小组讨论法律条文的颁布对居委会在全国的建立起到的作用，法律所保护的居委会的权利。

【设计意图】通过带学生接触法律条文锻炼学生文本学习的能力，同时以法律条文为例也可以体现出国家对于居委会建立的关注，居委会在中国的制度的持续完善。由教师引导点出基层民主自治制度的发展，可以体现出国家对于公民权利的保护，从而体现国家对于人民的保护与服务，培养学生对于祖国的认同感、归属感。

（2）自我完善

随着时间的发展，在党中央的支持之下居委会制度在全国各地建立、完善。曾经作为居委会建设先行者的上城区上羊市街居民委员会也不断完善自我，紧跟时代脚步，坚持与时俱进。接下来就让我们来看看新时代上羊市街居民委员会的新面貌。

材料十六：

众所周知，上羊市街社区是一个人口稠密的老街区，别的不说，仅仅残疾人就达到一百多个，虽然他们的生活有国家的基本保障，可是，如何让那些每天"自闭"在家中的残疾人对生活更加有信心，让他们和正常人一样，对生活充满憧憬，燃起对生活的热情与向往？于是我们在上羊市街居委会内成立一个残疾人组织，叫做"上羊市街残疾人民间艺术制作中心"。迄今为止,许多残疾人把这里当成自己第二个家,风雨无阻,天天都来,主要是学习技能。由此,上羊市街居委会也成了残疾人学习、交流的场所。

——政协杭州市上城区委员会编著:《新中国第一个居民委员会纪实》

材料十七:

社区内,退休者、空巢老人特别多。因此,我们率先在上羊市街成立了"邻里值班室",让那些缺少家人关怀,或患病老人能获得更多的社会帮助。由此,邻里值班室受到社会各级人士的关注,陈加元副省长专门批示肯定,他们的成功经验正在向全省各个小区推广。

——政协杭州市上城区委员会编著:《新中国第一个居民委员会纪实》

材料十八:

邻里舞台区块,主要是为居民提供文艺活动的场所,由露天舞台、多功能互动园区和陈列展示墙三个区域组成。天井处,搭建了一个多功能仿古舞台,设置 LED 背景墙、舞台灯光、音响等,可用于露天电影的放映、文艺演出等;正对着舞台的,是一张由美院老师绘制的巨幅国画,反映第一届上羊市街社区选举时的场景;墙上,还贴有社区公告、海报、演出节目单等,同时,以图文的形式呈现中国居委会 50 年发展历程和第一居委会寻访历程。

邻里天地区块,也是一处聚人气的休闲活动场所。其中,畅想家园是社区收集民意的地方;中间一个天井,摆放了桌椅,居民可来这里喝喝茶、聊聊天、下下棋;天井的一边,是儿童游戏场所,设置了儿童书刊画报、益智玩具、剪纸折纸、儿童绘画等;另一边,是老人活动场所,设置琴棋书画、茶道工具、熏香炉具等。

邻里学苑区块,为居民提供了一个多功能的学习、培训、活动、服务场所。今后,这里会开发一批具有传统文化内涵和特色的常态化服务项目和定制化服务项目,满足居民的不同需求;同时,开展社区建设人才培训、社会工作专业技能培训等项目。

——《杭州日报》2015 年 10 月 23 日

【教师活动】引导学生按照问题进行思考,并对同学们的回答进行概括,必要时对学生的答案进行补充。

【学生活动】根据材料,总结新时代上羊市街居民委员会提供的服务,并分析服务的特点,交流自己最感兴趣最想体验的部分。

【设计意图】通过上羊市街居民委员会建设的先进模范,让学生体会到随着时代的进步居委会工作的发展和完善。通过总结居委会提供服务的特点也可以发现,居委会由原来的侧重政治服务转向专注人们的精神生活。可以将这一特点与高速发展的现代化这个时代背景结合起来,培养学生时空观念的同时,体现出国家的富强、经济的发展、人民精神生活的完善。这将有利于学生提高对国家、家乡的认同感和归属感。如果第 2 课时的教学内容选择是前往上羊市街居民委员会进行参观的话,引导学生交流自己最感兴趣的部分,也为第 2 课时带领学生们前往参观做好准备。

(3)服务与义务

前面我们主要通过法律和具体的实例感受到了居委会作为基层民主自治制度的发展和完善,那么居委会在现代生活中主要负责了哪些工作,我们又该如何为居委会的相关工作尽自己的一份力呢? 首先请同学们看一下材料。

材料十九:

根据居民委员会组织法的有关规定,居民委员会的基本职能和任务是:

①宣传宪法、法律、法规和国家的政策,维护居民的合法权益,教育

居民履行依法应尽的义务,爱护公共财产,开展多种形式的社会主义精神文明建设活动;

②办理本居住地区居民的公共事务和公益事业;

③调解民间纠纷;

④协助维护社会治安;

⑤协助人民政府或者它的派出机关做好与居民利益有关的公共卫生、计划生育、优抚救济、青少年教育等项工作;

⑥向人民政府或者它的派出机关反映居民的意见、要求和提出建议。

——《中华人民共和国城市居民委员会组织法》

【教师活动】引导学生根据居委会的日常工作以小组的方式讨论应该如何参加居委会的活动。如第2课时的内容选择班级内模拟居委会工作,则为第2课时的内容进行铺垫。

【学生活动】以小组的形式,总结居民可以用什么方式加入到基层民主自治中,并进行分享。

【设计意图】将理论的知识与现实联系起来,帮助学生树立在现实生活中参加基层民主自治,为美好生活建设贡献力量的正确价值观。加强学生对于家乡建设、生活环境建设的责任感、参与感。也为第2课时的教学内容做准备。

【板书】居委会的发展:(1)地域普及;(2)自我完善;(3)服务与义务。

第2课时

方案一:

有条件的学校安排学生在教师的带领下参观上城区上羊市街居民委员会。

方案二:

学生模拟居委会民主表决会,对社区的建设提出意见、献计献策。

四、推荐阅读书目

1. 政协杭州市上城区委员会编著:《新中国第一个居民委员会纪实》,西泠印社出版社 2013 年版。

2. 关爱莲记述:《街道年轮——40 年居委工作日志》,新世纪出版社 2009 年版。

3. 韩全永:《建国初期城市居民组织的发现及启示(之一) 新中国第一个居委会诞生始末》,《社区》2006 年第 10 期。

五、课后思考

1. 基层民主自治制度是否存在问题,该如何解决这些问题?

2. 新中国第一份废除保甲制建立居民委员会的政令始于哪里?

3. 居委会属于国家机构吗?

4. 居委会有哪些职务?

第五节 新中国第一部宪法草案:毛泽东主持 "五四宪法"草案起草

一、本节概述

1953 年 12 月 27 日,毛泽东同志率领宪法起草小组到达杭州。临行前,毛泽东同志对随行人员说:"治国,须有一部大法。我们这次去杭州,就是为了能集中精力做好这件立国安邦的大事。"在杭州的 80 余天时间里,他们精研古今中外的宪法,分析、总结利弊得失,在此基础上,数易其稿,形成了一部体现中国革命成果,具有中国特色社会主义特色的宪法草案。

二、原典呈现

中华人民共和国第一届全国人民代表大会第一次会议,一九五四年九月二十日在首都北京,庄严地通过中华人民共和国宪法。这个宪法以一九四九年的中国人民政治协商会议共同纲领为基础,又是共同纲领的发展。这个宪法巩固了我国人民革命的成果和中华人民共和国建立以来政治上、经济上的新胜利,并且反映了国家在过渡时期的根本要求和广大人民建设社会主义社会的共同愿望。

我国人民在建立中华人民共和国的伟大斗争中已经结成以中国共产党为领导的各民主阶级、各民主党派、各人民团体的广泛的人民民主统一战线。今后在动员和团结全国人民完成国家过渡时期总任务和反对内外敌人的斗争中,我国的人民民主统一战线将继续发挥它的作用。

——《五四宪法·序言》

杭州市西湖山庄"五四宪法"历史资料陈列馆陈列的第一手史料

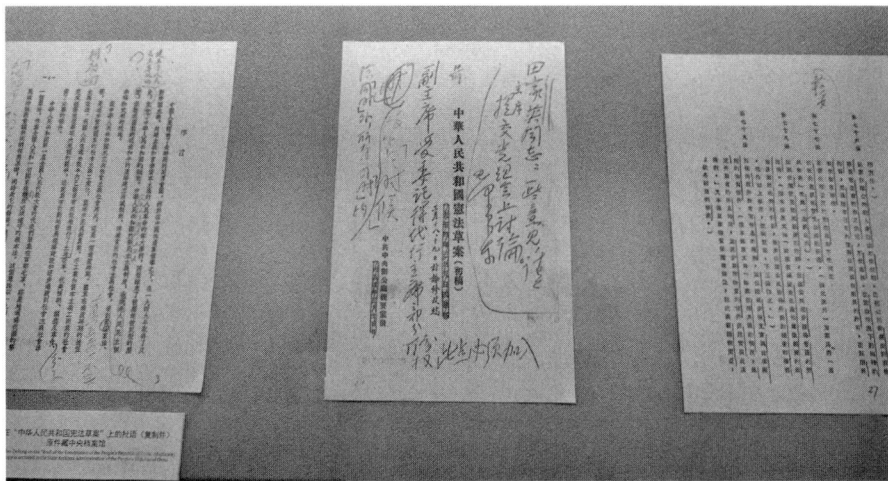

杭州市西湖山庄"五四宪法"历史资料陈列馆陈列的第一手史料

三、教学设计

第 1 课时

导入：

宪法是一个国家的根本大法，是治国安邦的总章程。同学们知道我们国家的第一部宪法颁布于什么时候吗？没错，我们国家的第一部宪法颁布于 1954 年，所以又称"五四宪法"。可大家对"五四宪法"的了解又到什么程度呢？是什么样的时代条件触发了"五四宪法"起草的契机呢？"五四宪法"的起草工作是如何准备的呢？它的内容是怎样？意义又何在呢？相信大家心中都有一些疑问，那么，让我们带着这些问题走进今天的课堂吧。

【设计意图】通过回忆同学们了解熟悉的有关历史事件，提出一些问题，在提出问题的同时让同学们明白本节课要掌握的重点在哪里。

1.草案准备工作

(1)起草委员会

材料一:

中共中央本来并不急于制定宪法,而是准备在过渡时期仍以《纲领》作为临时宪法,但因斯大林再三建议中共尽快召开全国人大和制定,于是在1952年11月决定立即着手准备召开全国人大和制定宪法。随后1953年1月13日,中央人民政府委员会第20次会议正式通过了《关于召开人民代表大会及地方各级人民代表大会的决议》,并成立了中华人民共和国起草委员会。这标志着新中国第一部宪法的起草工作正式提上日程。

——秦立海:《从〈共同纲领〉到"五四宪法":

1949—1954年的中国政治》

材料二:

宪法起草委员会的人员组成阵容可谓非常强大,几乎囊括了当时中央人民政府主席、副主席,政务院总理、副总理,全国政协副主席,人民革命军事委员会副主席等国家领导机构的主要负责人,既充分体现了中国共产党领导地位,又具有非常广泛的代表性。但同时需要指出的是,宪法起草委员会人员构成,主要是从政治方面而非专业角度考虑的,因为除了时任最高人民法院院长沈钧儒以外没有任何法学特别是宪法学方面的专家参与其中,这对专业比较强的宪法起草工作而言,不能不说是一个重要的技术缺憾。

——秦立海:《从〈共同纲领〉到"五四宪法":

1949—1954年的中国政治》

【教师活动】展示材料,并提出问题引导学生作答。对学生的回答进行概括完善,必要时进行补充。

【设计意图】让同学们通过材料,思考分析"五四宪法"起草时的背景及一些细节问题。

（2）过渡时期总路线与草案

材料三:

1953年6月6日晚,毛泽东在中南海颐年堂召集刘少奇、朱德、周恩来、邓小平、陈伯达、胡乔木开会,商读宪法问题。虽然这次小范围商读的具体内容尚不清楚,但值得注意的是,"6月,党在过渡时期的总路线的提出,对宪法起草工作提出了全新要求,即不仅要在《共同纲领》的基础上,全面地、规范性地确立人民民主的原则,还必须遵循社会主义的原则,用国家根本大法的形式将过渡时期的总任务确定下来并保证在中国建立社会主义社会,同时与逐步过渡的任务相适应,将原则性和灵活性结合起来,制定一部向社会主义过渡时期的宪法"。

——《毛泽东年谱》、中共中央党史研究室:《中国共产党历史》

（3）《共同纲领》与"五四宪法"

材料四:

宪法草案以《共同纲领》为基础,同时是它的发展。毛主席说过,《共同纲领》实际上起临时宪法的作用。中华人民共和国建国以来的实际生活证明了它的完全正确性。《共同纲领》规定的各项根本原则,例如《共同纲领》的总纲,以及有关政权制度、经济制度、民族关系等主要部分,经过历年的实行,证明为完全符合我国人民的利益和要求,并且已有显著的成功和效果。这些根本原则,在宪法草案中被肯定下来,同时根据建国以来在政治上经济上一系列的新胜利。宪法草案把这个根本原则大大地展开了和具体化了,例如国家的组织系统,公民的权利和义务。(毛主席插话:主要有三章:总纲,国家组织系统,公民的基本权利和义务)共同纲领中也有些已经过了时的东西(毛主席插话:如土地改革,又如镇压反革命,虽然现在还有反革命分子,但是很大一部分已经镇压过了),有些在宪法中可以省略,就没有再写在宪法草案里面。

——韩大元编著:《1954 年宪法与新中国宪政》

(4)斯大林的建议

材料五:

斯大林对新中国制定宪法的建议实际上提出了政权的合法性与合宪性的重大问题,促使中共中央重新思考制宪时机问题,并从政权存在与发展的角度认识到以正式宪法确认政权合法性的必要性。当然,在当时的国际环境下,斯大林的建议具有复杂的国际和社会背景,他对《共同纲领》下的中国过渡性质的政权表现出一定程度上的不理解和担心,希望中国尽快通过制定宪法确立类似于苏联的政治体制,巩固社会主义国家阵营的体制。当然,斯大林多次讲,他对"中国问题了解不多,请参考",并没有"强迫"中共接受他的建议。

对斯大林多次要求中国制宪的原因,学术界有不同的评价。有学者认为,斯大林之所以急欲让中国尽快召开"全国人大"和制定宪法,或许真想要的是中国政治体制实现苏联化,即向一党政府转换。也有学者认为,斯大林之所以同意在中国不实行过分的中央集权,与他把这种高度集权的体制看作是社会主义时期的体制有关,中国革命胜利后还不可能进入这样的社会形态,因而也就不宜采取苏联这种体制。等到 1954 年普选结束以后,中国应该建立一党政府的体制。这等于把苏联一党制推行到中国。

——韩大元编著:《1954 年宪法与新中国宪政》

【板书】提要:(1)起草委员会;(2)过渡时期总路线;(3)《共同纲

领》;(4)外界因素。

2."五四宪法"主要内容

材料六:

中华人民共和国第一届全国人民代表大会第一次会议,一九五四年九月二十日在首都北京,庄严地通过中华人民共和国宪法。这个宪法以一九四九年的中国人民政治协商会议共同纲领为基础,又是共同纲领的发展。这个宪法巩固了我国人民革命的成果和中华人民共和国建立以来政治上、经济上的新胜利,并且反映了国家在过渡时期的根本要求和广大人民建设社会主义社会的共同愿望。

我国人民在建立中华人民共和国的伟大斗争中已经结成以中国共产党为领导的各民主阶级、各民主党派、各人民团体的广泛的人民民主统一战线。今后在动员和团结全国人民完成国家过渡时期总任务和反对内外敌人的斗争中,我国的人民民主统一战线将继续发挥它的作用。

我国各民族已经团结成为一个自由平等的民族大家庭。在发扬各民族间的友爱互助、反对帝国主义、反对各民族内部的人民公敌、反对大民族主义和地方民族主义的基础上,我国的民族团结将继续加强。国家在经济建设和文化建设的过程中将照顾各民族的需要,而在社会主义改造的问题上将充分注意各民族发展的特点。

我国同伟大的苏维埃社会主义共和国联盟、同各人民民主国家已经建立了牢不可破的友谊,我国人民同全世界爱好和平的人民的友谊也日见增进,这种友谊将继续发展和巩固。我国根据平等、互利、互相尊重主权和领土完整的原则同任何国家建立和发展外交关系的政策,已经获得成就,今后将继续贯彻。在国际事务中,我国坚定不移的方针是为世界和平和人类进步的崇高目的而努力。

——《五四宪法·序言》

【教师活动】引导学生勾画出重点,并提出问题,"为何序言中这样写?具备了哪些条件才使得'五四宪法'的诞生与《共同纲领》意义不同?"

【设计意图】通过第一手史料的展示,提高学生归纳总结能力,拓宽全面看待问题的视角。

材料七:

第一条　中华人民共和国是工人阶级领导的、以工农联盟为基础的人民民主国家。

第二条　中华人民共和国的一切权力属于人民。人民行使权力的机关是全国人民代表大会和地方各级人民代表大会。

全国人民代表大会、地方各级人民代表大会和其他国家机关,一律实行民主集中制。

第三条　中华人民共和国是统一的多民族的国家。

各民族一律平等。禁止对任何民族的歧视和压迫,禁止破坏各民族团结的行为。

各民族都有使用和发展自己的语言文字的自由,都有保持或者改革自己的风俗习惯的自由。

各少数民族聚居的地方实行区域自治。各民族自治地方都是中华人民共和国不可分离的部分。

第四条　中华人民共和国依靠国家机关和社会力量,通过社会主义工业化和社会主义改造,保证逐步消灭剥削制度,建立社会主义社会。

第五条　中华人民共和国的生产资料所有制现在主要有下列各种:国家所有制,即全民所有制;合作社所有制,即劳动群众集体所有制;个体劳动者所有制;资本家所有制。

第六条 国营经济是全民所有制的社会主义经济,是国民经济中的领导力量和国家实现社会主义改造的物质基础。国家保证优先发展国营经济。

矿藏、水流,由法律规定为国有的森林、荒地和其他资源,都属于全民所有。

第七条 合作社经济是劳动群众集体所有制的社会主义经济,或者是劳动群众部分集体所有制的半社会主义经济。劳动群众部分集体所有制是组织个体农民、个体手工业者和其他个体劳动者走向劳动群众集体所有制的过渡形式。

国家保护合作社的财产,鼓励、指导和帮助合作社经济的发展,并且以发展生产合作为改造个体农业和个体手工业的主要道路。

——《五四宪法》

【教师活动】展示材料,并提出问题引导学生作答。对学生的回答进行概括完善,必要时进行补充。

【学生活动】看材料中的大致内容,联系时代背景,从"五四宪法"中匹配有关史实。

【设计意图】提高学生对重大史实、国家大政方针的掌握了解程度。

3. 结果

材料八:

过渡时期总路线作为"五四宪法"的指导思想,其本身就存在历史的局限性。当时,中共中央关于过渡时期总路线的学习和宣传提纲中有这样一个重要理论观点:党在过渡时期的总路线的实质,就是使生产资料的社会主义所有制成为我国国家和社会的唯一的经济基础。"唯一"二字典型地反映了当时中共对社会主义的理解,以及在中国这样一个经济十分落后的国家怎样建设社会主义问题的认识,还很不成熟,根本不符合中国的实际。但是,"五四宪法"在制定过程中,还是毫无疑义地接受了这一指导思想……

过渡时期总路线存在着历史局限性,导致"五四宪法"在具体内容上出现些"互相矛盾"的规定。其中,最重要也最明显的就是宪法总纲第八、九条的内容,一方面明确规定:"国家依照法律保护农民的土地所有权和其他生产资料所有权","保护手工业者和其他非农业的个体劳动者的生产资料所有权,保护资本家的生产资料所有权和其他资本所有权",另一方面又明确规定劳动群众部分集体所有制的合作社和国家资本主义等过渡形式,对农业和资本主义工商业进行社会主义改造,使其逐步由私有制变成社会主义所有制和全民所有制。

——秦立海:《从〈共同纲领〉到"五四宪法":
1949—1954 年的中国政治》

材料九:

1954 年宪法的制定和实施对中国宪政的发展产生了一定的积极影响,但同时给我们留下了许多经验与教训。在 1954 年宪法实施的社会环境中出现了人治和法律虚无主义盛行的"无法无天"局面值得我们认真总结经验和教训。

——韩大元编著:《1954 年宪法与新中国宪政》

【学生活动】结合时代背景,谈一谈"五四宪法"的局限性和进步意义在哪里?

【教师活动】引导学生思考,组织学生讨论,必要时完善总结学生的回答。

【设计意图】通过对"五四宪法"正反两方面的分析,使学生了解中国法治历程,并培养科学的辩证的唯物史观。

第 2 课时

收集"五四宪法"草案及"五四宪法"相关原典史料:

比较"五四宪法"与《共同纲领》、"八二宪法"之间的区别,并结合时代背景,谈谈自己的理解。

课后作业:撰写一篇关于比较"五四宪法"与《共同纲领》、"八二宪法"之间的区别的论述文章,不少于 500 字。

四、推荐阅读书目

1. 韩大元编著:《1954 年宪法与中国宪政》第二版,武汉大学出版社 2008 年版。

2. 秦立海:《从〈共同纲领〉到"五四宪法":1949—1954 年的中国政治》,人民出版社 2018 年版。

3. 中共中央党史研究室:《中国共产党历史》,中共党史出版社 2011 年版。

五、课后思考

1. 思考"五四宪法"的草案拟定为何要在杭州? 这有什么历史背景?

2. "五四宪法"对于社会主义法制社会的建设有何重要意义?

3. 试探究"五四宪法"内容,思考是什么影响着它最初的设计?

第二章　红旗飘飘

亭旁起义打响了浙东武装夺取政权的第一枪,建立了浙江地区第一个苏维埃政府。南田暴动促进了浙江地区革命根据地的发展。中共温州独立支部的建立大大促进了浙南地区的解放进程,为革命事业作出了不可磨灭的贡献。宁波地委的建立为大革命的开展起到了保障促进的作用。

从宁海亭旁起义带来的浙江红旗第一飘,到象山南田暴动带领的浙东武装燎原之火;从浙南第一个党组织——中共温州独立支部的建立,再到浙北中共宁波地委的建立。中国共产党的红旗逐渐在浙江这块人杰地灵的土地上飘扬起来。浙江人民正是在鲜红的党旗的引领下,一步步斗争,一步步走向光明的未来。

"旗帜鲜明,亮出主张",这些革命事业是留给后人最为宝贵的精神财富,如今我们需要结合新时代的条件,坚定理想、实事求是、艰苦奋斗攻难关、依靠群众求胜利,让革命精神放射出新时代的光辉。

通过本单元的学习,知道亭旁起义、南田暴动、中共温州独立支部建立、中共宁波地委建立的时间;知道这四个历史事件发生的背景;知道亭旁起义、南田暴动的过程;知道中共温州独立支部和宁波地委的建立对革命的不同影响;理解不同历史事件之间的联系。

第一节　浙江红旗第一飘:亭旁起义

一、本节概述

"四一二"和"七一五"政变之后,国民党制造白色恐怖,大肆迫害中共党员和无辜人士,造成社会恐慌,引起人民不满。而中国共产党在国民大革命失败以后,认识到了掌握武装力量的重要性,之后的八七会议,中共就制定了武装夺取政权的方针政策。在"武装夺取革命政权"政策的指导下,结合宁海亭旁地区的地理优势和斗争经验,亭旁起义最终爆发。这是浙东地区武装夺取政权的第一枪,随后建立了浙江第一个苏维埃政权,因此也被称为"浙江红旗第一飘"。

二、原典呈现

农民协会实际上的政权,是共产党员领导而农民协会所创造的,自动没收大地主,分配土地于乡村贫民,解除豪绅团防的武装,创立武装的农民军,严厉的镇压封建的反动分子,极伟大的农民运动的规模,而且会和国民党下层群众结合革命的联盟——而不是机会主义的联盟——最后,组织农民暴动以反抗长沙的反动政权,这都是湖南共产党官员的努力成绩。这是解决土地问题的最好的方法。其他各省的共产党员群众,亦是如此。党员群众的行动真正是英勇彻底的革命斗争。

　　——中央档案馆编:《中共中央文件选集 第三册(一九二七年)》

秋收暴动非军事不可,此次会议应重视此问题,新政治局的常委要

79

更加坚强起来注意此问题。湖南这次失败,可说完全由于书生主观的错误,以后要非常注意军事。须知政权是由枪杆子中取得的。

——毛泽东《在中央紧急会议上的发言》1927 年 8 月 7 日

三、教学设计

第 1 课时

【课前准备】学生自行查阅"亭旁起义"相关材料,对亭旁起义的背景、过程和影响有一个大致的了解。

导入:

PPT 展示亭旁或三门县图片、亭旁起义纪念碑图片。

【教师活动】教师结合图片作导入性开场白:"同学们知道这是哪个地方吗? 这里就是亭旁。92 年前,中国正值风雨飘摇之际,站在历史的分岔路口,无数人或彷徨等待,或奋起斗争,历史结果告诉我们,我们作出了正确的选择。而就是在这个小小的地方——亭旁,爆发了一场鼓舞人心的起义,浙江人民,在共产党的带领下,作出了正确的历史选择,这也就是我们今天所要学习的内容——亭旁起义。"

【学生活动】欣赏图片,听教师导入讲解。

【板书】亭旁起义。

【设计意图】图片导入,直接点出地点,更加直观,且直入主题,更加高效地利用了课堂时间,提高了课堂效率。

1. 背景

材料一:

蒋介石对在上海清党反共蓄谋已久,早在 1927 年 2 月在南昌设立总司令部时,即与张群、黄郛等研商进占上海后的措施。鉴于市党部内中共势力的增长,特设"上海市临时政治委员会",主席吴稚晖,吴即与钮永建在上海秘密布置。3月3日,蒋电令何应钦:"闻某党有上海革命政府之组织,凡类此机关,应即勒令取消"。同时,蒋特命特务处长杨虎负责长江中下游的"下层工作",即勾结青洪帮流氓,还令东路军政治部主任陈群从武汉东下辅助。……4月12日凌晨二时半,中华共进会各股势力从杜公馆及租界各预定地点倾巢出动,他们身着蓝色短装,臂缠黑底"工"字袖章,总人数15000人。法租界公董局将绝大部分机动车辆"无条件的由共进会征用",公共租界则将预定的通往华界的街道路障,全部清除,各国军队亦集队戒严,枕戈待旦。准备完毕的流氓便在租界的掩护下,向各处纠察队发起攻击,打响了"四一二"政变的第一枪。

——苏智良:《上海流氓势力与"四一二"政变》,

《近代史研究》1988 年第 2 期

材料二:

7月15日,武汉国民党中央正式决定"分共",规定:(一)置籍国民党之共产党员,凡于国民党各级党部,各级政府机关并国民革命军中有职者,应即声明即日脱离共产党。(二)于国民革命未完成前,共产党员不得妨碍革命,并不得假国民党名义作共产党的活动。(三)国民党党员未经中央允许,不得加入他党,违者以背党论。这是汪精卫集团叛变革命的显著标志,也是武汉方面实行"清党"的一个严重步骤。

——肖甡:《从"四一二"到"七一五"国民党的清党运动》,

《近代史研究》1991 年第 4 期

【教师活动】提供文字资料,引导学生思考亭旁起义发生的背景,并根据学生回答进行补充或纠正。

【学生活动】阅读史料,思考问题,得出结论:国民党背叛大革命,镇压中共党员。

【板书】背景:①国民党反动统治,迫害中共党员和正义革命人士。

【设计意图】培养学生阅读、分析、总结史料的能力,落实"史料实证"的核心素养。介绍时代大背景,也为后面国民党和共产党的做法形成对比,突出中国共产党发动农民起义是符合历史潮流的,国民党的反动统治是违背历史发展趋势的。

【教师活动】引导学生阅读分析史料,介绍"八七会议"相关情况,其次再让学生总结"八七会议"的主要方针,也就是亭旁起义发生的第二个背景。"在革命活动受到摧残之时,我党召开了一次紧急会议,对此前失败的革命活动进行总结,批判了党内的右倾机会主义错误,提出了新的斗争方针。同学们阅读以上两段史料,总结一下,这个新的方针是什么?"

【学生活动】阅读史料,思考问题,得出结论:武装暴动,开展农民起义。

【教师活动】根据学生回答总结归纳:"八七会议上,我党制定了一个重要的方针,那就是'武装反抗国民党的反动统治',这为之后我党夺取革命胜利,推翻国民党的反动统治奠定了重要基础。也正是在这样的领导方针之下,宁海县委作出了在亭旁地区发动农民武装起义的决定,成为亭旁起义发生的重要领导背景。"

【板书】②八七会议制定武装暴动方针。

【设计意图】首先,从中共角度出发,与上文国民党的行为作出回应,从两党各自的角度出发阐释亭旁起义发生的背景,更加全面,也促使学生辩证、全面地看待历史问题。以国民党迫害,共产党回应的展示方式,提升了历史事件之间的联系。其次,在培养学生能力方面,落实了"史料实证"和"历史解释"的核心素养,也锻炼了学生分析、总结、归纳的思维能力。

材料三:

1927年11月份,中共宁海县委指派县委委员包定以小学教师职业作掩护,回家乡亭旁开展革命活动。他以亭山、桂林小学为据点,秘密组织"穷人会"、"壁虎社",同当地反动势力开展斗争。1928年1月,中共亭旁区委成立,包定兼任区委书记。此时,亭旁等地的农民运动已轰轰烈烈地开展起来,亭旁区的党、团员已发展到700余人。农民协会开展抗麦租、加工资,反对增加田赋,实行平粜等经济斗争,为武装暴动奠定基础。

　　——劳戈等:《我省第一个红色政权诞生地——纪念亭旁起义七十周年》,《今日浙江》1998年第13期

【教师活动】提供史料,引导学生思考亭旁起义发生的背景。

【学生活动】阅读史料,思考问题,得出结论:农民群众斗争积极,有良好的组织基础和群众基础。

【板书】③亭旁已有斗争基础,群众基础良好。

【设计意图】落实了"史料实证"和"历史解释"的核心素养,也锻炼了学生分析、总结、归纳的思维能力。

材料四:

亭旁,位于宁海县南部边陲,地处宁海、临海、天台三县边界,西枕天台山,南接括苍山,东濒三门湾。境内万山丛集,道路崎岖,谷深林茂,是开展游击战争的理想地域。

　　——中国人民解放军历史资料丛书编审委员会:《土地革命战争时期各地武装起义·浙江地区》

【教师活动】提供史料,引导学生思考亭旁起义发生的背景。

【学生活动】阅读史料,思考问题,得出结论:亭旁地理位置优越,适合发动武装起义。

【设计意图】从环境角度入手,硬性条件的支持也是很重要的一个背景条件。同时落实了"史料实证"和"历史解释"的核心素养,也锻炼了学生分析、总结、归纳的思维能力。

【板书】④地理位置优越,地形复杂。

2. 过程

【教师活动】按照时间线索理清起义的发展过程,继而进行讲解,可配合时间轴。

【学生活动】在自己的笔记本上依据教师讲解画出时间轴,进而把握起义开展的整个过程。

【设计意图】通过对各个时间点的掌握,落实"时空观念"的核心素养;通过对起义过程的把握,感受革命党人勇于斗争、无畏牺牲的伟大斗争和奉献精神,落实"家国情怀"核心素养。

【亭旁起义开展过程(参考)】

1928 年 5 月 15 日,中共浙江省委特派员管容德召开宁海县委扩大会议,指出亭旁区域将要由经济斗争转到武装斗争的更高阶段,必须以游击战争的方式造成割据局面。

1928 年 5 月 20 日夜,谷仓岭集中了亭旁、海游、珠岙、桑洲四区部分武装人员约 250 人,举行起义预备会议,讨论起义事宜。会上决定成立红军指挥部,推选包定为红军总指挥;拟定了起义的总纲领、口号;并要求亭旁、海游、珠岙、桑洲各区分头做好起义的准备工作。管容德亲自起草亭旁游击战争计划,打算于农历四月发动起义。

1928 年 5 月 22 日下午 3 时许,任家支部负责人到亭旁区委报告,打算在今晚开平桌会时,把反对之声最响的任家地主豪绅任禹玉、任友端诱入会场打死,但最终没有实现。区委为使人民群众保持革命斗争的积极性,当晚即召开活动分子会议,决定次日继续行动,把除掉任家三害作为起义的第一步。

1928年5月23日夜11时，农民武装180余人在丹邱寺集中，而后向任家进发。队伍首先包围任升初家，但是任升初早已逃跑。而后队伍包围任禹玉家，主内收缴其武装，但是因其房屋坚固，又有武装防守，始终无法突破。包定决定，留下部分武装人员继续包围，其他人向任友端家进军。但是任友端也跳窗逃跑成功。此时的起义人员怒不可遏，一把火烧毁了任友端的房子，正式拉开了亭旁起义的序幕。

1928年5月24日上午，管容德、杨毅卿、包定在南溪召集亭旁区委会议，决定成立亭旁区革命委员会及红军指挥部，由包定任委员会主席兼红军总指挥。会后，杨毅卿赴县委进行报告，其他人分头行动。

1928年5月25日晚，亭旁武装农民224人，集中在丹邱寺进行编队，除编一个主力连，一个冲锋队，其余均按营连队组编制，归总指挥部指挥。当夜，革命委员会讨论了关于占据亭旁后的一些问题。起义部队干部左臂缠红布，战士大襟挂红布条。

26日拂晓，起义的农民高举镰刀斧头的大红旗，扛着土枪、火药枪、红缨枪、长矛、大刀，大襟前挂着红布条，浩浩荡荡向亭旁进军。当地政府和土豪闻风逃窜，未经战斗，农民军就占领了亭旁镇。街上贴满了"打倒蒋介石"、"实行土地革命"、"杀尽豪绅地主"、"没收反动派财产"等革命标语。革命群众千余人，涌向亭旁街，汇成革命的洪流，和红军一起齐集城隍殿。在振奋人心的大会上，县委宣布立即解散当地反动机构，庄严宣告亭旁区苏维埃政府革命委员会成立，包定任主席。宣布实行共产主义革命，焚毁契据，开仓济贫，没收地主土地。革命委员会发布了文告，宣布逮捕反动豪绅，没收财产；向一般地主派粮派捐，收缴枪支。为欢庆新生的红色政权的诞生，亭旁革命人民举行了盛大的游行示威。

与此同时，根据县委起义计划，宁海县桥头胡、梅林一带也组织了六七百农民武装，进行编队，准备参与起义，并派出交通员与亭旁联系。

而此时外逃的任禹玉、任友端、包子聪等人急忙向国民党省政府、省防军司令部和宁海县政府告急。宁海县长立即密令侦查追缉，同时电求国民党省政府、省防军司令部增兵，对亭旁农民起义队伍进行"围剿"。国民党省政府知悉后震动，省主席何应钦密令省民政厅暨省防军严缉亭旁农民军。

1928年5月26日，国民党驻海门的省防军第5团和临海县的国民党军集结临海的车口、东塍等地，准备进犯亭旁；宁海的省防军已向亭旁进发，驻海游的省防军郑俊彦连亦蠢蠢欲动。亭旁处在被国民党军夹击之中。

下午4时，革命委员会和红军总指挥部获悉情报，立即召开紧急会议。认为起义部队秩序较乱，领导成员和农军战士已连续4夜没睡，恐难防守，故决定有计划地将部队撤至亭旁外围，拟待敌军窜入亭旁时再包围上去。但指挥部的撤退令还未发布，武装人员就已散去1/3。于是，红军指挥部一面组织精干力量，向南溪方向撤退，一面连夜派交通员分别去海游和珠岙方向联络，通知各路起义部队就地疏散，待令行动。

5月27日，珠岙、桑洲、前童，天台县的洪畴戴、欢岙，临海县的大田、两头门等地1000余人汇集于珠岙街，声援亭旁起义。他们决定从背后袭击围攻亭旁的国民党军队，起义队伍走到洋顺（今珠岙镇上胡村），接到亭旁农军已撤出亭旁的消息，于是各路农民武装就地疏散。

27日黎明，国民党军郑俊彦占领亭旁街后，强取豪夺，喧嚣一时。此时主动向南溪方向撤去的农民军，在梅其斌等人的带领下，决定迎战。但未能痛击敌人，敌人也不敢上山与农民军正面交锋。当晚，敌军退回亭旁。

5月28日清晨,敌军再次来犯,仍旧未得逞。后来,临海方面的敌军由金沙坑偷袭亭旁起义军。敌人大举进攻,起义军弹尽粮绝,指挥部决定将武装人员化整为零,疏散隐蔽。

5月29日,撤退至珠岙的包定、管容德和其他县委领导人一起召开了县委常委会,总结了亭旁起义的经验教训。为保存革命力量,作出了转入地下斗争的决定。亭旁起义最终失败。

——中国人民解放军历史资料丛书编审委员会:《土地革命战争时期各地武装起义·浙江地区》

【教师活动】由"过程"结尾的"经验教训"入手,组织小组讨论亭旁起义失败的原因。

【学生活动】小组讨论,并与教师交流讨论结果。

【教师活动】根据讨论结果进行补充:客观上由于敌我力量过于悬殊,缺少周围地区革命运动的相互协作配合,处于孤军作战的困境;主观上缺乏一支有武装斗争经验的骨干力量,同时没有重视首先收缴当地土豪枪支,改善壮大自己的武装力量,选择薄弱环节逐个消灭敌人,创建革命根据地。

【设计意图】对亭旁起义进行总结,为下文讲授其意义做铺垫;小组合作,增加互动,提升课堂气氛。

3. 意义

材料五:

为挽救革命,8月1日爆发南昌起义,紧接着,汉口八七会议确立了土地革命和武装斗争的总方针。八七会议后,中央机关迁往上海,并相继成立了北方局、南方局和长江局,派出许多干部到各地指导武装斗争。毛泽东前往湖南,蔡和森等去往北方,周恩来、张太雷、张国焘被派往南方,其中,王若飞来到了浙江。之后,秋收起义、广州起义和全国各地的武装起义相继爆发。1928 年 5 月 26 日,由中国共产党领导的"亭旁起义"爆发,属于众多武装起义中举行较早的一次。

——彭洁:《三门亭旁:浙江红旗第一飘》,

《台州日报》2016 年 6 月 27 日

【教师活动】根据材料,引导学生思考亭旁起义深远的历史意义。

【学生活动】阅读材料,思考问题,总结亭旁起义的历史意义:亭旁起义,是中国共产党实施武装斗争和土地革命总方针的实践。

【板书】意义:①中共武装斗争和土地革命方针的较早实践。

【设计意图】从党的方针政策角度出发,明确亭旁起义是在党的领导之下发生的,是党斗争建设方针的贯彻与实践。落实了"史料实证"、"家国情怀"的核心素养,也锻炼了学生分析、总结、归纳的思维能力。

【教师活动】直接补充讲解历史意义:除是中共方针的较早实践,亭旁起义的历史意义还体现在他的首创性。在讲解的过程中我们也提到了,农民军占领亭旁之后,就宣布成立了苏维埃政府革命委员会,这是浙江第一个苏维埃政权,亭旁起义也打响了浙东地区武装夺取政权的第一枪。

【学生活动】听教师讲解,理解教师所阐述的意义,做好笔记。

【板书】②打响了浙东地区武装夺取政权的第一枪。

③成立了浙江第一个苏维埃政权。

【设计意图】直接讲解,高效利用课堂时间,提高课堂效率。

材料六:

这次亭旁党部能够利用农民在生活最痛苦时期(青黄不接时候),发动当地农民平粜、抗租、抗麦及加资的斗争,并且根据当时群众斗争的要求与情绪,聚集农民武装用游击斗争方式去求群众斗争的扩大与发展,中央认为必要而且是准确的策略。

——《浙江农民武装暴动》

【教师活动】结合材料,引导学生思考最后一方面的历史意义,允许学生讨论,并根据学生回答作纠正或补充,最后点出学生回答中最重要的一点。

【学生活动】独自思考问题或者与同学讨论,回答:为之后的革命活动积累了哪些经验?

【板书】④积累了宝贵的斗争经验。

4. 烈士介绍

【教师活动】过渡性讲解,组织讨论:英雄创造历史还是历史造就英雄,或者说,是时代造英雄还是英雄造时代。

【学生活动】小组讨论,阐述自己的观点,并与教师交流。

【教师活动】对小组讨论的结果进行总结和补充讲解,引出革命烈士的重要性,进而过渡到烈士介绍部分。

【设计意图】首先,小组讨论提升课堂气氛,增加活跃度;其次,以"历史和英雄"的命题过渡到烈士介绍部分,提升课堂的流畅性,避免生硬过渡。

PPT 呈现梅其彬、包定烈士图片。

【教师活动】介绍两位革命烈士——梅其彬、包定,介绍他们的主要生平简介、对革命作出的巨大贡献,重点突出他们勇于斗争、无畏牺牲的伟大革命精神。

【学生活动】通过革命烈士的伟大事迹,感受革命先烈的伟大奉献精神,并以这种精神为指导,努力提升自我,为建设中国特色社会主义而努力奋斗。

【设计意图】落实"家国情怀"核心素养。

第 2 课时

前往亭旁起义纪念馆实地参观考察。重点参观和感受:起义军使用的武器和烈士塑像及事迹简介。布置任务:创作歌颂亭旁起义的诗歌,第 3 课时课堂朗诵展示。

【设计意图】首先,实地考察,加深印象。通过实地观察起义军所使用的大刀等武器,了解当时的环境下,起义军斗争的不容易,通过敌我力量的对比,更深刻地理解亭旁起义失败的原因。

其次,也更能深刻地感受,在如此对比强烈的情况下,革命先辈依旧选择奋起反抗,不畏强敌,这是他们勇于斗争、不畏牺牲精神的最好体现。参观烈士塑像也更能加深印象,增强情感体验,明白现实生活的来之不易,要以先辈们为榜样,努力奋斗。更进一步落实“家国情怀”核心素养,培养爱国、爱党、有担当的新时代新青年。

最后,诗歌创作朗诵,培养学生创作能力,同时进一步增强学生的情感体验。

第 3 课时

观看浙江之声联合中共三门县委宣传部量身定制的“浙江红旗第一飘”——《星空朗读》,纪念亭旁起义 90 周年专场朗读会。

观看优酷《浙东亭旁起义》片段。

小组讨论交流评选一篇诗歌作品,并选出代表上台朗诵。

最后以几十年前的战乱和如今的安稳生活做对比,突出中华民族这一路走来的不易。

【设计意图】诗歌朗诵节目为之后的学生朗诵作参考,同时引起学生的情感共鸣,增强情感体验。观看《浙东亭旁起义》,增加画面感,加深学生印象,有助于学生进一步理清起义的过程,当然也具有增强情感体验的作用。最后今昔对比,深化课堂深度,从历史中总结经验教训,从历史中汲取力量,以史为鉴,培养青年学生珍惜现在生活的品格和努力奋斗的志气、精神,实现学习历史的真正目标。

四、推荐阅读书目

1. 中国人民解放军历史资料丛书编审委员会:《土地革命战争时期各地武装起义·浙江地区》,解放军出版社 1997 年版。

2. 劳戈等:《我省第一个红色政权诞生地——纪念亭旁起义七十周年》,《今日浙江》1998 年第 13 期。

五、课后思考

1. 亭旁起义对浙江的革命活动来说,有哪些启发或者经验建议?

2. 亭旁起义对全国的革命活动产生了哪些深远影响?

3. 从亭旁起义中我们可以得到怎样的启示?

第二节 浙东燎原之始:南田暴动

一、本节概述

解放战争进入战略反攻阶段,但是浙江地区国统区国民党的势力还比较大。在这样的情况下,上海会议和梅花村会议制定了建立台属武装力量,开展游击斗争的斗争策略。而南田岛由于国民党苛捐杂税繁重,还有抽壮丁的行为,引起人民相当不满。在这样的情况下,中共领导南田人民展开了斗争,南田暴动正式爆发。随后,参与南田暴动的武装力量不断发展,形成"铁流"部队,对浙江地区的革命活动来说是一支非常重要的力量。

二、原典呈现

正式会议开了两天。参加会议的人员有:顾德欢(代表上海党委)、刘清扬(浙东工委书记)、张任伟(浙东军事干部,后为浙东二纵队参谋长)、许少春(台属工委副书记)、应为民(临海、海门、黄岩党的负责人)、童衍孝(宁海县工委书记)等人。会议由浙东工委书记刘清扬主持。首先由顾德欢代表上海党委传达党中央关于目前政治形势和今后党的任务的报告,由刘清扬传达了"上海会议"的精神和具体地阐明今后台属武装工作的方针。继而许少春作了1943年至1947年初原台属党工作的总结汇报。会议对台属过去的工作表示满意。

……

会议结束后,上海党委代表顾德欢凝视着窗外飘飞的大雪,沉重地说:此次会议结束了地下党"隐蔽精干、长期埋伏、积蓄力量、等待时机"地下工作总方针,是台属党历史上的一个转折点,关系着台属党与台属人民的命运。自此次会议后,待打开台属武装游击斗争的局面时,为了追忆这会议,在此村建立一碑以示纪念。当时冰封大地,积雪盈尺,环绕着白岭根村梅林梅花盛开,清香扑鼻。"雪虐风饕愈凛然,花中气节最高坚。过时自合飘零去,耻向东君更乞怜。"

宋代著名爱国诗人陆游的落梅诗篇正反映到会人员的心情,因此他提议将这会议定名为"梅花村会议"。

——《宁海党史资料——"梅花村会议"五十周年纪念专辑》

1946年冬,中共浙东工委在上海召开第一次扩大会议。中共上海局郊县工作部长顾德欢(张瑞昌)传达中共中央关于目前形势和今后任务的报告,指出国民党决定进攻延安,国共分裂已成定局。在国民党统治区,我党的工作方针应立即从"隐蔽精干、长期埋伏、积蓄力量、等待时机"转变为广泛发动群众,建立武装,建立敌后游击根据地,组成各阶层的反蒋统一战线。会议决定新(昌)、嵊(县)、奉(化)地区与台属地区合并成立中共台属工作委员会,将隐蔽在上海附近的武装部队拉到台属地区,以台州为中心开展武装斗争。

1947年春,在宁海县徐路的白岭根葛希曾家召开浙东工委扩大会议,当时正值该地梅花盛开,故称梅花村会议。顾德欢、刘清扬、张任伟等从上海赶来参加,参加会议的还有许少春、童衍孝、应为民等各县负责人。会议贯彻上海会议精神,分析形势,研究讨论台属地区我党建立武装、开展游击战争、建立革命根据地的有利条件和困难,制定开展武装斗争的任务和政策,提出独立自主开展游击战争的方针,并作出具体部署。

根据上海会议和梅花村会议精神,1947年2、3月间,张任伟带领杨民奎、鲁华携带短枪、步枪到三门同金贤益接头,准备以打猎队名义,在亭旁、坝头一带摸清情况拉起队伍开展武装斗争。

——中共象山县委党史研究室编:《南田暴动》

由于国民党的反动统治,苛捐杂税繁多,地主豪绅的残酷盘剥,海霸陈利生、赖麒麟,劣绅葛民三、陈大陆的残酷欺压和豪取强夺,加上土匪的骚扰,广大劳动人民在这块富庶的土地上终年劳作,仍不得温饱。1942年底,日寇侵占南田以后,日本鬼子奸淫烧杀,无恶不作,南田人民生活在水深火热之中。有一次,国民党三门县自卫大队长陈利生为争地盘打死1名日本兵,日寇和汪伪王惠君部1500余人来南田扫荡。岛上群众遭到巨劫,800余户房子被烧掉,仅南弄堂20余户人家,房子就被烧掉16家,连50多岁的妇女也被强奸。抗战胜利后,国民党反动派发动内战,陈利生、陈大陆等反动爪牙借机敲诈勒索,苛捐杂税满天飞。他们还疯狂地抽壮丁,弄得青壮年农渔民不能安心生产,连寡妇的独子也被国民党保长陈大陆拉去当兵,寡妇求救无门,走投无路,投河自尽。岛上 19 岁至 25 岁的"适龄壮丁"为逃抽丁饿着肚皮,露宿在深山冷岙。有的为了活命,只得铤而走险,下海为匪。南田的广大人民群众热切地盼望着革命。

——中共象山县委党史研究室编:《南田暴动》

三、教学活动

第 1 课时

【课前任务】查阅象山南田暴动相关文献,了解其发生的背景、过程和经验教训,对这些知识点有一个大概的了解。

1. 背景

材料一:

从 1947 年 7 月起,人民解放军由战略防御转入战略进攻,以主力打到外线去,将战争引向国民党统治区,在外线大量歼敌,迅速改变了敌我力量的对比。

——吴林根:《中国共产党干部教育九十年》

【教师活动】根据材料,引导学生思考南田暴动发生的背景。

【学生活动】阅读材料,思考问题,得出结论:解放战争进入战略反攻阶段。

【板书】背景:①解放战争进入战略反攻阶段。

【设计意图】首先点明"南田暴动"发生的时代背景:第三次国内革命战争时期,只发生在战争的背景下,是在国共两党对抗、对峙期间发生的。其次为后文做铺垫,南田暴动的成功映射出整个第三次国内革命战争的结果——中国共产党的胜利。最后,培养学生阅读史料、分析史料的能力,使"史料实证"、"时空观念"的核心素养真正在课堂中落实发展。

PPT 呈现国共统治区域对比图。

【教师活动】让学生观察地图,引导学生在两党实力对比上思考背景问题。继而根据学生回答作相应纠正或补充。

【学生活动】阅读材料,思考问题,得出结论:国民党实力较盛。

【板书】②国统区面积较大,综合实力不差。

【设计意图】落实"时空观念"核心素养;同时强调虽然进入反攻阶段,但是国民党实力也是比较强盛的。

【教师活动】根据材料,引导学生思考南田暴动发生的背景。

【学生活动】阅读材料,分析材料,得出结论:上海会议和梅花村会议召开,制定建立台属地区武装,开展游击活动。

【板书】③上海会议和梅花村会议的召开。

【设计意图】建立南田暴动与共产党组织领导的关系,点明共产党在其中发挥的领导作用。培养学生阅读史料、分析史料的能力,使"史料实证"核心素养真正在课堂中落实发展。

材料二:

南田岛属海岛丘陵地区,有耕地2.4万余亩,海涂1万余亩,渔业资源十分丰富。粮食一年收入,可供三年食用,称得上是"鱼米之乡"。南田群众有句俗话"进南田不穷",指的就是南田物产丰富,不管谁进去都能搞到吃的。

——中共象山县委党史研究室编:《南田暴动》

【教师活动】根据材料一提问:依照南田岛的地理位置,南田岛物产丰富,群众为何还会起来参加革命?

【学生活动】阅读材料,思考问题。

【设计意图】明确南田的地理位置,为之后起义过程中,武装部队的转移埋下伏笔。同时南田的富庶与群众的困苦生活形成对比,突出国民政府的反动统治,使学生明白南田群众进行起义暴动的原因。落实"史料实证"和"时空观念"核心素养要求。

【教师活动】与材料一形成对比,引导学生思考总结背景。

【学生活动】阅读材料,思考问题,得出结论:国民党反动统治下,南田群众生活困苦,渴望革命。

【板书】④反动统治,地主豪绅,苛捐杂税,人民生活困苦。

⑤群众革命情绪高昂,呼声强烈。

【设计意图】通过两段材料的对比,更加明确了南田群众的生活之困苦,为暴动的发生奠定了群众基础。培养学生阅读史料、分析史料的能力,使"史料实证"核心素养真正在课堂中落实发展。

材料三:

敌人十分麻痹。每天午饭以后,自卫队员有的出去赌博、游荡,有的在驻地睡午觉;机枪放在地上,步枪挂在墙上,没有专人看管;区署门口只有一个岗哨,岗哨也常和过路熟人随便闲谈,互相递送香烟,有的还可以自由进出区署,岗哨根本不管。

——中共象山县委党史研究室编:《南田暴动》

【教师活动】根据材料,引导学生思考南田暴动发生的背景。

【学生活动】阅读、分析材料,得出结论:敌人麻痹,防守松散。

【板书】⑥敌人防守松散,易于得手。

【设计意图】首先再一次突出国民党反动派的腐败统治,与共产党形成对比;其次,暗示南田暴动的结果是成功的;最后,培养学生阅读史料、分析史料的能力,使"史料实证"核心素养真正在课堂中落实发展。

2.暴动的准备

(1)思想准备

【教师活动】引导学生思考暴动进行需要的条件:同学们思考一下,毫无基础的情况下,南田岛的群众要找一条出路,他们对于革命又毫无经验,这时要怎么办?

【学生活动】思考问题,回答:求助,从别人处获得建议。比如寻求共产党的帮助。

【设计意图】导入暴动的准备阶段,引入共产党在其中发挥的作用。

材料四:

后来陈利生怕我闯祸,把我调到三门,当了自卫队分队长。在自卫队里,他们叫我去要粮捐、抽壮丁。我想:我出来是抗日的,我家里兄弟多,又穷,本身是受压迫的,抽壮丁也抽我家,我最恨抽壮丁,现在又叫我去捉人家,总觉得走错了路,就产生不想干的思想。

——周象人:《党领导我走上革命大道》

材料五:

还有一件事对我影响很大,就是国民党对杨炎彬同志的严刑拷打。那时,自卫队大队长赵际去审小杨,我也跟去看了,想听听到底为啥事情。我看他们给小杨用了很多刑,什么坐老虎凳、用水灌等等,而小杨十分顽强。他只是说:我抗日没有什么罪,别的什么也不说。看了审讯小杨事件以后,我感到要抗日,参加国民党队伍走错了路,应该跟共产党走才对。

——周象人:《党领导我走上革命大道》

【教师活动】根据材料,引导学生思考南田暴动主要参与者与领导人周象人的思想转变。

【学生活动】阅读材料,思考问题,预设回答:周象人逐渐认识到了国民党反动统治的黑暗,认识到应该向共产党靠拢。

【设计意图】根据周象人的回忆录,展现他思想的转变,这是南田暴动能够发生且处于共产党控制下的重要条件。培养学生阅读史料、分析史料的能力,使"史料实证"核心素养真正在课堂中落实发展。

材料六:

在这两件事影响下,我辞去分队长职务回家了。回到南田,我整天没事做,就经常到我姐夫家去玩。我姐夫叫吴阿狗,真名吴金财。我认识了在他家做雇工的董方红,大约在 1945 年下半年,董方红问我:"你为啥不当兵了?"我说:"当兵有啥当头,当分队长有啥花头,我是去抗日的,他们却叫我去抽壮丁,我自己也是逃壮丁的,我不当这种兵。"后来他又说"三五"支队是共产党领导的,与国民党不一样,我说共产党人骨头硬,把看到小杨受刑的情形向他说了。董方红说,"三五"支队宁波有,我们做生意,他们不抢东西,掩护我们生意人。后来经过多次接触,我们无话不谈,我说想到四明山参加"三五"支队。董方红说四明山部队他有认识的人。我就要求他给我联系。董方红叫我先搞些枪、拉些人,并问我有没有信心搞,我说有信心搞。他说:"有信心我就给你接个头,同他们通个信。"

——周象人:《党领导我走上革命大道》

【教师活动】根据材料,首先点明董方红的身份——因身体原因无法北上而滞留南田的共产党员;其次突出董方红身为共产党员对周象人的引领和思想教育,充分体现他身为一个共产党员的责任感;最后说明此时的周象人应有了良好的思想准备,南田暴动的思想准备基本具备。

【学生活动】阅读材料,根据教师阐述感受共产党员的斗争精神和引领作用。

【板书】思想准备。

【设计意图】以作为第一手材料的回忆录入手,直接体现共产党员在其中发挥的作用。也点明这时候的周象人,已经向共产党靠拢。

材料七:

为了进一步摸清南田敌情,邵明决定亲自去南田向周象人了解情况,共同研究在南田如何搞起武装。……要求周象人派人继续了解区自卫队的驻地地形、活动规律,区署内部房屋的结构状况,以决定行动方案。

——中共象山县委党史研究室编:《南田暴动》

材料八:

邵明(1918—2006),原名徐嘉思,浙江宁波人。早年就读于宁波浙东中学。全面抗战爆发后,赴山西临汾八路军学兵队学习。结业后被分配到浙江松阳、慈溪等地工作。1938年3月加入中国共产党。5月,担任县委委员、青年部长。1939年1月,任慈溪县委委员。1939年9月,兼任民运部部长。11月,调任宁特委青年工作委员会书记。1940年2月,兼任中共绍兴县委书记。11月调嵊县工作,历任中共嵊县中心县委书记、嵊县特派员等职,整顿党的组织。1942年7月,任中共嵊新县委书记,兼部队工作委员会书记。8月任中共四明工作委员会委员,9月四明工委改建为四明地委,仍任委员。1945年2月,任嵊新奉中心县委书记,4月改任副书记。其间,领导了独立的抗日武装嵊新奉县自卫大队,并进行抗日游击战争。曾一度与上级党组织失去联系,从1946年2月起,整顿恢复新昌地区党组织。1947年2月调至台属地区,历任中共台属工委书记,台东临时工委书记,浙东游击第四支队政委,浙东人民解放军第二游击纵队第四支队支队长兼政委等职。

——中共宁波市委党史研究室编:《宁波中共
党史人物(1925—1949)》

【教师活动】首先根据材料八内容,点明邵明的身份——共产党员,中共台属工委书记,台东临时工委书记;其次根据材料七,引导学生思考,邵明的行为是什么准备?

【学生活动】阅读材料,通过材料分析问题,得出结论:调查了解南田情况,便于部署活动。

【板书】调查准备。

【设计意图】首先从邵明的身份入手,突出共产党在其中的作用;其次,从"没有调查就没有发言权"入手,突出对把握环境的重要性,为下文制订计划和武装部队转移埋下伏笔。

材料九:

邵明一面通知坚持在临海双港地区的武工组王阿法、王蔚青、陶秀贤立即来三门枫坑,一面与台工委副书记许少春和童先巩(李黎)、金贤益、梅茂苗、林山等研究在南田拉起武装以后的一系列问题。首先是部队立足打开局面问题;其次是加强政治思想工作问题;还有递送情报、提供给养等问题。……因此,最后商定在南田搞起武装后,就立即将队伍拉到三门亭旁山区——芦田山、金干一带先立足下来,从这里站稳脚跟开展工作。

——中共象山县委党史研究室编:《南田暴动》

【教师活动】根据材料引导学生思考暴动准备。

【学生活动】阅读材料,通过材料分析问题,得出结论:制订计划。

【板书】制订计划。

【设计意图】计划与下文的过程形成对照,从计划和实施过程入手,让学生把握暴动的过程。培养学生阅读史料、分析史料的能力,使"史料实证"核心素养真正在课堂中落实发展。

(2)过程

【教师活动】从准备过渡到暴动发生,提问:要想推翻国民党在南田岛上的反动统治,起义人员首先需要怎么做? 引导学生往武装方面思考。

【学生活动】思考问题,回答:获得武器。

【设计意图】提问导入起义的爆发,直接进入起义的开始,也说明武装的重要性,为之后武装部队的发展埋下伏笔。

【教师活动】提问:在敌我力量对比完全失衡的情况下,要夺取武装,"智取"和"强攻"需要怎么选择。

【学生活动】回答:智取。

【设计意图】再一次突出敌我力量的对比,以"智取"为下文戏剧性的暴动过程做铺垫。

材料十:

1947 年 10 月初,按照预约日期,周象人三哥周象花和董方红驾了一条小帆船到海游港,停泊在枫坑附近,到枫坑小学和邵明等联系。次日早晨,帆船顺利地驶到南田岛文山大沙的海岸边。邵明等人被周象人带到一个寺庙里住了两天。第三天,周象人把他们带到坪岩头山洞隐蔽。当时,周象人已组织起 20 余人,有六七支步枪、六七支短枪,还有些"土快五"。

会面后,周象人向邵明汇报了活动情况,并对南田区署和自卫队的情况作了详细的介绍。经研究后,认为发动南田暴动是可行的。经过讨论,大家认为要智取,不能强夺。

为了隐蔽,邵明、周象人率领队伍从这个山洞转移到另一个山洞,不断流动了近半个月。22 日晚上,邵明和周象人率队伍转移到南弄堂隐蔽宿营。10月23日上午,队伍分三组出发。王阿法、陶秀贤、鲁华、王蔚青、朱阿福等几个带领短枪队员先出发。邵明和周象人带领大队扮作卖柴、买菜等赶集人随后跟进。周象法、周象高因区署有熟人,就先混入区署北部。12点左右,队伍到达樊岙区署时,原先被周象人策反的姓杨的区自卫队员看见王阿法、陶秀贤等快到门口,就走近步哨递上一支香烟给哨兵,当步哨接香烟时,他就夺过步哨的步枪。王阿法、陶秀贤看见步哨的枪被缴,立即冲击区署。他们一人守住一间自卫队员房间,一边打枪,一边大喊"举起手来,缴枪不杀"。见到后续队员上来,王阿法就缴了一把机枪,陶秀贤缴获了两支冲锋枪。周象法在后院发现区长戴加恩爬墙逃跑,就端起步枪,将区长击毙,并缴获了区长的枪。周象花见暴动已开始,就按照原先计划击毙情报站长陈大陆的儿子。

这次暴动,共缴获轻机枪1挺、冲锋枪2支、步枪20支及其他武器弹药,我无一伤亡。

——中共象山县委党史研究室编:《南田暴动》

【教师活动】根据材料,按照时间线索、空间的转变讲解暴动的过程,注意生动有趣,突出戏剧性,提升课堂气氛。

【学生活动】阅读材料,结合教师的讲解,理清暴动的发展过程。

【设计意图】暴动过程中,参与人员较多,情况较为复杂,单单通过材料,学生可能不能及时理清线索,掌握整个过程,所以需要配合教师的讲解。

材料十一:

根据张瑞昌和马青同志的指示,我们调整了骨干力量,从宁海、三门党组织中抽调了一批党员骨干参加部队,开展政治思想教育工作,整编部队。新建立的台州部队没有番号,这时我们就给它起了一个代号,称"铁流"部队,搭了一个大队的架子,周象人为大队长,杨民奎为指导员,编为3个班,有40多名战士、40多条枪。同时,建立了随军工作组,改善了部队伙食,做了一部分棉衣。这样一来,部队的面貌完全改变了。

     ——中共象山县委党史研究室编:《南田暴动》

【教师活动】根据材料说明南田暴动的后续发展——"铁流"部队的建立。

【学生活动】阅读材料,了解南田暴动的后续。

【设计意图】呈现南田暴动结果。

3. 意义

材料十二:

  亭旁暴动是当时全国上百次较大规模的革命运动之一。究其失败的原因:客观上由于敌我力量过于悬殊,缺少周围地区革命运动的相互协作配合,处于孤军作战的困境;主观上缺乏一支有武装斗争经验的骨干力量,同时没有重视首先收缴当地土豪枪支,改善壮大自己的武装力量,选择薄弱环节逐个消灭敌人,创建革命根据地。但其革命精神的影响是永存的,也是解放战争时期南田暴动的重要推动力量。

     ——中共象山县委党史研究室编:《南田暴动》

【教师活动】根据材料,引导学生思考南田暴动的意义——南田暴动是大革命时期亭旁暴动的延续。

【学生活动】阅读分析材料,思考问题,得出结论:是亭旁起义的延续。

【设计意图】与其他历史事件相关联,建立不同历史事件之间的联系,提醒学生历史不是孤立的,需要连续看待。

材料十三:

1937年7月7日,抗日战争爆发。8月13日,上海育青、大公两所中学迁到天台,随来一批进步教师,有许杰、戴介民、陈康白、赵伯辛、王育和、袁佐文、胡其钦、袁宝诚、顾哲民等,大多为大革命时期的中共党员。1946 年 11 月,浙东工作划归中共上海局郊县工委领导。领导人林枫于 1946 年 12 月在上海召集由顾德欢、张任伟、刘清扬、王起等参加的会议,研究浙东工作,决定在浙东普遍独立"点火",建立武装,然后集中主力开辟以天台山为中心的大块武装游击根据地。会议决定,成立中共浙东工委,刘清扬任书记,马青任副书记,王起任委员,顾德欢代表上级党驻浙东指导工作。

——中共象山县委党史研究室编:《南田暴动》

【教师活动】根据材料,引导学生思考南田暴动的意义——抗日战争时期和解放战争初期党组织坚持地下斗争,为南田暴动成功,建立以天台山地区为中心的浙东大块解放区提供有利条件。

【学生活动】阅读分析材料,思考问题,得出结论:中共组织在其中发挥了重大作用。

【设计意图】突出中共在其中的重要作用。

材料十四:

1948 年 4 月 1 日,"铁流"渡白水洋,登括苍山到里岙。4 月 7 日,到达永嘉圣堂村,与浙南部队会师。5 月 8 日,进军黄岩西乡宁溪镇。5 月 12 日,在山根遇敌突围,我军神枪手一枪击毙敌机枪手,敌 300 余人惊恐撤退,浙南战士跷起大拇指称赞"铁流"为"浙东老大哥"。

1948 年 5 月 18 日,浙东临委派刘发青、张任伟到上海,将我党储贵彬、汤圣贤、刘路平控制的南汇大团自卫队 260 余人拉到四明山,号称"钢铁"部队,与四明山"铁马"部队一起,以抗日时期"三五"支队名义开展活动。1948 年 5 月 28 日,新成立的"三五"支队在上王岗与浙保 2000 人激战一天,毙伤敌 100 多人,俘 30 余人,取得重大胜利。

——中共象山县委党史研究室编:《南田暴动》

【教师活动】根据材料,引导学生思考南田暴动的意义——南田暴动点燃了解放战争时期以天台山为中心的浙东武装斗争的燎原之火。

【学生活动】阅读分析材料,思考问题,得出结论:带动了更多革命活动的开展。

【设计意图】建立不同历史事件之间的联系。

材料十五:

1948年8月13日,台属"铁流"与四明山主力"机动"在平溪会师后,选择靠近平原的山阳高山地区建立后方基地和中心根据地,发动群众,发展党和民兵组织。

1949年2月17日解放三门县后,浙东纵队第三次在宁海西南区大集镇前童会师祝捷。3月1日,台工委书记邵明在芝田庵主持召开宁新县工委扩大会议,决定工作重心从山区转移到平原,原山阳区委改为宁海西南区委,宁新县工委委员李黎、李辉兼任正副书记。在此基础上建立健全党组织,保卫巩固革命根据地。

——中共象山县委党史研究室编:《南田暴动》

【教师活动】根据材料,引导学生思考南田暴动的意义——山阳后方基地与宁海西南区革命根据地的创建。

【学生活动】阅读分析材料,思考问题,得出结论:更多革命根据地的创建。

【设计意图】建立不同历史事件之间的联系。

第2课时

前往宁波南田暴动纪念碑亭。

布置任务:排演南田暴动情景剧。

【设计意图】首先,参观纪念碑亭,实地感受革命先辈的斗争精神,增强情感体验。其次,排演情景剧,学生在排演的过程中,自然而然能够对南田暴动的过程产生更深刻的印象,同样,情景剧排演也有助于增强情感体验,更进一步落实"家国情怀"的核心素养。

第 3 课时

情景剧汇报演出。

四、推荐阅读书目

1. 中共象山县委党史研究室编:《南田暴动》,2002 年。

2. 中共宁波市委党史研究室编:《宁波中共党史人物(1925—1949)》,宁波出版社 2015 年版。

五、课后思考

1. 南田暴动有漫长的过程,这个过程的不同阶段,各有什么样的经验累积?

2. 南田暴动的经验对后来的革命活动有什么借鉴意义?

3. 南田暴动从哪些角度体现出了"家国情怀"?

第三节　瓯越烽火:中共温州独立支部

一、本节概述

十月革命一声炮响,给中国送来了马克思主义。五四运动以后,马克思主义之风更是愈演愈烈,在这股马克思主义之风的影响下,浙南的崇山峻岭中也建立起了早期的共产党组织——中共温州独立支部。独立支部建立后,从组织群众运动到领导农民运动,从提高妇女地位到迎接北伐军入温,温州独立支部对浙南地区的解放事业作出了不可磨灭的贡献。

二、原典呈现

1924年,第一次国共合作后的革命新局面开始形成。根据中共中央指示,中共上海地委组织部主任谢文锦于8月下旬到达温州筹建党、团组织。他通过各种方式在学生、工人、农民和进步人士中广泛宣传全国革命形势、共产党的纲领和孙中山联俄、联共、扶助农工三大政策,揭露封建军阀勾结帝国主义的罪行,指明只有彻底推翻帝国主义和封建军阀的反动统治,中国人民才能获得新生,并以自己在苏联耳闻目睹劳动人民获得解放的生动事例,宣传马列主义真理,燃起人们对社会主义的向往。温州实业界、教育界著名人士郑恻尘、胡识因夫妇在谢文锦的启发引导下首先加入中国共产党。同年12月,在温新小学内成立温州独立支部。

——中共温州市委党史研究室等编:《中共温州独立支部与国民革命运动》

中共温州独立支部纪念亭

温州独立支部成员数量统计表

（1925 年上半年）

姓名	胡识因	郑恻尘	林平海	庄琴秋	胡惠民
性别	女	男	男	女	男
职业	教员	商	学生	教员	教员
正式或者候补	正式	候补	候补	候补	候补

（原载《上海地委组织部地方同志名册》）

温州独立支部成员数量统计表

（1926 年 6 月）

成分 / 性别 / 月份	工科生						农科生		文科生		兵科生	其他		总计		
	交通科	铁科	纺织科		其他											
	男	男	男	女	男	女	男	女	男	女	男	男	女			
1月	1	—	1	—	1	—	—	—	2	3	—	—	—	5	3	8
2月	1	—	1	—	1	—	—	—	1	3	—	—	—	4	3	7
3月	1	—	1	—	1	—	—	—	2	3	—	—	—	5	3	8
4月	1	—	1	—	1	—	—	—	4	3	—	—	—	7	3	10
3月 增	—	—	—	—	—	—	—	—	1	—	—	—	—	1	1	—
3月 减	—	—	—	—	—	—	—	—	—	—	—	—	—	—	—	—
4月 增	—	—	—	—	—	—	—	—	2	—	—	—	—	2	2	—
4月 减	—	—	—	—	—	—	—	—	—	—	—	—	—	—	—	—

三、教学设计

第 1 课时

导入：

同学们知不知道在温州曾经有个党团组织？没错！就是中共温州独立支部，那同学们知不知道这个中共温州独立支部是如何成立的呀？同学们好像有一些迷茫。中共温州独立支部在什么时候建立的呢？主要由谁建立起来的呢？建立之后又组织了哪些活动呢？这节课就让我们了解一下中共温州独立支部，然后再回顾历史，看看当年究竟发生了些什么。了解一下中共温州独立支部和我们家乡的历史。话不多说，就让我们开始正式上课吧！

【设计意图】通过提问引入，与学生进行互动，调动学生的兴趣并吸引学生的注意力。通过一系列的问题引入本节课的主题，并设下悬念，引起学生们的好奇，帮助学生快速地进入课堂情景。最后点出了课程的主要讲授脉络，讲清本节课内容。

中共温州独立支部，是浙南地区最早成立的党组织。1924 年 8 月下旬，中共中央派早期党员谢文锦回家乡温州宣传马列主义和全国革命形势，筹建党团组织。

1. 背景

（1）十月革命

【设计意图】使用图片史料，能够让学生对历史事件产生更加直观的了解。通过对十月革命进行说明，让学生了解一百多年前在俄国发生的社会主义革命，并进一步了解俄国的这次革命对中国之后的五四运动及一系列革命活动的影响。

【教师活动】展示材料，并提出问题引导学生作答。对学生的回答进行概括完善，必要时进行补充。

材料一：

李大钊在 1918 年 7 月 1 日发表了《法俄革命之比较观》，表明了他对十月革命的态度。他认为俄国事件不是"布尔什维克的阴谋"，而是一场真正的政治和社会革命，"俄国革命最近之形势，政权全归急进社会党之手，将从来之政治组织、社会组织根本推翻"。他认为这两次革命是人类历史上的两个转折阶段。法国革命奠定了新时代的基础，决定了 19 世纪文明的发展,而十月革命则为已经到来的时代奠定了基础。1918 年 11 月 15 日,北京大学在天安门前举办演讲大会,许多人在演讲中反复强调所谓"公理战胜强权"。李大钊于 11 月末在北大与中央公园举行的演讲会上,发表了《庶民的胜利》的演说。1918 年 11 月 15 日,李大钊在《新青年》上发表了《Bolshevism 的胜利》,他认为:"这件功业,与其说是威尔逊(当时的美国总统)等的功业,毋宁说是列宁的功业;是列卜涅西(即卡尔·李卜克内西)的功业,是马客士(即马克思)的功业。""自今以后,到处所见的,都是 Bolshevism 战胜的旗,到处所闻的,都是 Bolshevism 的凯歌的声","试看将来的环球,必是赤旗的世界。"他明确主张:"吾人对于俄罗斯今日之事变,惟有翘首以迎其世界的新文明之曙光,倾耳以迎其建于自由、人道上之新俄罗斯之消息,而求所以适应此世界的新潮流,勿徒以其目前一时之乱象遂遽为之抱悲观也。"

此后,李大钊在《新青年》、《每周评论》等刊物上发表了《我的马克思主义观》、《马克思主义历史哲学》、《马克思主义的经济学说》等一系列介绍和宣传马克思主义的文章。李大钊在为了传播马克思主义而呕心沥血奋斗的一生中,实践了他的誓言:"勇往奋进以赴之","断头流血以从之","瘅精瘁力以成之","虽至势穷力尽,卒无变志灰心",为共产党人树立了光辉的典范。

1919 年 7 月 14 日,毛泽东在《湘江评论》创刊号《创刊宣言》中,也热烈地赞扬了十月革命。

——李友唐:《十月革命的炮响是怎样传到中国的?》,

《党史博采(纪实)》2007 年第 10 期

引导学生得出"十月革命思想传入中国后知识分子思考救国道路"的结论。

（2）五四运动

【教师活动】播放影片《建党伟业》中学生运动片段。

【设计意图】通过影片让学生更进一步了解一百多年前的中国,培养学生们对国家的责任感。可以促进学生思考,并锻炼学生逻辑、表达能力。帮助学生发现自己的不足与遗漏的知识点,有利于学生加深印象,进而更加深入地了解中共温州独立支部。

材料二:

望平街书业商会于 7 日开临时会议,佥以后日为 5 月 9 日,实二十一条签订之纪念,议决各同业于是日停业一天。一方对于欧洲和会表示吾国民之决心,一方对于北京学生表示敬意。附:书业商团同志会致该业商会书,略谓:窃维吾业为文化传布机关,尤与教育界有密切关系。日来欧洲和会,拟将青岛问题归中日自行解决,北京大学及诸专门大学学生,群起击贼以示威,此实国家之荣光,不可忽视者也。沪上学生团体既开国耻纪念会,闻风而响应矣。则吾业更不可不有所表示,以为社会之观感,亦以尽国民之责任。兹拟于本月 9 日,即民国 4 年吾国承认日本无理要求之国耻纪念日,凡吾同业均停业一天,于门首各悬"国耻纪念"白旗一面,而兴亡之责,亦可聊表寸心。即请俯准,转知同业,一体照行。并望函知上海南北商会,请其转告各业致仿照办理,则国家幸甚,本会各业幸甚。

——《申报》1919 年 5 月 8 日

引导学生得出"五四运动让爱国青年纷纷走向救国道路"的结论。

（3）第一次国共合作

材料三:

1924 年 1 月 20 日至 30 日,中国国民党第一次全国代表大会在广东召开。大会通过了新的党章,改组了国民党组织,选举了有共产党员参加的新一届中国国民党中央领导机构,重新解释了三民主义,形成了"联俄、联共、扶助农工"等重大政策,实现了第一次国共合作,也是国共合作的首发地。

——央视国际网络

【教师活动】展示材料,并提出问题引导学生作答。对学生的回答进行概括完善,必要时进行补充。

【设计意图】通过材料展示,让学生对中共温州独立支部成立时的国共两党的关系有初步了解。

引导学生得出"中共温州独立支部成立时国共两党间处于合作关系"的结论。

【板书】背景:(1)十月革命;(2)五四运动;(3)第一次国共合作。

2. 过程

【设计意图】通过材料展示,让学生对中共温州独立支部成立的过程有大致了解。

材料四:

温州虽偏处浙南,但并不封闭保守。这里是永嘉学派的故乡,有着关心时局、经世致用的文化基因。同时,崇文重教、诗礼昌明的耕读文化在温州也非常繁盛,楠溪江流域被誉为"溪山邹鲁"。经过五四运动的洗礼,一批进步知识分子积极寻求新知、追求进步。

中共温州独立支部,是浙南地区最早成立的党组织。1924年8月下旬,中共中央派早期党员谢文锦回家乡温州宣传马列主义和全国革命形势,筹建党团组织。他边宣传边做细致的工作,先后介绍温州实业、教育等界知名人士郑恻尘、胡识因夫妇和林平海、庄竞秋、胡惠民等加入中国共产党,并于同年12月,在温州城区信河街侯巷新民小学成立了中共温州独立支部,简称"温独支",这是浙南地区最早建立的中共组织。

该支部直属在上海的中共中央领导,1925年8月改由中共上海区委(又称"江浙区委")领导。同时,他还介绍戴宝椿、金贯真、李得钊等8人加入社会主义青年团,成立中国社会主义青年团温州支部,戴宝椿任书记。1925年2月,改称共产主义青年团,4月归属团江浙区委领导,称共青团温州特别支部。至1926年底,党团员发展到50余人,分布于永嘉(含今鹿城、瓯海、龙湾区)、瑞安(含今文成)、平阳(含今苍南县)和乐清、泰顺等县。

——刘建国、谭桂涛编著:《瓯江风云:温州革命斗争史纪实》

材料五:

【谢文锦】浙江省永嘉县人。1921年加入中国共产党。1924年创建了浙南最早的党组织——中共温州独立支部。1926年担任区委委员,先后任曹家渡、杨树浦区委书记、中共南京地委书记等职。1927年参加上海工人三次武装起义的组织领导工作。10日夜,主持召开南京地委扩大会议,由于叛徒告密,被捕牺牲。

——徐为民编:《中国共产党人名词典》

材料六:

【郑恻尘】(1888—1927)浙江永嘉人,又名朝振中,字采臣。辛亥革命时赴湖北投考革命军。1912年转入湖北军官学校学习。1919年参加五四运动。后在温州从事实业。1924年加入中国共产党。曾创建并领导中共温州独立支部,并任国民党永嘉县党部执行委员、浙江省党部执行委员和商民部长等职。1927年7月被杀害。

——李盛平主编:《中国近现代人名大辞典》

【教师活动】展示材料,并提出问题引导学生作答。对学生的回答进行概括完善,必要时进行补充。关于中共温州独立支部建立后所组织的一系列革命运动,有同学曾经了解过吗? 同学之间可以相互讨论一下。

【设计意图】通过对中共温州独立支部成立进行描述,推动学生进行回忆,为之后讲解中共温州独立支部所组织的革命运动进行铺垫,并使学生在这个基础之上感受当时共产党员的不怕牺牲、艰苦奋斗的精神。

(1)组织群众运动

材料七:

"温独支"建立后,就深入群众,领导开展各种斗争。学生运动是"温独支"领导当时革命斗争中的一股主要力量,规模和影响也较大。如"五卅"惨案发生,十师学生自治会接到上海学生总会的电报后,召开全城中等学校(有十师、十中、女师、女子中学、商业学校、蚕桑学校、艺文中学等,学生共三千多人)师生代表紧急会议,成立"温州学生救国联合会"和"温州各界五卅惨案后援会",公推戴国鹏为两个组织的负责人。

在"温独支"的领导下,掀起了反帝爱国群众运动的怒潮,举行了一次盛况空前的万人示威游行。当游行队伍经过外国人开设的"东洋堂"、"三井洋行"、"英美烟草公司"、"亚细亚火油公司"和教会等处时,口号声响彻云霄,吓得洋人紧闭大门不敢出来。连江心寺的日本领事馆里的人也躲了起来。学生们日夜进行街头讲演宣传,分发传单,先后持续了半个多月。在反帝高潮中,还发动群众抵制仇货、严禁漏海。

——《浙江革命根据地教育资料汇编》

材料八:

有一次捉办奸商林益成,罚款二千元,以一千元充作学联会基金,以一千元作平民教育经费,并推定各校代表共十三人,起草使用理由书,公布于众,以昭信誉。当上海圣约翰大学的学生,自动解散,立不进外国人办的学校读书的消息传来后,温州基督教所办的崇真大学首先响应,全体学生宣布脱离教会学校。继而英国基督教会办的艺文中学风潮,要求参加救国运动,脱离洋人办的校。校长蔡博敏(译音)持手枪吓,更激起学生的愤慨与反对,全体学生一离校,艺文中学最后终于停办,在九山另办一海公学,让这些学生继续就学,由谷旸(寅候)担任校长。

——《浙江革命根据地教育资料汇编》

材料九:

一九二六年北京"三·一八"惨案发生后,温州各界人民积极响应,召开烈士追悼会和举行游行示威。通过这些工作,学生进一步团结起来,于是将学生救国联合会,改组为温州学生联合会,加入全国学生联合会组织,并经学联执委会决定出版《温州学生》刊物由苏中常、蔡雄、林枚,还有国家主义派份子马伟负责编辑,于一九二六年六月二十二日创刊。

——《浙江革命根据地教育资料汇编》

材料十:

学联还举办平民夜校;发动各县教育机关和小学,劝阻毕业生不要报考教会办的各类学校,阻止法国天主教会在温州开办增爵中学发动各界组织收回教育权大同盟,按上海学生总会通知,派苏中常赴广东出席第八届全国学生代表大会。这些工作都是在"温独支"直接领导下进行的。

——《浙江革命根据地教育资料汇编》

材料十一:

一九二五年间,还曾组织过"温州青年协进会",地点设在胡识因所办的新民小学内，男女会员共一百多人。其中主要骨干都是"温独支"的党员和共青团员。它在"温独支"领导下，曾协助公同志发动农村青年到广东参加北伐军。当时在军阀统治下，这种"招兵买马"都是秘密进行，遇到不少困难，尤其是分批秘密输送这些同志轮船到上海转广州的任务，更为艰巨。头几批总算顺利地完成了任务，后来被驻温的伪省防军司令彭德铨发觉，扣押了郑恻尘，经多方营救，始予保释。这一工作因此遭到破坏。

——《浙江革命根据地教育资料汇编》

【教师活动】展示材料，并提出问题引导学生作答。对学生的回答进行概括完善，必要时进行补充。

【学生活动】通过材料间的相互联系，了解中共温州独立支部领导的运动。

【设计意图】通过材料的展示，再现当时中共温州独立支部领导的革命运动，让同学们生动体会到革命年代学生的满腔热血，加深学生对中共温州独立支部领导的革命运动的印象。

(2)提高妇女地位

材料十二：

【胡识因】(1893—1974)浙江永嘉人。女。1924年加入中国共产党。曾任中共温州独立支部书记、国民党浙江省党部妇女部长。大革命失败后赴莫斯科中山大学学习，1929年回国，在上海负责女工教育。工作后在上海、温州等地任小学校长、教师。建国后，在温州从事教育工作。1974年逝世。

——李盛平主编：《中国近现代人名大辞典》

材料十三：

"温独支"接到上级指示，除由戴树棠负责主持和组织"温州国民会议促成会"外,同时发动组织"温州国民会议女界促成会"。当时胡识因的公开职业是私立新民小学校长,兼任温州女子师范讲习所教员。她首先召集教界的先进妇女,如女子高等小学教员姚平子、冯史青、冯史良、冯思臣、张剑秋;新民小学教员孙孟昭、谷宝玉、严智道;崇性小学教员滕国英、张育勤、白守智、王逊仙、陈惠芬、潘国英等十多人,举行座谈会,传阅上海来的"告妇女书"和其他宣传品,一致赞同组织女界促成会。当场推选胡识因、姚平子、陈惠芬、孙孟昭、王逊仙、潘国英等为筹备委员,进行筹备工作。一面由胡识因在女师讲课时,向学生讲述组织国民会议女界促成的意义和女子参政的重要性,提高妇女的救国思想,争取男女平等。学生周竞昭、锦荣、林锦心、郑昨非、胡英等五十多人,连同小教人员共六十多人,于一九二五年元旦,在七星殿巷女子师范讲习所礼堂(现松台小学),召开成立大会。

——《浙江革命根据地教育资料汇编》

(3)重视农民运动

材料十四:

温州国共两党也高度重视农民运动。1926 年 11 月,永嘉县农民协会(简称"农会")成立,会长为"温独支"成员王国桢,会员有 9 万多人。1927 年 1 月,平阳县农民协会成立,主任为"温独支"成员张培农,有会员数万人。农会打击地主豪绅在乡村的权威,减轻农民经济负担。

1926 年 9 月,"温独支"成员吴信直带领数千盐民进攻盐仓,很快就占领了 18 座盐仓。1927 年 3 月,林去病等人组织农民万余人,在瑞安城关开会,对当地土豪劣绅进行怒斥,会后进行了大规模的游行示威运动,并捣毁了民愤极大的恶霸鲍潄泉的住宅。4 月,"温独支"成员、平阳万全区农民协会会长叶廷鹏号召农民加强团结,争取实现"二五减租"、耕者有其田,受到当地大地主吴醒玉的嫉恨,吴醒玉召集青帮打手等抄了叶廷鹏的家。为了打击地主的嚣张气焰,叶廷鹏和中央农民运动特派员张培农率领农会会员"揪出吴醒玉,押到街上游斗"。

——刘建国、谭桂涛编著:《瓯江风云:温州革命斗争史纪实》

(4)迎北伐军入温

材料十五:

1927 年 1 月 15 日,北伐军第十七军宣传队率先进入温州城。在这种革命形势下,国共合作筹建的永嘉县党部为迎接北伐军入温做了一系列的努力。16 日,县党部在师范学校召集各界代表开会,筹划对革命军的接待和欢迎事项。他们决定将原保安事务所改为革命军招待所,并扩大宣传,在街上悬挂"打倒土豪劣绅"宣传标语。17 日,永嘉县党部组织成立筹备会以及革命招待处,在宣传、物资供应、弹药挑运等方面做好迎接准备。24 日,温州市民举行庆祝北伐胜利大会,群情欢悦。26 日,中共瑞安小组发动农民千余人成立运输队,南下福鼎为北伐军运输军需弹药。2 月 8 日,北伐军一部抵达温州,沿途受到温州人民热烈欢迎。2 月 12 日,温州民众到郊外欢迎北伐军第十七军抵温,"温独支"成员施昧辛当时也在该军做政治工作。"温独支"成员郑恻尘、陈仲雷、胡识因等与曹万顺军长合影留念。15 日、16 日,温州召开欢迎北伐军大会以及各界军民联欢大会,有万余人参加。几天后,北伐军继续北上。

在迎接北伐军入温过程中,国共两党紧密合作,工农群众箪食壶浆,各界人士齐心合力,大家热情度高,举措得力,鼓舞了北伐军的斗志,加快了北伐在温州的推进。

——刘建国、谭桂涛编著:《瓯江风云:温州革命斗争史纪实》

【设计意图】引导学生了解中共温州独立支部其他相关斗争活动,衔接上面的环节,保持教学的连贯性。与后补充的材料进行联系,加深学生的印象、刺激学生记忆。以多位学生参与讨论畅所欲言的方式,活跃课堂氛围,调动学生的热情,营造活泼轻松的课堂氛围。

【板书】过程:(1)组织群众运动;(2)提高妇女地位;(3)重视农民运动;(4)迎北伐军入温。

3.纪念

材料十六:

纪念"温独支"建党七十周年

风雷掀起三江浪,其势前涛接后涛。

众杰进山除虎豹,群英下海斗鲸鳌。

披荆斩棘驱倭寇,覆地翻天夺蒋朝。

历尽艰辛赢国柄,清平盛世乐陶陶。

【学生活动】请学生朗读这首诗,并思考这首诗的背后所传递出来的是哪些革命精神。

【教师活动】引导学生思考,组织学生讨论,必要时完善总结学生的回答。

【设计意图】通过一首诗来引导学生对革命精神进行思考,同时带动上课的积极氛围,增强学生的注意力,并通过引导学生分析得出革命精神的含义。

材料十七:

昨天下午,我市隆重举行"温独支"成立80周年纪念会。市委书记王建满说,"温独支"革命先烈和浙南革命儿女所展现出的英雄气概和牺牲精神,惊天地、泣鬼神,他们的丰功伟绩,与日月同辉,与山河同在。

在纪念会上,林鹤翔、卢声亮两位老同志先后回顾了温州独立支部的光辉历程和业绩。团市委书记张洪国作为青年代表也表达了青年一代接好革命班,接好接力棒的信心和决心。

王建满说,我们缅怀革命先烈,目的在于激励后人,用革命传统和革命事迹教育广大干部群众特别是青少年,使大家明白革命斗争的残酷、创业的艰苦和胜利的来之不易,不忘历史,牢记使命,不断增强民族自尊心、自信心和自豪感,从而更好地承担起改革发展和现代化建设的历史重任,把先辈们未竟的事业进行下去,把先辈们开创的基业发扬光大。在任何时候、任何条件下,我们必须把发展摆在第一位,抢抓机遇,力求突破,率先发展,努力把温州建成一个富民与强市相统一、活力与实力相协调、"金杯"与口碑相一致、先富与共富相统筹的现代化城市。

——《温州都市报》2004 年 12 月 7 日

材料十八:

昨天,我市隆重举行中共温州独立支部成立 90 周年纪念会,重温"温独支"光辉历史,缅怀革命先烈的丰功伟绩。市委书记陈一新强调,要以纪念中共温州独立支部成立 90 周年为契机,继承革命传统,弘扬革命精神,切实以更加昂扬的斗志去迎接新挑战、夺取新胜利,为温州"赶超发展、再创辉煌"而努力奋斗。

……

怀着崇敬的心情,200 多名与会人员聆听老同志代表吴祖熙的讲述,回忆"温独支"历史,重温浙南革命的光辉历程。回顾峥嵘岁月,展望美好前景,团市委负责人作为青年代表在发言时表达青年一代的心声:"光荣属于历史,奋斗成就未来。"

陈一新在讲话中首先代表市四套班子,向为温州革命事业英勇献身的先烈们表示沉痛的哀悼和深切的怀念,向所有为温州革命和建设作出贡献的老前辈老同志表示崇高的敬意和亲切的问候。他说,革命历史是最好的教科书。我们纪念"温独支"成立 90 周年,最重要的就是要用革命传统和革命事迹教育广大干部群众,铭记历史,肩负使命,以推动温州"赶超发展、再创辉煌"为己任,切实把先辈未竟的事业进行下去,把先辈开创的基业发扬光大。

陈一新强调,缅怀革命先烈、弘扬革命精神,必须始终坚定理想信念,坚定共产主义信仰,坚定中国特色社会主义的道路自信、理论自信和制度自信,始终做到精神富有不缺"钙"。必须始终坚持群众路线,恪守立党为公、执政为民的誓言,以巩固和扩大教育实践活动成果为途径,把为民务实清廉的价值追求深深根植于思想和行动之中,全心全意为人民谋福祉。必须始终强化敢于担当,进一步焕发出顽强拼搏、真抓实干的精气神,适应新常态、引领新常态,努力开创新常态下温州赶超发展的新局面。必须始终高度重视做好老干部工作,认真贯彻落实中央和省委关于老干部工作的一系列方针政策,充分发挥老干部作用。

——《温州日报》2014 年 12 月 17 日

【学生活动】根据两则材料探讨温州市对中共温州独立支部纪念活动重视程度,进而探讨当代纪念"温独支"的意义。

【教师活动】引导学生思考,组织学生讨论,必要时完善总结学生的回答。

【设计意图】通过对中共温州独立支部 80 周年纪念活动和 90 周年纪念活动进行联系进而体现出温州市对该纪念活动的重视,突出了中共温州独立支部对温州市的深刻影响,体现出了中国共产党的先进性,培养学生今后对于中国共产党的政策和理念的支持,对党和国家的拥护与热爱,对学生进行爱国主义教育,携手共建社会主义新时代。

【板书】纪念:(1)纪念"温独支"建党 70 周年;(2)纪念"温独支"建党 80 周年;(3)纪念"温独支"建党 90 周年。

4. 传承

【学生活动】小组讨论总结中共温州独立支部成立的背景与过程,

从该支部成立中学习革命精神并进行分享。

【教师活动】给学生分组并引导学生思考,必要时总结和完善学生的答案。

【参考答案】(可根据学生回答调整,言之有理即可。)

1. 要有"温独支"革命先烈和浙南革命儿女所展现出的英雄气概和牺牲精神,为了国家和广大人民的利益,不怕艰难困苦,不怕流血牺牲,坚韧不拔,勇往直前的革命精神。

2. 要明白"温独支"为浙南的革命发展作出了重要贡献。

3. 要对党和国家抱有信心,紧紧团结在党的周围。

【设计意图】通过学生对中共温州独立支部成立进行总结,促使学生梳理所学的知识,在总结和交流中加深对知识的印象,形成自己的理解,并理解中共温州独立支部成立的历史意义。

【板书】传承:(1)总结;(2)学习精神;(3)分享。

第2课时

中共温州独立支部遗址实地考察。

要求带着问题参观:

中共温州独立支部成立的历史意义是什么?

教师带领参观并讲述中共温州独立支部成立的历史意义:

①中共温州独立支部唤醒了浙南人民的革命意识,培养了革命骨干,留下了宝贵的精神遗产。

②中共温州独立支部在浙南革命史上具有重要地位。

课后作业:给过去的中共温州独立支部的党员们写一封信,谈谈你自己的感悟。下节课交流讨论。

第3课时

按照班级人数合理分组,交流讨论上节课的课后任务,小组推选两人上台展示。

教师总结:

通过这堂课的学习,学生都对中共温州独立支部的成立有了很深刻的认识。虽然这一切都过去了,中共温州独立支部的遗址也已经建成了纪念亭来供游人瞻仰。不过那正四角形的仿古式建筑永远会记得在温州这片土地上诞生过中共温州独立支部,也会记得像谢文锦、郑恻尘、胡识因等党员先辈们的革命事迹,先辈们的精神已刻在我们的骨中,我们也将传承先辈的意志,铭记历史。

四、推荐阅读书目

1. 中共温州市委党史研究室、中共温州市鹿城区委党史研究室编:《中共温州独立支部与国民革命运动》,中共党史出版社 1998 年版。

2. 中共温州市委党史研究室编:《中共温州党史》第 1 卷(1924—1949),中共党史出版社 2004 年版。

五、课后思考

1. 温州独立支部是如何对革命事业作出贡献的?

2. 查阅相关资料,了解温州独立支部与其他组织的联系,思考温州独立支部与不同历史事件之间的联系。

第四节　四明曙光:大革命时期中共宁波地委

一、本节概述

五四革命后,无产阶级登上了历史舞台,随后中国共产党诞生,无产阶级有了领导力量。1927 年国民大革命爆发,国共联合,打击封建势力、军阀势力和外国帝国主义势力,而这时的宁波,在中共宁波地方执行委员会的领导下,也在积极展开斗争。

二、原典呈现

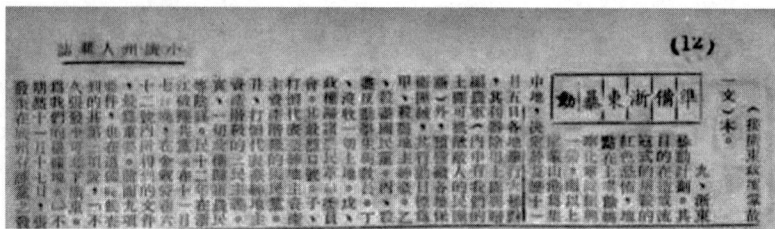

《小广州人杂志》1948 年第 10 期

十六年十一月间浙东暴动计划如下:

[暴动目的](1)夺取浙东要地政权,开始浙东的土地革命;(2)杀豪绅地主,分配土地;(3)至少要造成流寇式的大扰乱局面。

[暴动区域](1)上虞;(2)慈溪洪塘;(3)姚北;(4)骆驼桥;(5)鄞县南乡;(6)奉化忠义;(7)鄞县鄞东;(8)以象山港到上虞为中心区。

[指挥与组织](一)指挥中心机关为浙东工农革命委员会,机关在宁波。(二)上虞叶(按即叶天砥已枪决)、洪塘潘(按即潘小梅已枪决)、姚北郑、骆驼桥周(按即周宗文)、鄞南周(按即周鼎)、忠义卓(按即卓兰芳)、鄞西吴(按即吴成章)、鄞东商(按即商半农)负责组织和指挥工作。

[进行步骤]1.鄞东一带驻军枪械由沙村罗浦一带农民来缴,调土匪或松岙农民收缴;2.庄市庄桥枪械由洪塘农民收缴;3.收集大岚山新昌嵊县等处土匪;4.组织工人革命军、农民军;5.妇女组织慰劳队救护队;6.近山各地,搜集土枪土炮刀矛等类武装。

华林关于宁波地委及各委员会的成员与目前工作的报告

区委：

我本拟早日到甬，因事不能即行。杭州人数，业已照前次预算足额；地委业已成立。前此来函通知，想已收到。

我到宁波，本与梅坤约定同日，但实际却迟了一天，即于眉山来沪出席之日到甬。到甬后进行如下：

十五日下午，召集一部份负责同志开会谈话，议决：十六日开各支部书记、民校市党部负责人、C.Y.书记联席会议；十七日开全地方大会，并决定和丰厂因工作关系改由支部代表出席，其余均须全体。

十六日各支部联席会议决案（出席者计九人，梅坤同志在内）：

组织地委人选：书记华林（组织暂兼），宣传杨眉山，工人卓兰舫，农民竺清旦，妇女因无适当人，暂不定。

组织各项运动委员会：（1）工人运动委员会，（2）国民运动委员会，（3）农民或渔民运动委员会，（4）妇女运动委员会，至学生运动委员会，由 C.Y.组织，C.P.去指导。

发展本校组织，尽力增加人数。

加紧训练，拟开训练班，先由地委及负责人组成一班。

十七日开宁波全地方第一次大会，到会计十八人（内女同志二人，女 C.Y.旁听一人。又和丰纱厂亦参与三十二人，因特别关系到代表三人）。开会经过：1. 由 C.Y.转入同志举行宣誓；

政治报告——华林；

党务报告——华林；

职工运动暨上总报告；

选举（照支部联席会议通过并加推陈逸僧为妇女部委员）

讨论党务进行计划，照支联原提案通过。

十七日晚开第一次宁波地方执行委员会,计出席书记华林,工人卓兰舫,农民竺清旦,妇女陈逸僧,又民校市党部常务委员陈国泳;宣传眉山因事在沪未到。议决案:

委员会及各委员权责:

(1)委员会:①召集大会,②组织各项运动委员会,③执行上级机关通告及命令,④指挥各下级机关及党员,⑤支配各支部组织,⑥按期或临时对上级机关作党务报告,⑦审查党务。

(2)各委员权责(从略)

2.组织各项运动委员会:

(1)工人运动委员会。书记卓兰舫,指定竺清旦、陈逸僧、夏令生、李宝林、张廷富、王鲲为委员。

(2)农民运动委员会。书记竺清旦,指定卓兰舫、郭唤青暨慈溪、镇海、定海、象山、奉化各负责同志为委员。

(3)国民运动委员会。指定市党支部书记陈国咏为书记,李荣庆、蒋本经[菁]、沃醒华、沈孝绩、周今悟、卓兰舫、竺清旦、赵济猛、沙文威、孙义林、曹声洪、倪毓水、许福莹为委员。

(4)妇女运动委员会。书记陈逸僧,指定虞碧华、刘悟非、邬因民、陈真吾、方阿秀、张秀清为委员(本委员会加入C.Y.女同志)。

3.关于目前工作:

(1)组织训练班。①分子:地方委员、民校负责人陈国咏、C.Y.书记及周今悟、蒋本经[菁]、沙文威、沃醒华、虞碧华;②内容:(a)批评;(b)时事研究,以《向导》为根据;(c)社会科学、共产主义与共产党、新社会观;③时期:每二至四天一次,十次完了。

(2)发展和丰纱厂组织。①每间设一支部(细纱间支部人数既多,应再分为若干小组);②加紧训练(设立夜校)。

（3）召集铁路工人谈话。路工同志五人已等于宣告脱离，应以交际手腕与之谈话，因为闸口既已成立，此地万不能放松。

（4）请枢蔚派海员同志来甬组织海员工会。

（5）调查印刷工人，组织支部及俱乐部。

（6）促 C.Y.即速召集学生运动委员会，讨论四中问题及学生运动。

（7）促民校负责同学整顿各区分部，开会报告第二次大会情形，成立坚强的左派组织。

（8）进行反对日本出兵满洲大会为永久组织，作反帝国主义之宣传。

（9）拟定乡村农民运动计划，通告各同乡同志负责进行。

（10）调查渔民状况。

（11）扩张组织，最近一月内介绍一百五十人。

（12）划分各支部以机关为单位，各县有不能成立支部而有同志者，分别指定为通信员，并限期成立支部。

甬地方成立后，工作范围至广。如铁路工厂等于由上海至吴淞，和丰纱厂等于由上海闸北至浦东。为应付目前工作计，应增设组织及交通干事各一人。兹特依据目前必要情形，参酌上项决议，特拟定增添预算如下：

组织一人，生活费二十五元；

交通干事一人，生活费十五元或十三元；

和丰纱厂附近办一学校，每月教员薪水十六元，杂支四元；

宣传费请每月增加十元。

以上预算确为必不可少，决不是我个人竹杠行为，详情请问梅坤。

再，今年（阴历）卓兰舫组织和丰纱厂，个人垫去不少款项。此人非常努力，但经济甚窘，伊要求酌量拨还二十元，可否由枢蔚或上总设法补助,乞与梅坤、松林商酌。

以上各项议决案,请从速批准。余请详细询问梅坤同志后,乞枢蔚从速答覆(要我个人跳独脚戏,实在是跳不下去)。

华　林

十八日

——《浙东暴动计划》

三、教学设计

第 1 课时

导入:

同学们看到这一张图片,知道这是哪里吗? 没错,这就是大革命时期中共宁波地委,那同学们知不知道它是如何成立的呀? 那大革命时期中共宁波地委在什么时候建立的呢? 主要是由哪些人建立起来的呢? 建立之后又组织了哪些活动呢? 这节课就让我们了解一下大革命时期中共宁波地委,然后再回顾历史,看看当年究竟发生了些什么。了解一下大革命时期中共宁波地委的历史。

话不多说,就让我们开始正式上课吧!

【设计意图】通过图片史料引入,与学生进行互动,调动学生的兴趣并吸引学生的注意力。通过一系列的问题引入本节课的主题,并设下悬念,引起学生们的好奇,帮助学生快速地进入课堂情景。最后点出了课程的主要讲授脉络,讲清本节课内容。

1. 背景

(1)五四运动

【教师活动】展示材料,并提出问题引导学生作答。对学生的回答进行概括完善,必要时进行补充。

【设计意图】通过影片的形式能让学生对历史事件产生更加直观的了解。通过对五四运动进行说明,也让学生了解到一百多年前的历史情况,并进一步认识到五四运动对大革命时期中共宁波地委成立的影响。

材料一:

五四运动是1919年5月4日发生在北京的一场以青年学生为主,广大群众、市民、工商人士等中下阶层共同参与的,通过示威游行、请愿、罢工、暴力对抗政府等多种形式进行的爱国运动,是中国人民彻底的反对帝国主义、封建主义的爱国运动,又称"五四风雷"。

——《老照片里,再读1919年五四运动》

(2)国民革命

【教师活动】展示材料,并提出问题引导学生作答。对学生的回答进行概括完善,必要时进行补充。

【设计意图】展示图片史料,让学生更加直观地了解一百多年前的中国,通过对国民革命进行说明,让学生回忆起当时的历史,并进一步推动学生了解大革命时期中共宁波地委。

材料二:

国民革命,亦称"第一次国内革命战争"或"大革命",是指1924年5月至1927年4月中国人民在中国国民党和中国共产党合作领导下进行的国内革命战争,是中国人民反对北洋军阀统治的战争和政治运动。1924年1月,中国国民党第一次全国代表大会在广州召开,以国共合作为基础的国民革命兴起。在中国共产党的积极参与和努力下,大革命风暴迅速席卷全国。1927年蒋介石和汪精卫先后"清共",国共合作破裂。

第一次革命在共产国际与中国共产党的帮助下,孙中山顺应世界潮流,适应时代步伐,着手对国民党进行改组,并于1924年1月在广州召开了中国国民党第一次全国代表大会。国民党一大的召开,标志着国民党改组的完成和国共合作的正式建立。大会通过了《宣言》,孙中山就《宣言》的宗旨作了演说,并说明通过的《宣言》接受了共产党提出的反帝反封建的主张,对内推翻军阀,对外推翻帝国主义。大会正式决定国共合作(孙中山采取党内合作,如:共产党员周恩来在黄埔军校任政治部主任),而国共合作所采取的方式就是党内合作。提出"联俄、联共、扶助农工"的三大政策,重新解释了三民主义即民族、民权、民生,以《宣言》发表为标志,孙中山的旧三民主义发展为新三民主义。国共合作,增加了新的血液,加强了各革命力量的联合,推动了革命高潮的到来,工农革命北伐革命兴起。革命统一战线建立以后,全国的革命形势发生了巨大的变化。在中国共产党的领导下,工农运动迅速发展;以五卅运动为核心的反帝国运动日益高涨;经过两次东征,广东革命根据地得到巩固;而这一时期,在帝国主义的指使下,各派军阀之间混战不休,激起了人民的强烈反对。

第一次国共合作实现后,全国革命形势日益高涨。

在南方,广州国民政府进行了统一广东的战争,肃清了广东境内的大小军阀势力,成立了国民政府,组建了新型的反帝反封建的国民革命军。在北方,由于国共两党的共同组织和发动,反奉倒段群众运动此起彼伏。

与此同时,1925年5月30日爆发的全国规模的五卅运动,不仅沉重地打击了外国列强在中国的统治,而且把全国革命运动推向了高潮。

——《国民革命指的是什么　革命最后的结果如何》

【板书】背景:(1)五四运动;(2)国民革命。

2.过程

材料三：

大革命时期中共宁波地委旧址纪念馆,原为启明女中所在地丝巷弄星云坊(后为丝户巷 17 号),1994 城区改造时向西迁移至现址(解放南路新街小区新巷 34 幢楼右侧)。1925 年二三月间,中共宁波支部成立,支部设在宁波城区醋务桥的启明女中内。8 月,改为中共宁波独立支部,机关地址随启明女中迁至丝巷弄星云坊。1926 年 1 月在这幢房子内召开了中共宁波全地方第一次大会,选举产生了中共宁波地方执行委员会,此处即为中共宁波地委机关所在地,是宁波最早的党、团机关秘密驻地。1991 年中共宁波市委、市人民政府批准为重要革命遗址予以保护,并设宁波地方党史陈列室,1994 年 7 月 1 日正式对外开放。1995 年 5 月被中共宁波市委、宁波市人民政府命名为宁波市爱国主义教育基地。

纪念馆共设两个展室,陈列了大量珍贵的图片,并附注文字说明,展示了大革命时期中共宁波地方组织带领宁波人民进行反帝反封建、反官僚主义斗争,革命先烈们在白色恐怖下经受严峻考验,与国民党反动派进行殊死搏斗,献身民族解放事业的光辉历史。

纪念馆自开馆以来,以其集中革命历史的特色,成为社会各界进行党史、革命史教育的基地。在这里进行入党、团仪式、瞻仰革命先烈,聆听革命历史,过特殊组织生活,给来访者留下深刻的印象。纪念馆从履行社会教育功能出发,向来访者一律实行免费开放服务,每年接待几千人次,较好地发挥了爱国主义教育基地的作用。

——《宁波爱国主义教育基地》

材料四：

1925 年冬,中共上海区委提出:督促杭州、宁波两处于最短期内成立地方委员会。宁波支联根据上海区委这一指示积极发展党员,扩大党组织。12月,中共和丰纱厂支部和江东支部建立,启明女中省立四中、铁路3个支部改建为城内、江北两个支部。至年底,宁波支联下辖4个支部,连同鄞县乡村和镇海、象山两县党的通信员,共有党员60余人。

　　1926年1月中旬,上海区委派徐梅坤来宁波组建中共宁波地方执行委员会,同时调原中共杭州独立支部书记华林来宁波任职。1月16日,在徐梅坤主持下,召开宁波各党支部联席会议,讨论拟定中共宁波地委人选。1月17日,中共宁波全地方第一次大会在启明女中召开,有18名党员参加。会议举行新党员宣誓仪式;听取华林所作的政治报告和党务报告,以及职工运动报告;讨论通过党务进行计划。会议选举地委领导机构,通过了由支部联席会议提议的地委委员人选,产生中共宁波地方执行委员会(简称"中共宁波地委"或"地委"),华林任书记兼组织委员,杨眉山任宣传委员,卓兰芳任工运委员,竺清旦任农运委员,陈逸僧(女)任妇运委员。当晚,召开中共宁波地委第一次会议,通过《委员会及各委员权责》、《组织各项运动委员会》和《关于目前工作》三项议决案。组建了地委直属的工人运动委员会、农民运动委员会、国民运动委员会和妇女运动委员会(党、团合组)4个工作机构(简称工委、农委、国委、妇委),分别由卓兰芳、竺清旦、陈国咏、陈逸僧任书记;提出了组织党员训练班,发展党组织,调查工人、农民、渔民状况,以及开展工人、农民、学生等群众运动的任务。宁波地委负责筹建和管辖宁属的鄞县、慈溪、镇海、定海、象山、奉化6个县党的组织。

　　中共宁波地委成立后,着手进行党组织的整理和发展工作。同年3月,根据中共上海区委指示,中共宁波地委进行改组,华林调往上海工作。改组后的中共宁波地委由5名委员组成:书记兼组织委员杨眉山,国民运动委员会书记兼宣传委员陈咏,工人运动委员会书记顾我,农民运动委员宁波丝巷弄启明女中中共宁波地委机关旧址会书记竺清旦,妇女运动委员会书记陈逸僧。4月增补王嘉谟、王安卿为地委委员,同时增设3个地委工作机构:组织部,主任王嘉谟;宣传委员会(简称"宣委"),书记杨眉山;学生运动委员会(党、团合组,简称"学委"),书记王安卿。地委管辖范围扩大到绍(兴)属的余姚、上虞等县。5月中共上海区委派陈洪来宁波任地委委员、工委书记,顾我负责团地委经济斗争的工作。宁波地委委员增至7人,并组成主席团。

1926年4月14日,在杨眉山的主持下中共宁波地委制订了《宁波地方工作进行计划书》。根据这一工作计划要求,地委加快了在宁波发展党组织的工作。至6月,宁波地委下辖支部15个,通信员16人,共有党员147人。

——中共宁波市委党史研究室编:《四明风采:建党九十年来宁波九十事九十人》

【教师活动】接下来由教师向学生介绍大革命时期中共宁波地委。

【设计意图】通过材料展示,让学生对大革命时期中共宁波地委有大致初步的了解,对整体有清晰的认识。

材料五:

竺清旦,字起元,号照卿,化名竹卿、包起凤、刘晓平等,1899年6月5日生于浙江省奉化县董村一个秀才之家。3岁丧母,6岁入父亲执教的私塾读书,8岁转入董村学堂,12岁考入剡源高等小学。

剡源高小是所进步学校,这里的教师常向学生灌输孙中山的民主革命思想,竺清旦深受影响。每逢假期回家,他都积极向邻居们宣传反对封建礼教、提倡男女平等、反对妇女缠足等进步思想。

1917年,竺清旦开始了教书生涯,先后在奉化、镇海、鄞县的一些小学当教员、校长。他热心于教育事业,寄希望于少年儿童,向学生灌输新思想、新文化,揭露帝国主义、封建军阀和土豪劣绅的罪行,还编写《五九国耻纪念》、《朝鲜亡国镜》、《奴婢泪》、《可怜种田人》等10余首歌曲,在学生群众中教唱。

竺清旦在教育界七八年的坎坷经历,特别是在阅读了马列著作和进步书刊之后,他开始认识到"教育救国"的道路是走不通的。他在宁波《时事公报》发表的《研究救国的方法》一文中指出:"政治不表明,教育费无由增加,教育难以普及;教会、乡绅的恶势力不推翻,是没有法子可以普及教育的";只有"万众一心"、"打倒军阀,打倒帝国主义","建设苏维埃天堂",才是正确的救国方法。在这篇文章中,他还号召热心救国的同志,认真阅读和研究《共产党宣言》、《社会主义讨论集》、《向导》、《中国青年》等书刊,积极投身到革命洪流中去。他自己身体力行,一面教书,一面进行社会调查,发动群众起来斗争。

1924年初,竺清旦到鄞县鄮溪区立一校任校长。当时,土豪劣绅霸占这一带江河,沿河分段用竹竿筑簖养鱼,牟取暴利。这年夏季,连降暴雨,江河受鱼簖所阻,洪水难以宣泄,方圆数十里一片汪洋。农民求告无门,怨声载道。竺清旦邀约平时结识的几位有胆略、敢斗争的农民,发动这一带数百民众,拆去了江河中的一处处鱼簖。当渔霸勾结官府调动警察前来弹压时,愤怒的群众夺下警察的枪支,把他们的乘船拖上岸砸破,把拆下的鱼簖一把火烧毁。这场斗争取得胜利后,当地艺人曾将此事编成小曲,广为传颂。

中共宁波支部获悉农民们拆鱼簖斗争的胜利,就派员与竺清旦联系、交谈。通过培养、考察,于1925年吸收竺清旦为中共党员。

1925年春,资本家在宁波开设江东肥料公司,垄断人粪肥源,掺水高价出售。需肥的农户深受其害,虽多次向会稽道尹及警察厅控告,要求取缔该公司,但官府置若罔闻。为了维护农民的利益,配合城区工人声援五卅运动,中共宁波支部指派竺清旦发动农民进城,同肥料公司作斗争。

竺清旦一面联络进步人士在《时事公报》发表揭露肥料公司劣迹的文章,一面和有威望的农民首领一起,深入鄞县东乡各村发动群众。6月21日、22日,他先后在青山庙、忠嘉雄庙主持召开各有数百农民代表参加的会议,议决统一行动,用暴力捣毁肥料公司。30日清晨,农民装束的竺清旦和农民首领周荣平等,带领鄞东6000多名农民,浩浩荡荡地开进宁波城,在向警察厅请愿无效后,即动手捣毁了肥料公司办事处和储粪所,烧毁了运粪船。受雇保护肥料公司的那些拳师、打手,慑于农民人多势众,不敢上阵,纷纷溜走。该公司资本家吓得魂飞魄散,四处逃命。军阀政府碍于众怒难犯,只得被迫下令取缔了肥料公司。

乘这场斗争胜利、群情振奋的有利时机,竺清旦按照党的指示,在鄞东相继建立青山庙、择木庙农民协会。这是宁波地区最早的两个基层农民协会。

1926年1月,中共宁波地委成立,竺清旦被选为地委委员、农民运动委员会书记。他挑起组织和领导宁波地区农民运动的重担,经常深入到各县农村,进行具体的帮助指导。

3月,宁波地委管辖范围扩大到绍属的余姚、上虞等县。4月,竺清旦来到余姚新华小学,召集有中共党员施若愚、共青团员孙岗、胡煌及进步教师参加的会议,布置他们举办农民夜校,组织农民协会,引导农民向土豪劣绅作斗争。不久,办起了余姚第一所农民夜校,在培养一批农运骨干的基础上,建立了柯东乡农民协会。

4月底,竺清旦与杨眉山等一起,在宁波召开农运工作会议,有奉化、镇海、鄞县、慈溪、余姚等县农运代表参加。他主持了会议并反复强调,农民只有组织起来才有力量,才有前途,号召大家回去后,要尽快把各地农民协会建立起来。会上还印发了鄞县较早成立的农民协会的章程,供代表们参考。会后,这几个县农民协会的组织发动工作就大大加快了。

5月,中共宁波地委指派竺清旦、金绍勋赴广州参加第六届农民运动讲习所学习。竺清旦一面认真学习,聆听毛泽东、周恩来、恽代英等人的演讲,联系实际研究农运问题并参加军事训练;一面积极收集有关农运刊物和资料,寄回宁波供同志们参考。后因农运干部缺乏,宁波地委发函要竺清旦提前返回。

8月,竺清旦回到宁波后,运用在广州农讲所学到的知识,结合本地区实际情况,为宁波地委制定农运计划,采取以会代训、印发资料、传播经验等方法,培训农运骨干,并亲自下乡宣传发动,促进了各县农民运动的发展。

——中华英烈网

材料六:

赵济猛,又名履祥,化名龙友、乔正凤、姜英、华封、近风,浙江东阳县人,小学毕业后考入杭州之江初级中学读书。1923年转入宁波崇信中学,参加了"雪花社"、"非基督教大同盟"等进步组织。1924年上半年加入社会主义青年团,毕业后任该校附属高小部英语教员。1925年春,到奉化从事革命活动,参与组织追悼孙中山、声援上海五卅运动和反对国民党西山会议派的斗争。8月,重返宁波,在启明女中教英语,任临时改组后的团宁波地委书记,10月转为中共党员。1926年7月,任中共宁波地委书记,大力开展工农运动,迎接大革命高潮的到来。1927年4月15日,中共上海区委任命他为上海南市部委书记。后被选为党的五大代表出席了中共第五次全国代表大会。会后,参与筹建中共浙江省委,任委员、常委、宣传部主任。7月省委部分机关被破坏后,他兼管组织部和秘书处技术工作,还曾一度担任整个省委的工作。10月,受省委委托,他又一次秘密回东阳主持创建中共东阳独立支部、传达中央八七会议精神,指导东阳党的活动。因叛徒出卖,11月被捕,被囚禁于浙江陆军监狱。1928年1月9日在狱中牺牲。

——浙江党史和文献网

材料七:

杨眉山(1885—1927),又名钟秀,浙江诸暨人。幼时受父亲的启蒙教育,后进入家乡倒桥卢私塾和碑亭书堂读书。1906年,考入杭州铁路专科学校。一年后,因学校停办,回到家乡洋湖学堂等校任教。1921年夏赴宁波,任北门外三一中学国文教师,1922年,转入崇德女校任教,并兼任圣模女校教师。在张秋人等人影响下,在学校宣传新思想、新文化。1923年,率学生参加宁波"五九"国耻纪念日的示威游行。1924年1月,加入中国共产党。参与建立社会主义青年团宁波地方组织的活动,在青年学生中宣传马克思列宁主义和党的政治主张,在学生中培养发展党、团员。后又跨党加入改组后的国民党,参与建立国民党宁波地方组织。1925年二三月间,中共宁波支部成立,杨眉山是支部最早的5名党员之一。1925年初,作为宁波党的机关所在地和秘密活动据点宁波启明女子中学成立,杨眉山主持校务,在学生中宣传马克思主义理论和党的革命主张,发展党、团员,增强革命力量。五卅惨案发生后,发动学生工人集会游行,编写诗文宣传反帝斗争,支援上海工人。1925年8月,任中共宁波独立支部书记。9月底,宁波独支扩建为中共宁波支部联合干事会,仍任书记。1926年1月中旬,中共上海区委派徐梅坤到宁波组建地委。17日,在中共宁波地方第一次大会上,被选为中共宁波地委委员。1926年3月,中共宁波地委根据上海区委指示改组,华林调上海,由其任书记兼组织委员领导当地的国民革命运动。4月,主持改组了国民党宁波市党部,确立了左派的领导优势。7月,启明女子中学遭军阀查封,党组织又开办培英女校,他仍负责校务。同月,赴上海进恽代英主持的训练班学习。12月回到宁波,担任国民党宁波市党部常务委员、中共党团书记,积极筹备迎接北伐军,开展组建革命政权的工作。1927年2月北伐军克复宁波后,任宁波临时市政府筹委会成员,被各界公认为宁波著名的群众领袖。1927年3月,被推为宁波临时市政府委员和中山公学校长。4月9日,国民党右派在宁波发动反革命政变,前往国民党宁台温防守司令部抗议时被捕。6月22日在宁波遭杀害。

——中共宁波市委党史研究室编:《宁波中共党史人物(1925—1949)》

材料八:

王家谟(1906—1927),又作王嘉谟,别名王一贯,乳名小曼,化名家伦、亦政,笔名莫言。丹城西桥头人,1906年12月13日出生。1925年8月加入共青团,1926年2月转为中共党员,历任中共宁波地委技术书记、地委委员、组织部主任、地委书记。1927年7月调任中共浙江省委常委、组织部主任,曾任省委代理书记。同年11月初,兼任浙东工农革命委员会主任委员。11月12日,赴温州部署浙东武装暴动计划被国民党逮捕,18日被害于温州东门外狮虎山,时年22岁。民主革命时期,有9位浙江省委书记、代书记被国民党杀害,王家谟是最早被害的省委代书记。

1926年,王家谟受领导的指示,到宁波江东区以启明女中教师为掩护,配合和丰纱厂党组织,领导工人与资本家进行面对面的斗争。1927年2月9日,上海区委召开全体会议,讨论江浙区党的第一次代表大会筹备事宜,成立了以周恩来为首的7人组织问题委员会,王家谟被推荐为7人组织问题委员会成员之一。

赵济猛等离开宁波后,中共宁波地委进行改组,由王家谟和王任叔(巴人)、江少怀、张明贤(女)4人组成新地委,王家谟任书记,毅然挑起领导宁波人民继续斗争的重任。

为了尽快整顿、恢复各县被破坏或处于瘫痪状态的党组织,王家谟冒着极大的危险,亲赴基层,调查情况,指导斗争。

1927年7月,由于叛徒的出卖,浙江省委组织被破坏。在这紧要关头,党中央把王家谟召到上海,任命他为中共浙江省委常委、组织部主任。

11月初,临时中央政治局召开扩大会议,专门作出关于"制定浙江暴动,夺取浙东政权"的决定,浙江省委成立了浙东武装暴动指挥中心"浙东工农革命委员会",指定王家谟任主任委员,制定《浙东暴动计划》。

——中国象山港

【学生活动】小组讨论总结大革命时期中共宁波地委成立的背景与过程,并对从中所学到的革命精神进行分享。

【教师活动】给学生分组并引导学生思考,必要时总结和完善学生的答案。

【参考答案】(可根据学生回答调整,言之有理即可。)

1. 这段革命历史,充分展示了大革命时期中共宁波地区党组织在中国共产党的正确领导下,由小到大、由弱到强的发展壮大史。

2. 展示了革命先辈们坚定的共产主义理想信念和共产党人的博大胸怀,为了中国人民的解放事业,不怕艰难困苦,不畏流血牺牲,积极为党工作,为共产主义事业奋斗的革命精神。

3. 继承和发扬党的优良传统,坚定共产主义和建设有中国特色社会主义的理想信念,时刻以革命先辈为榜样。

4.要对党和国家抱有信心,紧紧团结在党的周围。

【设计意图】通过对大革命时期中共宁波地委的革命先烈的事迹进行描述推动学生了解,并在这个基础之上感受革命精神。

【板书】过程:(1)如何建立;(2)相关人物;(3)组织活动。

3.传承

材料九:

日前,海曙区新街社区组织部分志愿者、中小学生一起走进家门口的大革命时期中共宁波地委旧址纪念馆缅怀革命先烈,重温党的历史。

该纪念馆位于新街小区内,现建筑为三间两厢一天井,二层砖木结构洋房,门楼为拱券式,上额"星云坊",现为海曙区区级文物保护单位。在20世纪20年代,它曾是启明女中的所在地,其创办和发展历程与我们党是密切联系在一起的。1925年初,中共宁波支部成立以后,其驻地就在启明女中内,这是我们党在宁波最早的基层组织。1926年,中共宁波地委成立以后,其驻地和领导核心也在启明女中,在整个大革命时期,党在宁波的一些重要活动其领导核心和指挥中心就在这里。现馆内以大量翔实的历史资料和珍贵照片,展示了大革命时期中共宁波地方组织带领宁波人民进行革命斗争的历史。

截至目前,由海曙区文物部门直接管理的纪念馆共有三处,其中张苍水纪念馆和大革命时期中共宁波地委旧址纪念馆,均为市级爱国主义教育基地,是辖区各机关、企事业单位及学校开展爱国主义教育活动的重要场所。为此,区文物管理所在做好日常文物保护工作的同时,也主动加强与党政机关及周边学校的交流合作,搭建共享平台,切实发挥纪念馆的社会育人功能。尤其是大革命时期中共宁波地委旧址纪念馆,作为海曙区一处重要的红色景点,随着团体参观的日益增多,在做好日常开放工作的同时,区文物部门统筹安排尽量为各参观团体提供免费讲解服务,以更好地发挥纪念馆作为爱国主义教育基地的作用。

——宁波文化遗产保护网

材料十:

宣誓完成后,党员们在讲解员带领下进行了参观学习,了解大革命时期中共宁波地方组织带领宁波人民进行反帝反封建、反官僚主义斗争,献身民族解放事业的光辉历史。在纪念馆二楼党课教室,党员们观看了革命历史纪录片,并邀请革命老党员代表讲述革命故事,党员代表发表初心感悟。最后,在党员高喊"不忘初心、牢记使命"口号中结束此次活动。

大革命时期中共宁波地委旧址纪念馆,原为"启明女中",是中共宁波支部和中共宁波地委的成立之地。建馆以来始终坚持"以史鉴今、资政育人"的目标定位,以大量翔实的资料展示了大革命时期中共宁波地下党组织活动以及地委建立、开展革命运动的艰难历程。1994年7月1日正式对外开放,2007年和2013年进行陈列提升改造,目前面积为224平方米,共设三个展室和党员活动室、多媒体教室和会议室等功能区。纪念馆是宁波市中心城区一处重要而有特色的党史教育基地,先后被授予第一批"浙江省党史教育基地"、第一批"宁波市中共党史教育基地"、"宁波市爱国主义教育基地"等称号。

——《初心之旅:寻访初心再出发——
大革命时期中共宁波地委旧址纪念馆》

材料十一:

为响应党的号召,推动红色文化进高校,对大学生进行思想政治教育,3月30日,工业设计学生党支部开展了主题为"追寻红色足迹,激扬青春梦想"的党日活动,帮助大学生更好地了解宁波、认识宁波,提高大学生对革命先烈的崇敬之情、对宁波的热爱之情和对幸福生活珍惜之情。

——《"追寻·四明足迹"第一站来到大革命时期

中共宁波地委旧址纪念馆等地参观学习》

材料十二：

为组织内容丰富，形式多样的"党组织生活日"活动，结合"三严三实"专题教育安排，7月17日上午，海曙区妇联全体党员参观大革命时期中共宁波地委旧址纪念馆，进一步坚定理想信念，强化奉献精神。

大革命时期宁波地委旧址作为宁波最早的党、团机关秘密驻地，领导了宁波轰轰烈烈的大革命运动，是宁波革命的见证。在纪念馆里，党员们认真观看了大革命时期地下党委带领宁波人民开展革命运动的图片、雕塑等珍贵的党史资料，近距离地感受着革命先辈在这片热土上抛头颅、洒热血，与国民党反动派殊死搏斗、献身民族解放事业的光辉历史。

通过参观学习，党员们党性受到洗礼，思想得到升华，更加明确了作为一名共产党员的神圣职责。大家纷纷表示，要以革命先烈为榜样，用实际行动进一步巩固拓展党的群众路线教育实践活动成果，践行"三严三实"，强化忠诚担当意识。

——《海曙：参观革命遗址　弘扬民族精神——海曙区妇联

党支部参观大革命时期中共宁波地委旧址纪念馆》

【学生活动】根据上述材料探讨中共宁波地委旧址，进而深入了解中共温州独立支部的现实意义。

【教师活动】引导学生思考，组织学生讨论，必要时完善总结学生的回答。

【设计意图】通过对之前中共宁波地委旧址开展的有关学习活动

进行联系,进而体现出百姓对中共宁波地委旧址的重视,突出了中共宁波地委旧址的深刻影响,体现出了共产党的先进性,培养学生今后对于共产党的政策和理念的支持,对党和国家的拥护与热爱,对学生进行爱国主义教育,携手共建社会主义新时代。

【板书】传承:(1)总结;(2)现实意义;(3)分享。

第2课时

大革命时期中共宁波地委旧址纪念馆实地考察。

要求带着问题参观:大革命时期中共宁波地委旧址纪念馆的历史意义是什么?

教师带领参观并讲述大革命时期中共宁波地委旧址纪念馆的历史意义:

①纪念馆自开馆以来,以其集中革命历史的特色,成为社会各界进行党史、革命史教育的基地。

②在这里进行入党、入团仪式,瞻仰革命先烈,聆听革命历史,过特殊组织生活,给来访者留下深刻的印象。

③纪念馆从履行社会教育功能出发,较好地发挥了中共党史教育基地和爱国主义教育基地的作用。

课后作业:观看完大革命时期中共宁波地委旧址纪念馆后,谈谈你自己的感悟。下节课交流讨论。

第3课时

按照班级人数合理分组,交流讨论上节课的课后任务,小组推选两人上台展示。

教师总结:

通过这堂课的学习,学生都对大革命时期中共宁波地委有了很深刻的认识。虽然这一切都过去了,但大革命时期中共宁波地委纪念馆以大量翔实的资料展示了大革命时期中共宁波地下党组织开展革命运动的艰难历程。一个个故事,一个个人物,探寻红色元素,追忆初心印记,不忘初心,牢记使命。

四、推荐阅读书目

1. 中共宁波市委党史研究室编:《四明风采:建党九十年来宁波九十事九十人》,宁波出版社 2012 年版。

2. 许勤彪主编:《宁波历史文化二十六讲》,宁波出版社 2005 年版。

3. 宁波市新四军历史研究会编:《沈宏康同志纪念文集》,2009 年。

五、课后思考

1. 宁波地委分别领导了哪些斗争活动? 分别有什么样的影响?

2. 大革命时期革命的主要对象是哪些人?

3. 宁波地委领导的革命运动有什么特点?

第三章　红色基地

　　红色文化是无数先烈留给我们的最为宝贵的精神财富。他们所战斗过、奋斗过的地方皆留下了他们坚毅的身影与脍炙人口的事迹。位于云和县元和街道的梅湾村共有800多年历史，是中共云和第一个农村地下党支部诞生地。"八百年历史写下传奇，那一条故道走过风雨，红军亭怀想，毛家祠堂回望，东水西流诉说动人的故事……"这是属于梅湾村的红色故事。俗话说得好，兵马未动，粮草先行，后勤对部队的重要性不言而喻。位于大山深处的金萧支队养元坑后勤基地是浙东地区的"后方的战场"。干部的培养是部队建设中至关重要的事情。闽浙边抗日救亡干部学校是当年南方八省十四个革命根据地唯一的一所"抗大"式的干部学校，办学为期虽然短暂，但收效甚大。有"江南小延安"之称的新四军苏浙军区是浙东地区重要的新四军基地。

　　"伟大的延安精神是党的性质和宗旨的集中体现，是党的优良传统和作风的集中体现。"浙江的"延安精神"始终是凝聚人心、战胜困难、不断前进的伟大精神力量，始终坚持与时俱进，保持"延安精神"的忘我精神，为建设和发展中国特色社会主义不懈奋斗。

本章将带领大家走进梅湾村、金萧支队养元坑后勤基地、闽浙边抗日救亡干部学校以及新四军苏浙军区，一起领略先辈的风采。

第一节 云和革命发源地：梅湾村

一、本节概述

1935 年 10 月，刘英、粟裕率红军挺进师主力转移到闽浙边，以泰顺东部山区为中心开辟浙南游击根据地。在中共闽东特委和浙南地方党组织的支持下，至 1936 年底，全师兵力发展到 1500 余人。1936 年至 1937 年间，红军曾多次经过梅湾进行革命活动。1938 年，云和农村的第一个党组织——梅湾支部正式成立。此后，各项革命活动便在梅湾积极开展起来，为梅湾村带来了前所未有的变化。

二、原典呈现

1937 年至 1938 年夏，我在夏吴、汝姑等处开办流动小学。恰好吕克仁同志在云东区担任乡村建设指导员，常来夏吴等村工作，和我一见如故，同食同寝，同干抗战工作。他帮我上课，帮我布置教室，一起写墙头大标语，画抗战漫画。利用群众的自然集合机会，教群众唱歌，率领学生列队游行各村庄，边贴标语，边唱抗战歌曲，边呼口号：

"打倒日本帝国主义！把敌人赶出去！"

"中华民族到了最危险的时候！"

"大时代到了！抗战的一天来到了！"

声音雄壮，震动山谷。

——王若钦：《怀念吕克仁同志》

三、教学设计

第1课时

导入:播放由梅湾村各种自然风光和红色遗址照片组成的小视频。

"同学们,老师今天想要带领大家走进一个有着悠久历史的古村落——梅湾村。首先,我们一起通过小视频来感受一下梅湾村的风情。"

PPT播放由照片组合成的视频。

"看完这段视频,相信大家肯定会赞叹梅湾村美丽的自然风光,那大家有没有注意到在这个历史悠久的古村落中隐藏着很多的红色基因呢? 接下来,老师就带领大家一起沿着革命先辈们的道路来探寻这个不一样的梅湾村。"

【设计意图】以一个较为轻松愉悦的形式进行导入。用照片合集,激起学生的兴趣,抓住学生的注意力,活跃课堂气氛。同时锻炼学生从照片中发现信息、解读信息的能力。

1.山清水秀的梅湾村

(1)梅湾村历史简介

用时间轴的方式对梅湾村的发展历史进行一个简单的展示并进行讲解。

【教师活动】按照时间轴的顺序再结合相关图片,对梅湾村的发展历史进行简单的讲解。

【学生活动】仔细倾听老师的讲述,对梅湾村的发展历史做到心中有数。

【设计意图】由大入小。在讲梅湾村某个时段的历史前,先让学生初步了解梅湾村的发展历史,加深学生对梅湾村这个地方的印象,激起学生们探索的欲望,也更利于学生更好地理解在梅湾村发生的红色革命。

(2)梅湾村地理简介

放置梅湾村的地形图,对梅湾村的地理位置、地理环境等内容进行简要介绍。

【教师活动】根据地形图,向学生简要介绍一下梅湾村的地理环境、自然风光,并向学生提问一些相关地理知识等问题。

【学生活动】根据地图和老师的讲解提示,思考并回答有关地理知识,以及从地理角度出发,思考为什么梅湾会发生革命等问题。

【设计意图】一个村落的地理环境往往能决定这个村落发展的许多事情。在对梅湾革命进行讲解之前,让学生们对梅湾村的地理位置与地理环境有一定的了解,有助于学生们对梅湾村革命的认识与理解。地理环境与历史事件的发生往往有着十分密切的关系,对梅湾村地理环境的讲解,有助于培养学生们的时空观念,有助于学生提高对地图等史料的重视程度。

2. 红色激荡的梅湾村

(1)梅湾村革命时整个中国的背景

【教师活动】根据时间轴上的三个特殊时间点进行提问。然后,老师来分别总结一下这三个时间段所发生的事情,并将这个大背景与梅湾村联系起来。

"大家肯定都发现了这个时间轴上有几个关于红色文化的关键的时间点。分别是 1935 年、1936 年以及 1938 年。有同学能来说一说这三个时间点,在当时都发生了哪些事情吗?"

【学生活动】由三个同学来回答一下 1935 年、1936 年以及 1938 年在中国历史上发生的一些重大事情。

【设计意图】引导学生们进行回忆,巩固学生们所学的抗日战争知识。同时,让学生们对梅湾革命爆发时的整个中国局势有一定的了解,锻炼学生将前后所学的历史知识连贯起来思考的能力。

(2)梅湾党支部的建立

PPT放置粟裕和刘英以及挺进师的照片资料,对粟裕以及刘英的生平进行简要的介绍,播放《挺进师》纪录片的第一集。

材料一:

粟裕(1907—1984),中国人民解放军大将。湖南会同人。1926年11月,在湖南常德省立第二师范学校加入中国共产主义青年团。1927年5月,参加叶挺为师长的国民革命军第二十四师,任教导队班长,参加北伐战争;同年6月转为中国共产党党员。1927年8月,参加南昌起义。1928年1月,参加湘南起义后到井冈山,曾任中国工农红军连长、营长、支队长、师长、军参谋长、军团参谋长。1934年7月,参与指挥红军北上抗日先遣队。先遣队失利,余部挺进浙南。任挺进师师长、闽浙军区司令员,开辟浙南游击根据地。抗日战争时期,任新四军第二支队副司令员、先遣支队司令员,率部挺进江南敌后。后任新四军江南指挥部、苏北指挥部副指挥,协助陈毅开辟江南和苏北抗日根据地。

——李德洙主编:《中国民族百科全书》

材料二:

刘英(1905—1942),男,汉族,江西省瑞金县人,中共党员。刘英于1929年参加红军,同年9月加入中国共产党。先后任连政治指导员、营政委、团政治处主任、团政委,第三次反"围剿"后调任红5军团第15军44师政委、红9军团第3师政治部主任、红7军团政治部主任。参加了中央苏区历次反"围剿"作战,身经百战,屡建战功。1934年7月起任红军北上抗日先遣队政治部主任、红10军团第19师政治委员、军团军政委员会委员、军团政治部主任,随部转战闽浙皖赣边。1935 年 1 月红 10 军团在赣东北怀玉山区遭敌重兵包围,损失惨重。2 月,奉中共中央指示与粟裕率余部组成挺进师,任师政治委员和政治委员会书记,率部进入浙江南部,在国民党统治的腹心地区,先后领导开辟浙西南、浙南游击根据地。任中共闽浙边临时省委书记兼闽浙边省军区政治委员。在远离中央、孤悬敌后的险恶环境中,领导闽浙边军民挫败国民党军多次"清剿",坚持了极其艰苦的三年游击战争。全国抗战爆发后,历任中共浙江省委书记、中共中央华中局委员、华中局特派员,指导闽浙赣地区革命斗争,巩固和发展抗日民族统一战线,工作卓有成效。1942 年 2 月在温州被国民党反动当局逮捕,在狱中坚贞不屈。同年 5 月 18 日,在永康英勇就义。

——中共永春县委党史研究室编:《铁血丹心卷》

材料三:

1934 年 10 月,受王明"左"倾错误的影响,中央红军在第五次反"围剿"战争中失利。为了保存革命的有生力量和北上抗日,中央红军主力撤离苏区,开始了艰苦卓绝的两万五千里长征。留在南方原苏区的各部分红军和党政机关人员,在与中央失去联系的情况下,重新整合,扩编队伍,逐渐形成了 14 个游击区,并同敌人进行了历时三年的游击战争。这本小册子所叙述的中国工农红军挺进师(以下简称"红军挺进师")就是开辟浙西南、浙南游击区的一支重要队伍。红军挺进师是以原红十军团(又称中国工农红军北上抗日先遣队)的突围部队为基础组建的。1935 年 2 月组建伊始,全师仅有 538 人,粟裕任师长,刘英任政委。同年 3 月,红军挺进师到达浙西南,开始在浙江进行游击战争,并于 1935 年夏建立了以仙霞岭为中心的浙西南游击根据地,此时队伍发展到近千人。但很快国民党军以优势兵力,发动了针对浙西南游击根据地的第一次"清剿",使根据地遭受严重摧残,许多领导骨干陆续牺牲,队伍锐减至 300 余人。1935 年 10 月,刘英、粟裕率红军挺进师主力转移到闽浙边,以泰顺东部山区为中心开辟浙南游击根据地。在中共闽东特委和浙南地方党组织的支持下,至 1936 年年底,全师兵力又发展到 1500 余人。于是,国民党再次调集重兵对浙南根据地发动第二次"清剿",浙南军民经受了严峻考验。随着中日民族矛盾的逐步上升,在以刘英、粟裕为首的中共闽浙边区临时省委领导下,红军挺进师根据国内形势变化,争取与国民党地方当局和平谈判,共同抗日。1937 年 8 月,双方达成合作抗日的协议。10 月,500 多名红军挺进师战士到平阳山门集中,改编为"国民革命军闽浙边抗日游击总队"。1938 年 3 月,粟裕率领抗日游击总队开赴皖南,编入新四军,刘英等一批干部则坚守在浙南,继续领导浙江的党组织开展工作。红军挺进师在浙江的三年游击战争,牵制和消耗了大量敌军,有力地掩护和策应了中央红军实行战略转移。同时,对于红军自身在土地革命战争中保存革命力量,以应对随之而来的八年抗战,起到了不可或缺的重要作用。

——刘建国、魏成编著:《坚如磐石——驰骋浙南的红军挺进师》

【教师活动】对粟裕、刘英的生平进行讲解,简要介绍中共工农红军挺进师。之后,播放《挺进师》纪录片的第一集。并根据材料向学生提问。

【学生活动】根据材料和教师的讲述,分享自己对粟裕和刘英的评价。

【设计意图】在革命先辈们的身上,往往有许多值得我们学习的优秀品质。让同学们对历史人物进行评价,不仅可以锻炼学生们的思考和评价能力,也可以促使学生们学习革命先辈们的优秀品质。再用云和县的地图逐一标出挺进师在云和县的主要活动(老师在逐一介绍挺进师的活动时,地图上的相关动画再逐一出现)。

【教师活动】1935 年 4 月,红军挺进师在粟裕、刘英率领下转战浙西南,同年 5 月进入云和,在云和境内活动长达三年左右,播下了革命火种。

挺进师将红色基因带入了云和县,同时也带入了梅湾村。1936 年至 1938 年,粟裕、刘英领导的红军挺进师某部两次进驻梅湾村,对贫苦农民进行革命宣传,这为党组织在梅湾的建立打下了基础。

1938 年 8 月,云和农村第一个党组织梅湾支部正式成立,吕克仁任支部书记。

【学生活动】对挺进师在云和县的活动进行整理记录。

【设计意图】在地图上逐一出现挺进师在云和的主要活动,更加清晰明了且印象深刻。同时,也能培养学生的时空观念,锻炼学生们的识图以及辨别方位的能力。

PPT 展示吕克仁的照片,并对其进行简要介绍。(从云和县引入梅湾村)

材料四:

克仁同志对人很和气,不分男女老小、工农百业都一样。他关心群众生活。因此帮助我在学校里办了个"小小图书馆",陈列着一些红色小图和抗战书画进步刊物,供学生和群众阅览。还常常亲自教他们看图认字,详细讲解。有时教群众唱抗战歌曲,或讲故事给大家听。所以大家很欢喜来这里。尤其是晚上,座客常满。时间一长,大家熟悉了,就无拘无束,如自家兄弟样。吕同志常约我同去梅湾等处开会、宣传抗战。山区人民思想觉悟很快提高,大家都知道只有打倒日本帝国主义,把敌人赶出去,大家才能安心种田地、过生活。抗战歌曲在这一带高山深谷里震天动地响着,群众发动起来了,抗敌救亡运动展开了。吕克仁同志私人生活很随便,头发长长的也没有时间去理,满脸胡子也没有时间修刮。二十几岁的人由于长年在山区奔走跋陟,历尽风霜,看上去好像已到四十开外的年龄。一心一意为革命,当然不会计较这些外表细微小节。四十多年未见面了,听说吕克仁同志因公积劳成疾,于1982年间离开人世。乍闻噩耗,久久不安,十分沉痛。"人生自古谁无死,留取丹心照汗青。"吕克仁同志虽死,精神却永远活着。

——王若钦:《怀念吕克仁同志》

【教师活动】教师有感情地朗读这篇文章。

【学生活动】根据文章材料,分析总结出吕克仁前辈的优秀品质,对其进行评价。

【设计意图】在革命先辈们的身上,往往有许多值得我们学习的优秀品质。让同学们对历史人物进行评价,不仅可以锻炼学生们的思考和评价能力,也可以促使学生们学习革命先辈们的优秀品质,一举两得。

(3)梅湾党支部的活动

材料五:

毛氏宗祠为明清时期建筑,龙盘屋脊、檐飞四天、画印白墙……这一切喻示了毛氏家族在梅湾的地位与势力。宗祠为木质结构,立柱、横梁、马腿等处均雕有花草鱼虫、人畜万物,形象之逼真,工艺之细腻,令人扼腕。据说这座宗祠是毛氏祖先重金聘请东阳木雕师傅历时数年修建而成的。祠内尚留木质戏台一座,仔细揣摩,我依稀看见戏台上正上演包山花鼓戏,而毛氏族人却在我左右一边看戏,一边津津有味地嗑着南瓜子,演到精彩处,族人便振臂高呼"好、好"……

然而,俱往矣! 荣华与富贵不再属于毛氏宗祠,不再属于毛氏族人,他们已被层层盘剥,骨瘦如柴了,他们已无法再忍受下去。

——练云伟:《绿瓯江》

【教师活动】"毛氏宗祠是中国工农红军挺进师梅湾革命纪念馆的前身。宗祠,往往是家族祭祀祖先和族人聚会的场所,但是毛氏宗祠却有另外一层意义,它是当年梅湾党支部所在地,一批又一批的革命志士从这里走出去,在云和这片土地上播撒了革命的种子。那梅湾党支部又做了哪些事情呢?"

材料六:

他利用梅湾小学教师王仁和(云和镇人),首先办起民众夜校,组织贫苦农民学文化,参加夜校学文化的青壮年有四十多人,课本由小顺区统一印发。当时我读过的课文,今天还能背上几句:"开荒山,种桐子,三两年,便生长,桐子榨油油味香,桐农心里喜洋洋"。吕克仁同志把夜校作为宣传阵地,常来给我们上政治课,讲国内外形势,宣传抗日救国的道理,激发人民群众的抗日热情,同时还培养了一批积极分子。当时的口号是:"有钱出钱有力出力","全民抗战",动员适龄青年服兵役上前线杀敌人,这是理所当然的。

——毛登森:《动员起来参加抗战——记吕克仁同志在梅湾》

【学生活动】根据材料和所学知识,归纳总结出梅湾党支部的相关活动措施等。

【教师活动】根据学生的回答进行总结补充,简要介绍梅湾党支部的各项活动以及影响。

【设计意图】锻炼学生分析归纳材料的能力,同时凝聚学生的注意力,将目光放到材料中去,调动课堂气氛。

【板书】

1. 开办民众学校。

2. 组织建立农会组织。

3. 推行"二五"减租。

4. 改造保长、甲长。

5. 改革兵役制度。

6. 积极发展壮大党的组织。

(4) 梅湾革命的意义

以四人小组为单位,每个小组配备一个平板。以小组形式进行讨论,讨论时间为15分钟,然后每个小组派一个代表上台,讲述一下小组成员们认为梅湾革命有何意义。老师将大家的想法归纳汇总,进行总结。

【设计意图】课程进行到这里,大家对梅湾革命已经具有了一定的了解,可以自主思考梅湾革命的意义所在,这样可以锻炼学生的自主思考能力。小组合作的形式,可以锻炼学生合作的能力。

3. 焕然一新的云和县

材料七:

"同志,请你转告施县长,我们盖房子的手续早已办妥,房子也快要结顶了,这个春节很暖心,乡亲们过得很开心!"这是近日作者在云和采访时,沙溪村朱尚林等20户农民发自肺腑的心里话。朱尚林道出了广大云和县群众的心声,他所说的正是云和县委常委、县政府副县长施锦华。

2006年云和县委、县政府制定了浙西南休闲旅游基地建设规划和年度推进计划,并积极组织实施。这项措施提高了云和县经济发展水平,为人民的生活水平提供了保障。

他以创建云和县梯田5A级景区为龙头,推动旅游公司实体化、旅游景区资本化、旅游资产证券化改革,创建养生文化公寓、木玩文化产业园,推进一批农家乐精品民宿群、温泉酒店项目建设,打造省级旅游度假区、长三角自驾游目的地和全域旅游先行区,助推旅游产业提档升级。

在县委、县政府的支持下,按照"外畅内联、水陆并进,服务旅游第一产业"的目标定位,谋项目、抓进度、破难题,大力推进云和交通基础设施建设。"十三五"开局之年,已谋划交通项目82个,总投资114.77亿元,计划投资22.23亿元,比"十二五"增长80.29%。

围绕全域景区化建设规划,通过美丽公路、港埠码头、汽车站建设,交通运输项目现已成为云和一道亮丽的风景线。同时布设石塘大坝至石浦水上旅游观光线路,完善并形成便捷的水、陆交通网,既为民众出行提供便利,又为"老云和、新童话、真山水"提升了文化内涵。

切实提高国土资源要素保障。研究出台"耕地保护补偿机制实施办法"和"征而未用土地监管制度",着力推行守红线、优规划、强垦造、抓集约、惠民生举措。加大土地执法监察力度,严厉打击违法用地、非法采矿行为,处置五起面积达3495平方米的土地违法案件,结案率达100%。完成了"一图六网"工程建设,实现了国土资源全要素、全过程可回溯,做到了"一张图"管地管矿工作新局面。

在积极推动旅游、服务、土地资源合理配置的同时,在工作中遇到矛盾和问题时,施锦华总是迎难而上,勇于担当,敢于碰硬,真心实意地为老百姓做好事、办实事、解难事。沙溪村朱尚林等20户土地征收农民,多年来四处奔走,要求解决住房困难问题,却一直未果。他腾出更多时间和精力,召开专题协调会十余次,亲力亲为,督促落实,化解了一批历史遗留问题和群体性上访事件,项目建设难题也得到有效推进。

云和县现已旧貌换新颜,跻身为全省重要旅游县,经济发展水平明显提升,人民生活水平显著提高。2016年11月,在第二届中国新农村建设论坛期间,施锦华被授予"全国新农村建设功勋人物"。

——张婷婷:《"老云和、新童话、真山水"——记全国新农村
建设功勋人物浙江云和县委常委、副县长施锦华》

【教师活动】请同学们根据材料简要概括云和县现在的发展状况。

【学生活动】简要概括云和县现状。

【教师活动】从云和县现状引申到梅湾村现状,并做简要介绍。

【设计意图】对现今云和县和梅湾村现状的介绍,可以让学生们知道在中国共产党的领导下,我们的生活将会越来越好。同时,培养学生们的爱党爱国情怀。

【教师活动】最后请同学们欣赏一下经典村歌《红色梅湾》,感受一下歌中所包含的情感。以这首歌作为本节课的结束。

【设计意图】村歌包含的是梅湾村村民们对梅湾村的情感,能够让学生们对梅湾村有更深刻的情感共鸣,为第二个课时的实地考察做好准备。

【教师活动】布置作业。"复习今天课上所教授的内容,并自己去查阅相关资料,加深对梅湾村革命的认识。下节课的实地考察过程中,老师会请学生来对相关红色遗址进行介绍。"

【板书】

一、山清水秀的梅湾村 ┤ 八百年梅湾,历史悠久

群山环绕,适合游击

二、红色激荡的梅湾村

背景

梅湾党支部的建立

梅湾党支部活动 ┤ 开办民众学校

组织建立农会组织

推行"二五"减租

改造保长、甲长

改革兵役制度

积极发展壮大党的组织

意义

三、焕然一新的云和县

第 2 课时

由教师带领学生们到梅湾村进行实地的走访,切身体会梅湾村的红色历史。

【教师活动】带领学生们到达梅湾村之后,首先让大家环顾一下四周,说一说真实看到梅湾村之后,你觉得梅湾村是一个怎样的地方。

"大家可以看到梅湾村是一个有山有水,安静而又美丽的地方。今天,老师就带领大家一起走进这个美丽的村庄,切身感受一下我们上节课所讲的红色梅湾。"

【学生活动】分享对梅湾村的第一印象。

首先,带领大家一起参观村口的"云和县最早建立的中共农村党支部纪念碑"。

【教师活动】请一位同学来向大家讲述一下,他所知道的"云和县最早建立的中共农村党支部纪念碑"背后的故事。然后请其他同学们踊跃补充他们所知道的知识,最后由老师来总结介绍。

【学生活动】讲述有关云和县最早建立的中共农村党支部的相关知识。

随后,带领大家来到一棵古樟树之下,古樟树的对面就是毛家祠堂。毛家祠堂的北墙上写着"工农群众要想有饭吃、有衣穿,只有起来闹革命!"

【教师活动】让同学们站在古樟树底下,看一下毛家祠堂,看一下红军标语,环顾一下四周,然后闭目三分钟,想象一下半个多世纪以前的梅湾村是如何的。

【学生活动】闭目结束以后,请同学们来讲述一下,在这三分钟里,自己所想象到的半个多世纪以前的梅湾村的情景。

【教师活动】教师根据学生的回答进行总结。

"通过上节课的学习,我们能够知道,在 1936 年至 1937 年间,红军曾多次经过梅湾进行革命活动。在 1938 年的时候,云和农村的第一个党组织——梅湾支部正式成立。从而,毛家祠堂成了梅湾党支部的活动中心,毛家祠堂见证了梅湾革命的历程。现在,老师带领大家一起走进毛家祠堂,大家一定要认真阅读馆内的每一个介绍。"

【设计意图】毛家祠堂也是梅湾革命的纪念馆,里面对梅湾革命进行了详细的介绍。该地是本次考察最重要的地方,要在此处花费一个小时左右的时间进行参观讲解,让学生们对梅湾革命的历程有一个更加清晰的认识。

结束毛家祠堂的参观之后,带领大家参观游击队广场、红军讲坛、红军浮雕、红军故道等,重走一下当年的红军路。每到一个地方要驻足讲解参观,切忌走马观花。

走完红军路之后,拜访一下村中的老人,听他们讲一讲梅湾村的故事。

【设计意图】口述采访能够得到一些纸质资料所没有的信息,锻炼学生书写口述史的能力。

【设计意图】红色文化需要身临其境,用心感受。第一课时对梅湾村的介绍,已经让学生们对梅湾村有了一定的了解。但是,这只是浅层史实方面的了解,而实地走访能让学生将知识与情感、理论与实践融合起来,更好地实现爱国主义教育的目标。

本节课主要就是带领大家重走红军路,接受血与火的洗礼,升华精神,进行爱国主义教育。

课后作业:请同学们写一篇关于今天参观的游记,要有所思所想。

第 3 课时

按照班级人数合理分组,交流讨论上节课的课后任务(游记),小组推选两人上台展示。

然后放置半个多世纪以前的梅湾村的照片和现在进行美丽乡村建设之后的梅湾村的照片。两者进行对比。

升华主题:从外国列强入侵受尽屈辱,战火纷飞,到如今的国力强盛,国泰民安,一路走来多有不易。我们要感谢我们的国家,感谢我们的党,感谢英烈们,感谢为中华民族伟大复兴而不断努力着的同胞们。我们要努力学习,将来更好地建设我们的祖国。

播放纪录片《复兴之路》。培养学生"家国情怀"核心素养。

四、推荐阅读书目

1. 纪录片:《挺进师》。

2. 吴利明:《挺进师》,浙江文艺出版社 2009 年版。

3. 中国人民政治协商会议浙江省云和县委员会文史资料研究委员会编:《云和文史资料》第 4 辑,1989 年。

五、课后思考

1. 概述梅湾革命对丽水地区进行革命所产生的影响。

2. 简要概述云和县第一个农村地下党支部梅湾支部诞生、发展、壮大的过程。

3. 简述毛氏祠堂的历史。

第二节　后方的战场，金萧支队
养元坑后勤基地

一、本节概述

1942 年 8 月，金萧人民抗日武装初建。随着部队的日益扩大，地方政权工作也积极展开，党政军联络任务繁重。1947 年武装斗争日益频繁，部队日益扩大，党政军联络任务十分繁重。上级要求，在诸暨和浦江边界建立联络总站，担负通往诸暨、浦江、富阳、桐庐、义乌等地情报和物资的传递及人员接待任务。养元坑后勤基地为推进人民解放事业发挥了重要作用。

二、原典呈现

"我 1920 年农历正月初一出生，100 岁生日刚过去两个多月。"昨天，记者在浙江省军区金华干休所拜访了这位曾担任过会稽山人民抗暴游击司令部联络总站站长、印刷社（后改名为《鸡鸣报》）社长、金萧支队后勤部主任等职务的百岁老战士——郭慎敏，探访其传奇一生。

创办小学借以掩护和隐蔽革命同志，建立印刷社翻印文件和革命读物，筹建被服厂以保障战士供给、制造手榴弹支援前线……

激荡岁月，战火青春。身体健朗的老人说，百年人生一过客，自己这辈子，做得最正确的事情是跟着共产党走。"希望你们这些年轻人也要跟党走，爱党、爱国，好好为国家工作。"

"1945 年 2 月，我加入了中国共产党。1945 年 8 月，日本投降，9 月，金萧支队北撤，我的入党介绍人沈建新也随部队撤走，我们这些人转入地下工作。国民党两面派,公开是两党合作,暗地里要消灭共产党,一时间白色恐怖笼罩。上级命令我在家乡办一所红色小学,安置我党在敌后坚持斗争的干部到学校任教,既可以隐蔽干部又可进行革命活动。"

"我发展了10多个政治可靠、表现较好的农村党员担任联络员,在各县(乡、区)建立了健全、可靠的通信网络,制订了一套比较严密的接洽纪律,并建立了一条秘密运输线,将武器与物资送到前方部队。"

"我兼任印刷社社长,印刷社设在党员郭振贵家边间柴屋楼上,寿晓霞、杨絮等五六个人担负专职刻印,后来曾在诸北时事简讯社搞过收报工作的杨雷也到印刷社工作,还设立了电台,从电台中收集各方面的消息,用报纸传播到我们的部队和人民群众中去。当时条件下做到这些非常不容易。"

"被服厂刚开始没有固定的场地,今天搬东村做一天,明天搬西村做一天,后来我们将厂搬到养元坑村,由我妻子陈芝英全盘负责,但做了没几天,因坏人告密,遭到敌人洗劫,我妻子陈芝英侥幸逃脱,但技术工人王大木、军属郭友才等人不幸被抓,壮烈牺牲。后来,被服厂又搬到了桐庐一个叫天堂的山上,非常隐蔽,山窝里只有30多平方米的一小块平地,外面看不到,大家进出就靠一根大野藤上下攀爬……"

"部队日益扩大而武器不足,支队指示后勤部迅速创建修械所,以适应形势需要。"1948年10月,已被中共路西工委任命为金萧支队后勤部主任的夏威又受命建造修械所,修理枪械、制造木柄手榴弹供战斗部队使用。"我们四处找木工、车工,买来土硝、木炭以及炼铁用的汽油桶、风箱等,开始制作手榴弹,经过一次又一次的试验,血的代价终于换来成功,我们花两个月的时间生产出了3000多枚手榴弹供应前方部队,为前线作战歼敌和反'扫荡'的胜利作出了贡献。"

"八年烽烟起,万里战火飞。金萧军旗在,勇士终不悔。作为一名共产党员,忠于入党誓言,积极工作,特别是参加人民解放军,为新中国成立出了力,为国家建设作出贡献,我感到无限光荣,觉得自己的一生有价值。"

——郭慎敏口述回忆

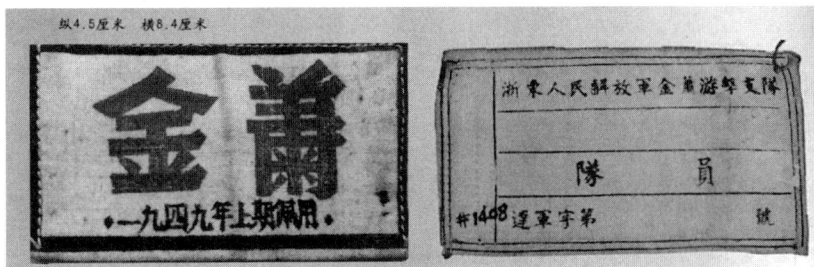

金萧支队胸章

三、教学设计

第1课时

导入:

【教师活动】教师多媒体出示金华新闻网的报道(部分)引出人物金萧支队唯一健在的领导——郭慎敏(出示郭慎敏老人照片)。

材料一:

在浦江县中余乡普丰行政村养元坑自然村的一处红色革命纪念馆里,有一副对联悬挂在立柱上:"革命精神谱千秋史册永传后世作楷模;峥嵘岁月有多少先驱献身人民求解放"。署名郭慎敏。

1920年1月郭慎敏在养元坑出生,1945年加入中国共产党,养元坑村不仅是郭慎敏的故乡,也是这位102岁老党员战斗过的地方。

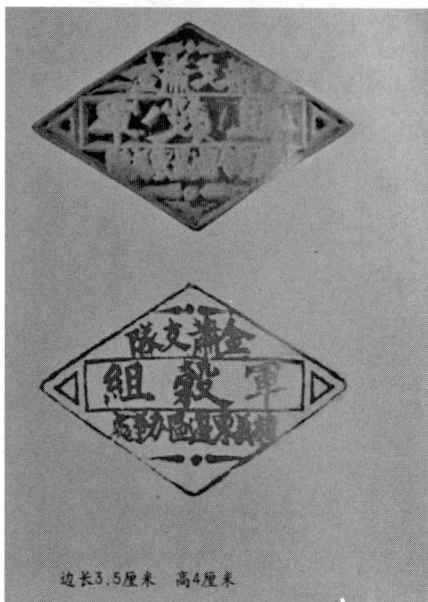

金萧支队诸义东边区办事处
军谷组木印

浙东人民解放军金萧游击支队
桐庐办事处木印

为追寻百岁老党员的红色初心,记者来到金华军分区干休所,拜访郭老。年少时,郭慎敏就听过朱毛红军为穷人闹革命,渐渐地中国共产党就成了他心中的一盏明灯。

共产党为人民谋解放,郭老对党的初印象简单又纯粹,而他为党竖起的大拇指是一位百岁党员初心未改的标志。

郭慎敏来自一个红色家庭。母亲为革命同志筹粮送饭,父亲郭家孝为联络站送情报,后不幸牺牲,成为革命烈士。

郭慎敏带着一颗红心参加革命斗争,故乡养元坑也是他战斗过的地方,如今红色基因在这儿得到传承。

在普丰村的红色礼堂的光荣墙上,村子里42名军人齐刷刷在列,郭慎敏排在第一位。村民兵连长寿春强也在这面墙上。

而在一山之隔的桐庐新合乡,郭慎敏的故事也载入了当地修建的金萧支队纪念馆里。1948 年郭慎敏作为金萧支队后勤部主任曾在该地冒着生命危险,为前线制作军装、手榴弹等武器。

桐庐新合乡党委委员宋华军介绍,近年乡里修整了一批红色遗址,开启新合"红色之旅",每年都有超过 1.5 万人前来缅怀。

时光飞逝,精神不朽,百岁党员,百年传承,初心依然未变。

——金华新闻客户端 3 月 12 日消息
见习记者范煜琦

【教师活动】PPT 出示老人的口述材料。

【学生活动】阅读材料,概括出老人经历的几个重要人生阶段。

材料二:

郭慎敏,原名郭仁民(1949 年 11 月经华东军政大学批准改名为郭慎敏),出生在浦江县中余乡养元坑村一贫苦人家。他是家里唯一的男孩,也是唯一一个有文化的人,15 岁就外出当教师谋生。

"1945 年 2 月,我加入了中国共产党。1945 年 8 月,日本投降,9 月,金萧支队北撤,我的入党介绍人沈建新也随部队撤走,我们这些人转入地下工作。国民党两面派,公开是两党合作,暗地里要消灭共产党,一时间白色恐怖笼罩。上级命令我在家乡办一所红色小学,安置我党在敌后坚持斗争的干部到学校任教,既可以隐蔽干部又可进行革命活动。"1946 年,根据上级指示,郭仁民改名为夏威,利用村里的祠堂办起了小学,建立了会稽山人民抗暴游击司令部后勤基地,他的战火人生从此拉开序幕。[出示 1949 年 5 月,郭慎敏(左)和金萧支队后勤部教导员蒋光进驻富阳城合影。]

——金华新闻网 4 月 10 日消息　《金华日报》记者吴俊斐

【总结】小学教师化身夏威投身解放战争。

"我兼任印刷社社长,印刷社设在党员郭振贵家边间柴屋楼上,寿晓霞、杨絮等五六个人担负专职刻印,后来曾在诸北时事简讯社搞过收报工作的杨雷也到印刷社工作,还设立了电台,从电台中收集各方面的消息,用报纸传播到我们的部队和人民群众中去。当时条件下做到这些非常不容易。"当年,《中国人民解放军宣言》《目前形势和我们的任务》等许多红色书籍、报纸从这里飞出去,在当时的浙赣线两岸、路西、江东等革命根据地遍地开花,为革命事业的发展和巩固,起到了理论上武装的作用。另外,夏威和战友们通过发报机把会稽山人民抗暴游击、金萧支队不断打击敌人扩大革命根据地的消息发向全国各地,配合全中国的解放事业。

【总结】担任印刷社长,传播革命精神。

材料三:

"被服厂刚开始没有固定的场地,今天搬东村做一天,明天搬西村做一天,后来我们将厂搬到养元坑村,由我妻子陈芝英全盘负责,但做了没几天,因坏人告密,遭到敌人洗劫,我妻子陈芝英侥幸逃脱,但技术工人王大木、军属郭友才等人不幸被抓,壮烈牺牲。后来,被服厂又搬到了桐庐一个叫天堂的山上,非常隐蔽,山窝里只有30多平方米的一小块平地,外面看不到,大家进出就靠一根大野藤上下攀爬……"

"部队日益扩大而武器不足,支队指示后勤部迅速创建修械所,以适应形势需要。"1948年10月,已被中共路西工委任命为金萧支队后勤部主任的夏威又受命建造修械所,修理枪械、制造木柄手榴弹供战斗部队使用。"我们四处找木工、车工,买来土硝、木炭以及炼铁用的汽油桶、风箱等,开始制作手榴弹,经过一次又一次的试验,血的代价终于换来成功,我们花两个月的时间生产出了3000多枚手榴弹供应前方部队,为前线作战歼敌和反'扫荡'的胜利作出了贡献。"

——金华新闻网4月10日消息 《金华日报》记者吴俊斐

【总结】领导修械织衣,建立过硬后勤。

材料四：

1949年5月，金萧支队与解放军会师后，夏威被分配到第四军分区后勤处任处长。1949年9月，被调往华东军政大学学习，11月，改名为郭慎敏。

随后的几十年，郭慎敏先后到南京军事学院学习、工作，后来又被派调国务院第二机械工业部下属浙江衢州某铀矿、贵州息烽县筹建原子工业的水冶厂工作，最后在丽水军分区离休。

尽管工作调动频繁，但他和家人从无二话。每到一地，他都积极发挥革命战争年代的作风，不管遇到怎样的难题都会想办法一一解决。

离休后，他心系革命老区，经常走访根据地，多次给老区和灾区捐款捐物，在2013年撰写了《踏遍青山》一书，并担任金华市新四军研究会副会长，不忘传承革命精神。

"他很热心，离休后就承担起了干休所的绿化管理工作，平时看到路上有棵草，都会弯腰拔除。我们宿舍有的门不是很好，年代久了，经常会开不起，当年七八十岁的他还经常帮人拆修门。现在年纪大了，但写得一手好字的他还是年年帮我们这些邻居免费写春联。有些房子没人住，每年春节，他都会一一贴上春联。"陈女士和郭慎敏是多年的邻居。

"这些年，许多革命老区建红色纪念馆，找到他，他有求必应。"郭慎敏的儿子郭建昌告诉记者，父亲尽管已是百岁高龄，但今年以来，多次应邀给一些红色纪念馆题词、作报告。"有时，我们觉得年纪太大了，让他有些地方能推就推掉，但他总不拒绝。前不久，诸暨大唐革命陈列馆请他去参加揭幕，他尽管身体不适，还是去了。市区和外地的一些学校经常联系他，请他讲述革命故事，他都很认真地准备、热情地接待。"郭建昌说，父亲之所以长寿，和其在革命战争年代所养成的乐观、知足精神有关。

"八年烽烟起,万里战火飞。金萧军旗在,勇士终不悔。"郭慎敏告诉记者,"作为一名共产党员,忠于入党誓言,积极工作,特别是参加人民解放军,为新中国成立出了力,为国家建设作出贡献,我感到无限光荣,觉得自己的一生有价值。"

——金华新闻网 4 月 10 日消息 《金华日报》记者吴俊斐

【总结】心系老区不忘传承革命精神。

【设计意图】(1)让学生知道当事人或亲历者的口述回忆是重要的资料,并选择有代表性的口述史料进行研读;认识口述史料的价值与局限性;学会整理口述史料。(2)导入本次课的主题——金萧支队养元坑后勤基地。(3)让学生通过一位老战士的经历,初步体会抗战精神;将学生带入到抗战情绪中去。

启发思考,提出问题。

【教师活动】提问:读了这篇报道后,从革命历史的角度,你还想了解哪些信息?

【学生活动】先学习小组讨论交流,再整理出若干有价值的问题。

【教师活动】汇总问题,适当补充问题,并布置小组合作学习任务。

预设 1:金萧支队是一支怎样的革命队伍?

预设 2:创立"金萧支队养元坑后勤基地"的历史背景是什么?

预设 3:养元坑在哪儿? 周边的地理环境怎样? 为什么要在那里创办后勤基地?

【设计意图】引导学生在深度阅读的基础上,分析和认识史料对历史研究的重要作用,并尝试运用各类史料探究历史问题。

学习小组合作学习。

【学生活动】充分运用网络技术和图书资源,搜集相关的资料,并对搜集的相关资料进行选择、辨析整理。形成"金萧支队简史""金萧支队养元坑后勤基地的建立和发展"等资料。

【设计意图】通过史料的搜集活动,使学生知道史料是通向历史认识的桥梁,了解史料的多种类型,掌握搜集史料的途径与方法。

第2课时

导入:

【教师活动】导语:同学们,今天我们各学习小组来汇报交流上节课大家搜集整理的"金萧支队简史""金萧支队养元坑后勤基地"等相关的史料。

1. 共同绘制金萧支队简史

【板书】金萧支队简史。

【学生活动】各组汇报学习成果。

【教师活动】PPT 出示补充材料(参考资料:牛嘉平:《金萧支队简史》),与学生共同完善简史。

【学生活动】学生阅读史料,概括金萧支队发展历程,并补充完善自己绘制的简史。

材料五:

中华儿女抗击日军,把侵略者赶出中国,将中华民族深受外来侵略的历史永远画上了休止符。在屈辱中觉醒,在压迫中抗争,在毁灭中新生,这是中华民族的精神。

正是这种精神,在抗日战争中,共产党人在金萧大地上演着一幕幕忠勇壮烈、惊天地泣鬼神的鲜活历史剧,这个"剧团"就是1943年12月成立的中共金萧地委、金萧支队。

日本侵略军继1941年发动宁(波)、绍(兴)战役侵略萧山、绍兴、宁波区后,1942 年 5 月又发动了浙赣作战。在不到 2 个月时间内,诸暨、义乌、东阳、浦江、金华、兰溪、汤溪、武义、永康、建德先后失陷,人民深受其害。这时,中共中央华中局为了发展敌后游击战争,以配合正面战场作战,加强浙东敌后抗日武装和地方党组织的领导,于同年 7 月 28 日,决定由谭启龙、何克希、杨思一、顾德欢等四人组成浙东区党委,谭启龙为书记。同月,根据浙东区党委的决定,在诸暨枫桥大竹园成立了以杨思一为书记、马青为副书记、蔡群帆为委员的中共会稽工委(不久,改称为会稽地委)。为了继续灰色隐蔽,8 月成立了以何克希为司令员,谭启龙为政委,连柏生为副司令,刘亨云为参谋长,张文碧为政治部主任的第三战区三北游击司令部(1943 年 12 月 22 日,改称为国民革命军陆军新编第四军浙东游击纵队)。

金华、会稽两地区沦陷后,诸暨、义乌、建德、东阳等县,在当地党的领导下,积极主动地组织了数支抗日武装,开展敌后游击活动,对敌、伪进行了艰苦而卓有成效的斗争。

这数支抗日武装主要是诸北八乡抗日自卫大队、义乌第八大队、"小三八"部队、建德部队、坚勇大队、东阳湖溪区抗日自卫队特务,它们为建立金萧支队打下了基础。

——朱嘉平:《金萧支队简史》

【总结】1942 年 8 月,金萧人民抗日武装初建。

材料六:

1943 年 12 月,根据中共浙东区委员会关于"开展浙赣铁路金萧线两侧游击战争,与主力取得战略上的配合,建立金华、会稽游击根据地,扩大部队,积极发展与壮大自己的力量"的指示,杨思一、蔡群帆于 12 月 7 日带三支六中百余人枪和 1 部电台从余姚佩弄岗出发,12 日到达诸暨县杨芝山头,与"小三八"部队会合。并向中共会稽地委副书记马青、诸暨县委书记朱学勉传达浙东区党委关于"撤销会稽地委,建立中共金萧地委、金萧支队和游击根据地"的指示。

15日,在诸暨的白枫岭脚,与前来迎接的坚勇大队、八大队会合。16日,三支六中、"小三八"、八大队、坚勇大队同时到达义乌大畈。18日,在大畈召开军政委员会扩大会议,宣布成立以杨思一为书记,蔡群帆、钟发宗、马青、陈雨笠为委员的中共金萧地委。下辖诸暨、嵊(县)西、绍兴、萧山、富阳(富春江以南)、浦江、金华、义乌、桐庐等14县。下属县一级的党组织有中共诸暨县委、中共金义浦县委、中共诸义东县委、中共嵊西县委、中共路西县委、中共永武工委、中共兰建浦工委、中共金华山工委。

1943年12月19日在义乌大畈召开军政委员会扩大会议的同时,杨思一与吴山民交换了部队集结后之任务方针及发展方向,得到吴山民的完全赞同。21日凌晨3时部队出发,由大畈转移至诸暨黄家店,当晚在黄家店祠堂召开了金萧支队成立大会。1944年1月7日,接浙东游击纵队政委谭启龙、司令员何克希电告:支队可在"新四军浙东游击纵队金萧支队"或"金萧线人民抗日自卫支队"两者中择一应用。经研究,部队正式定名为"新四军浙东游击纵队金萧线人民抗日自卫支队",简称"金萧支队"。蔡群帆任支队长,杨思一任政委,钟发宗任政治处主任,叶伯善为秘书。并设组织、宣传、保卫三个股。支队建立了军政委员会,共有干部战士800人左右,下辖一、二2个大队。

坚勇大队于1944年1月又组建了诸义东边区自卫大队,简称"小坚勇部队"。在诸暨于1944年10月又成立了县抗日自卫大队,陈中祺为大队长,后俞林为大队长兼教导员。这三支部队虽均为地方武装,不列入金萧支队序列,但都归金萧支队统一指挥。

——朱嘉平:《金萧支队简史》

【总结】1943 年 12 月中共金萧地委建立;1944 年 1 月 7 日金萧支队的建立。

材料七:

金萧支队成立后不久,就取得了开局的胜利。……1944 年 1 月,金萧支队奉命上四明山参加浙东第二次反伪自卫战。3 月 12 日,金萧支队从四明山返回金萧地区,继续执行牵制伪军策应四明山反伪自卫作战的任务。

国民党反共顽固派浙江省保安司令部派第二团、第五团迅速赶来诸暨,并勾结汪伪蔡廉部队于 1944 年 3 月底 4 月中旬,对刚建不久的金萧支队进行了三次突然袭击,妄图把金萧支队消灭在摇篮之中。而金萧支队,由于主客观的原因,三次战斗都遭失利。

4 月 20 日,在义(乌)西的鲤鱼山召开了金萧地委会议,检查了失利原因,研究了措施。地委检查了三次战斗失利的原因之后,对部队今后的方针任务和可能发生的倾向做了详细的讨论。为了便于灵活地打击敌伪,决定以"分散游击,长期坚持"的方针,取代"巩固为重"的错误方针,提出了"进攻中防御,行动中教育,分散中配合"的口号。为此,金萧支队召开了大队以上干部会议,做了具体的军事部署:李一群率第二大队到诸义东地区坚持斗争,蔡群帆、杨思一率支队部和第一大队去诸暨坚持斗争,钟发宗率独立大队留在金义浦地区与八大队一起坚持斗争。5 月 3 日,钟发宗、彭林率"独大"到诸西南的桐高坞村与支队部会合。自此,"独大"即与支队部、一大一起行动,二大回到了金义浦地区坚持斗争。由于部队执行了"分散游击,长期坚持"的正确方针,使金萧支队接连打了几次胜仗。

这几次战斗,特别是其中墨城坞战斗的胜利,对巩固诸北抗日根据地和发展金萧地区的抗日武装斗争具有重大的意义。金萧支队也从错误方针的痛苦教训中得到了提高,使部队在斗争中不断成长壮大。

——朱嘉平:《金萧支队简史》

【总结】1944 年上旬,在战斗中成长壮大。

材料八:

1944 年 6 月,金萧地区敌伪与我之间,形成了相持状态。金萧支队则进行了以整训部队、巩固内部为重点的教育巩固工作。这一时期,中共金萧地委也着重抓了训练部队,提高干部素质和发动群众,开展秋收斗争、实行减租的工作,同时,还采取了正确对策,迫使伪六县"剿奸"计划破产。

在整顿、巩固部队的同时,地委着重抓了协助诸义东地区工作及诸暨县保卫秋收的斗争。8 月 20 日,金萧地委开会分析了当时的形势,决定支队主力抓住局面尚未改变的空隙,前去诸义东地区协助小坚勇部队,巩固和发展该地区局面。24 日,金萧支队在诸义东地区打退了伪军何部的进攻,追击十余里,搜索其后方机关与留守部队,俘获数人,击毙 2 人,缴枪 2 支。后又再次行动,迫使何部退向大后方。8 月 27 日至 29 日,金萧地委在诸义东地区举行地委会议,听取陈雨笠报告金义浦和诸义东的工作情况,分析形势,研究工作。8 月 31 日、9 月 1 日,杨思一参加诸义东县委会议,对诸义东的工作提出了意见。3 日,蔡群帆、钟发宗对小坚勇部队的干部讲了话。以后,支队主力分两批返回诸暨。这次协助诸义东地区工作,在一定程度上起到了巩固该地区的作用。

在诸暨,着重抓了保卫秋收的斗争。杨思一和诸暨县委一起,经过充分准备,于 10 月 11 日召开了诸暨县各界代表大会,专门讨论了彻底拒绝供应敌伪、减租改善农民生活等问题,并作出了相应的决议。12 日,召开了有农会会员 1500 人参加的群众大会,传达各界代表大会的拒供、减租决议。会后,据诸北10个乡统计减租23.5万斤,调动了农民的抗日积极性。14日,为贯彻拒绝供应敌伪的决议,金萧支队进入路西接近敌占区的青山、开元等乡,多次派出小分队深入敌占区打击敌伪的抢粮行动。通过这些工作,对进一步密切军民关系、巩固部队起了积极的作用,也为开辟新区准备了某些条件。

——朱嘉平:《金萧支队简史》

【总结】1944年下旬,整顿提高部队素质。

材料九:

1944年11月21日,钟发宗、彭林去三北地区参加浙东游击纵队第一次军政工作会议回来后,分别于11月26日和12月3日在诸暨召开地委会议和部队、地方干部会议,由钟发宗传达了会议精神。这次会议精神的传达,对金萧地委总结一年工作,确定今后任务起了积极的指导作用。

1944年12月22日至1945年1月16日,在诸暨泰南、盛兆坞召开了由各县委主要领导干部和大队以上干部参加的地委扩大会议。会议经过讨论,开展了批评和自我批评,总结了经验教训,统一了思想,增强了团结,明确了今后工作方针任务。会议历时25天,在诸暨墨城坞高畈祠堂开幕,继而在尚坞底、泰南、盛兆坞、卓溪岭下和王村举行,在绛霞结束。

2月25日,由蔡群帆、钟发宗率领金萧支队的两个大队去四明山充实纵队主力的同一天,在诸暨泰南成立了新的金萧支队(又称彭支队),支队长彭林,政委杨思一(未设政治处主任)。下辖三个中队:原诸北自卫中队为一中队,原义西八大队的八中队为二中队,原义东地区小坚勇大队二中队为特务中队。这支部队成为以后金萧地区武装斗争的主要力量。

诸北自卫中队、八大队的八中和小坚勇大队的二中编入新金萧支队以后,地方部队在原有基础上充实了力量,诸北又建立了自卫大队。在路西,金萧支队路西办事处组建自卫大队。1945 年 5 月,建路西县抗日自卫大队。

——朱嘉平:《金萧支队简史》

【总结】1944 年 11 月至 1945 年 5 月,地委扩大会议前后。

材料十:

1945 年 1 月 13 日,成立以粟裕为司令、谭震林为政委的苏浙军区以后,浙东游击纵队则隶属于苏浙军区领导,编为苏浙军区第一纵队。苏浙军区为了完成"调动国顽,逐步推进,控制全浙江,使苏南、浙西和浙东连成一片"的任务,决定派苏浙军区四纵十一支队东渡富春江。金萧地委、金萧支队根据浙东区党委的指示,在配合主力东渡富春江做了大量动员、宣传工作,加强了侦察情报与财经粮食工作,为主力东渡打下了思想和物质基础。

1945 年 5 月上旬,路西工委根据金萧地委书记杨思一关于派武工队到富春江沿岸侦察敌情,并派熟悉富阳、新登、桐庐一带情况的同志去浙西,与苏浙军区四纵司令部联系的指示,派出蒋忠、何益生、贾金灿去浙西执行任务。

23 日凌晨,四纵十一支队和二纵三支二大进攻河上店的伪萧山县国民兵团,俘 2 个分队。在路西与从诸暨前来的日军千余人激战后,回师富春江南岸,打垮或歼灭富阳大源等地的"浙保"四纵、嘉沪淞游击队、富阳县国民兵团和"挺三纵队"等伪军。

6 月上旬,金萧地委、金萧支队根据谭启龙的指示,仍坚持原地斗争,继续侦察了解沿江情况和做好筹粮筹款任务,准备军区部队二渡南下。

在此期间,主力二渡富春江。8 月 1 日上午,在东起收纤山,西至程坟徐公埠,宽约 2 华里的江面上,浙西主力部队 5000 多人马,扬帆东渡,进入浙东。

苏浙军区四纵"两渡"富春江期间,浙东和金萧地区军民特别是诸北、路西军民,保证了数千人的后勤供应和支前工作,为贯彻党中央发展东南的方针,打通浙东、浙西的联系,作出了应有的贡献。

——朱嘉平:《金萧支队简史》

【总结】1945 年上旬,迎接苏浙军区主力东渡。

材料十一:

1945 年 8 月 15 日,日本宣布无条件投降,八年艰苦抗战终于取得胜利。金萧地区军民一片欢腾,热烈庆祝。这时,国民党为抢夺抗战胜利果实,派三十二集团军占领了绍兴和上虞百官镇,二十一师占领了浦江、富阳、诸暨、萧山。伪忠义救国军许长水部和土顽邢小显等残部迅速卷土重来。原曾有过统战关系的一些地方势力,有的也投入反共逆流,向金萧支队进攻。在急剧转变的局势面前,遵照党中央关于敦促日伪军就地投降和浙东区党委关于呼吁和平、民主团结,争取各阶层对金萧支队的同情,造成广大群众反对内战、要求和平的指示精神,金萧支队以司令员彭林、政治委员杨思一的名义向日本军部队长发布了四项通牒令,敦促日伪军就地向人民投降,对拒降之日伪军坚决予以还击。8 月 19 日,金萧支队在彭林指挥下,对诸北三江口拒降之徐星洲伪军发起攻击,战斗 4 个半小时,攻占敌碉堡 2 座,缴获轻机枪 1 挺,步枪 20 支,子弹 500 余发,俘伪军 8 名,毙伤其 10 余人。余敌溃逃至湄池日军据点,金萧支队牺牲 4 人,伤 24 人。

8 月 19 日,陈雨笠、李一群率八大队,对受降通牒置之不理的金华孝顺伪军据点发起攻击,全歼伪军一个中队。

8月22日,县城伪军计划接国民政府县长祝更生入城"返治"。县自卫大队等部于21日晚抵街亭及王家、倒桥卢等村,准备次日入城。金萧支队为打击国民党利用日伪武装进行反共内战的阴谋,于22日凌晨分路向街亭、王家、倒桥卢发起攻击,激战9小时,俘64人,缴获轻机枪1挺,步枪50支,子弹2400发。

9月中旬,国民政府新编二十一师的一部,在义(乌)北九坞口村,向坚勇大队进攻。坚勇大队奋起还击,激战一上午,将敌人击退。

9月25日,八大队正在义西溪华集中,准备北撤时,遭国民政府新编二十一师一个团进攻。八大队顽强阻击,激战数小时,打退了顽军进攻,俘敌10余人,但牺牲了1名分队长。

由于金萧支队和地方武装正确地贯彻执行了团结和平和立即敦促就近日伪向人民武装投降的政策,取得了广大群众的积极支持,保卫了抗战胜利果实。

9月下旬,金萧地区党、政、军奉命北撤,金萧支队及各县地方武装整编为新四军浙东游击纵队第六支队,与兄弟部队一起北上山东,迎接新的任务。

——朱嘉平:《金萧支队简史》

【总结】1945年8月15日始,保卫抗战胜利果实。

【设计意图】初步了解中华民族的抗日战争,感悟中华民族英勇不屈的精神,认识中国共产党是全民族团结抗战的中流砥柱。

材料十二:

中共浙江临委为贯彻依靠路西、发展浙西、打通浙皖通道的战略部署,在浦江马剑乡石门村(今诸暨市)成立浙东人民解放军金萧支队,以诸暨、浦江、桐庐、富阳四县毗邻地区为作战中心,以四管乡(新合乡)为后勤基地,广泛开展斗争。从1948年10月至1949年3月,部队

7次外线出击,驰骋浙西18个县境,纵横12000平方公里,战役100余次,歼敌3000余人,取得会师皖南、开拓严衢、策反湖州、直逼杭城的战绩。

辉煌的战果离不开根据地的后勤支持。1948年,支队长蒋明达亲自勘察地形,将四管乡定为后勤生产基地。当年9月,金萧支队被服厂、金萧报社、后方医院等后勤单位先后迁移到当地的山桑坞、山桑尖、天堂、湖田等地,并修建了修械所,为根据地的巩固和壮大提供保障。

与此同时,由于根据地范围的持续扩大和革命队伍的不断壮大,干训班在四管乡应运而生。从1949年1月起,金萧支队先后举办7期短训班,培训学员600多人,其中大中专学生400余人,学员主要来自本地和上海、南京、苏州、杭州、广州等地。经过短期学习后,学员们被分配到民运队、文工队、报社、修械所等单位,成为根据地人才输出基地。

1949年,中国人民解放军百万雄师横渡长江后,金萧支队密切配合南下大军,迅速解放杭州和金华部分县城。4月底至5月初,金萧支队先后解放分水新登、临安、萧山、桐庐、浦江等6座县城;配合大军接管吴兴、富阳、建德、寿昌、兰溪、金华、义乌7座县城;策动了国民党湖州专员公署专员率部投诚。5月22日,金萧支队奉命撤销建制进行整编,光荣地完成了历史使命。

——《杭州日报》2011年6月4日

【总结】1948年9月15日,重建浙东人民解放军金萧支队。1949年5月22日,光荣地完成历史使命。

【设计意图】(1)初步了解全面内战的爆发及人民解放战争的进程,感悟国民党政权在大陆统治灭亡的原因,以及中国共产党领导人民取得中国革命胜利的原因和意义。(2)以历史事件发生的时间顺序为基本线索,整理金萧支队建立、发展和壮大的过程。

【学生活动】展示整理后的时间简史。

【设计意图】引导学生在深度阅读的基础上,分析和认识史料对历史研究的重要作用,培养学生的历史阅读理解能力。

【教师活动】教师补充小结。

1943 年 12 月至 1949 年 5 月,金萧地区先后有两个金萧支队。1943 年 12 月至 1945 年 9 月是抗日战争时期的金萧支队,俗称"前金萧"。是中共金萧地委的主力武装,支队长先是地委委员蔡正谊,后是彭林,政委是地委书记杨思一。

1948 年 9 月至 1949 年 5 月是解放战争时期的金萧支队,俗称"后金萧"。是中共金萧工委的主力武装,支队长是工委副书记蒋明达,政委是工委书记张凡。

【设计意图】教师帮助学生梳理历史发展的基本线索和主要阶段,引导学生在历史时空框架下把握重要的历史事件、历史人物、历史现象。

2. 养元坑后勤基地的创建背景

【板书】养元坑后勤基地的创建背景。

【学生活动】汇报合作学习成果。

【教师活动】出示关于养元坑史料,提问:养元坑后勤基地创建的历史背景是什么?

【学生活动】阅读材料,小组讨论:养元坑后勤基地创建的历史背景是什么?

材料十三:

1945 年 9 月底,新四军浙东游击纵队金萧支队奉命北撤后,留下坚持原地斗争的同志在极端艰难困苦的条件下先后建立路西人民救国先锋队、会稽山人民抗暴游击司令部,与国民党反动派开展针锋相对的斗争。1948年9月15日,在浦江马剑乡石门村(今属诸暨市)重建浙东人民解放军金萧支队。

——赵信毅、张云德主编:《碧血染金萧》

材料十四:

"1945年2月,我加入了中国共产党。1945年8月,日本投降,9月,金萧支队北撤,我的入党介绍人沈建新也随部队撤走,我们这些人转入地下工作。国民党两面派,公开是两党合作,暗地里要消灭共产党,一时间白色恐怖笼罩。上级命令我在家乡办一所红色小学,安置我党在敌后坚持斗争的干部到学校任教,既可以隐蔽干部又可进行革命活动。"1946年,根据上级指示,郭仁民改名为夏威,利用村里的祠堂办起了小学,建立了会稽山人民抗暴游击司令部后勤基地,他的战火人生从此拉开序幕。

——2019年4月10日,金华新闻网采访郭仁民的报道

材料十五:

"1947年武装斗争日益频繁,部队日益扩大,党政军联络任务十分繁重。上级要求,在诸暨和浦江边界建立联络总站,担负通往诸暨、浦江、富阳、桐庐、义乌等地情报和物资的传递及人员接待任务。"当年7月,路东路西的革命武装联合组建为会稽山抗暴游击司令部,担任军需处主任的夏威在家乡养元坑村建起了联络总站,并担任总负责人。

——2019年4月10日,金华新闻网采访郭仁民的报道

材料十六:

"我发展了10多个政治可靠、表现较好的农村党员担任联络员,在各县(乡、区)建立了健全、可靠的通信网络,制订了一套比较严密的接洽纪律,并建立了一条秘密运输线,将武器与物资送到前方部队。"

在建立联络总站的同时,根据上级指示,夏威还带领众人在老家创办了印刷社、被服厂等。

——2019 年 4 月 10 日,金华新闻网采访郭仁民的报道

【设计意图】(1)让学生知道当事人或亲历者的口述回忆是重要的史料,并选择有代表性的口述史料进行研读;认识口述史料的价值与局限性;学会整理口述史料。(2)培养学生合作学习能力和概括分析能力。

【学生活动】汇报交流成果。

【教师活动】补充总结:1948 年 8 月,国民党地方武装突袭了浦江县养元坑基地,破坏了金萧支队的被服厂。为了重建被服厂,蒋明达支队长亲自带队到四管乡,也就是今天的桐庐县新合乡,踏勘场地,就在这一年的 9 月,新的被服厂在四管乡的天堂山建立起来,工作人员在极其艰苦的条件下为金萧支队缝制军需用品。后来,金萧报社(鸡鸣社)、修械所、后方医院等机构也相继迁往四管乡,构成了金萧支队新的后勤基地。

【设计意图】使学生知道任何历史事物都是在特定的、具体的时间和空间条件下发生的,只有在特定的时空框架当中,才可能对史事有准确的理解。培养学生"时空观念"的历史核心素养。

3. 后勤基地选址"养元坑"原图

【板书】后勤基地为什么选址"养元坑"?

【学生活动】学生汇报小组学习成果。

【教师活动】在高德地图上搜索"养元坑",结合学生汇报和材料内容边看图边讲解:

材料十七:

养元坑虽然是个山村,可是这个山村的地理位置非常奇特。一条狭长数公里的山谷里,珠子一样散落着七八个村子,一直通向邻县诸暨

的腹地——千年古镇草塔。养元坑在山谷的谷底，前面三四个村子都是隶属浦江县的，一条大道直达诸暨县城不过五十来里路，从邻村许坞、黄坞翻几道岭就到诸暨高城头，出高城头不远一头到浦江的白马桥，一头经浦江郑家坞临界就是义乌大陈。从养元坑村后上岭，路像树杈一样，一头翻养元岭到浦江中余直达当时的红色根据地江东县政府所在地。过唐代古寺江山寺可以到诸暨里江山、外江山村。一边翻蒲阳岭西过小和畈到富阳、桐庐、诸暨马剑不过几十里路，经鱼岭头、王家山到诸暨马剑，当时的路西工委和会稽山人民抗暴游击队司令部所在地。地处偏僻山乡，却进退有路，交通四通八达的养元坑就成了当时路西工委和会稽山领导们的首选。加上当时这里金萧支队辗转作战，已经留下了革命的火种，附近村里已发展了 10 余名地下党员，这对郭慎敏回到家乡开展工作，可谓百利无一害！

——《走进养元坑》，婺城新闻网，2011 年 11 月 14 日

【总结】养元坑的地理位置隐蔽，是一个富阳、桐庐、诸暨、浦江"四不管"的地方，同时群众基础较好，交通又便利，再加上养元坑是郭慎敏前辈的家乡。因此，金萧支队会把后勤基地建在"养元坑"。

【设计意图】鼓励学生充分发挥自己的主观能动性，促进学生进行拓展性的深入阅读，开展对问题的积极思考和广泛探讨，勇于表达自己的见解，积极进行观点交流。

4. 今日养元坑

【板书】今日养元坑。

【学生活动】汇报小组收集整理的相关材料。

【教师活动】出示文字、图片材料，补充完善学生汇报内容。

PPT 展示图片：村里古色古香的民居、当年的郭氏祠堂及小学，现在的会稽山人民抗暴游击司令部后勤基地纪念馆。

材料十八：

养元坑是一个小山村，养元坑也不仅仅是小山村。养元坑坐落于浙中小邑浦江最西北的偏僻山区，四面群山耸峙，翠竹环抱，毗邻古越国都城诸暨界。全村几十户人家呈不规则分布在一个狭长山谷的尽头，从浦江县城出发，得驱车一个多小时。车子穿过村后半山腰的山洞，俯瞰山下，屋舍俨然，山道如线，历历在目：村在山谷底，路在云端中。

——《走进养元坑》，婺城新闻网，2011 年 11 月 14 日

材料十九：

顺九曲十八弯的盘山公路下岭，才看清眼前这山村和浙中许多山区村落一样，就是屋基大多从山坡上挖出来，房屋墙基砌的都是大块石头，于是门前石坎砌得高大结实，宛若石城墙，后墙脚很多是从岩石上凿出来的，墙基很硬实，一层石块已经很牢固了。有些人家屋后石坎高，干脆在后墙开扇门，搭块木板，就可以直接上山下地了。

——《走进养元坑》，婺城新闻网，2011 年 11 月 14 日

材料二十：

村子里老房子多，新房子少，新房子大多红砖砌墙，洋瓦铺顶，三层、四层都有，别墅一样，在全村大多是两层的老房子中间有鹤立鸡群的感觉。老房子砌砖的都不多，很多是石子墙，拳头大小的石块大多是开屋基时存下的，再用石灰拌和山沙，一层石块一层石灰料，石与石之间的缝隙被石灰料挤入，就上下左右粘住了，这是千百年来，聪明的山农想出来就地取材造房子的办法。偶尔有几处房子是用农家自烧的土青砖砌的墙，岁月的悠长，青砖已经变成灰黑色，斑驳的墙面，诉说着屋主人当初的富有和曾经有过的风光。这些老房子，自然一色的土瓦，偶尔的马头墙，孤寂地立在空中。粉墙黛瓦马头墙，当初的主人并不知道这是江南民居的范本，他们只知道户与户之间不用山上自有的树木，用

砖墙隔开,既防盗更防火。山里人造房子没有质量标准和承诺,只知道人这一辈子造好的房子,儿子、孙子、曾孙一代代都要住下去的,就像我们涉足一些风景区,看到上千年的寺庙,几百年的民居一样,都只是先人们的一个心愿和自觉履行的职责。

——《走进养元坑》,婺城新闻网,2011 年 11 月 14 日

【总结】在我们每一个人的周围,往往因为某个特定的变故,改变了原来的性质和印象。养元坑村,这个典型的浙中小山村,也因为一个人,一段经历,发生一些事,就让它不仅仅只是山村,不再是一个浙中大地司空见惯的山村了。

【板书】

金萧支队养元坑后勤基地

一、金萧支队简史;

二、养元坑后勤基地的创建背景;

三、后勤基地为什么选址"养元坑";

四、今日养元坑。

第 3 课时

1. 实地考察金萧支队养元坑后勤基地。

2. 要求带着思考考察参观。

3. 上节课我们讨论郭仁民前辈把后勤基地建在养元坑的原因,认为不仅仅是因为养元坑是他自己的家乡,而是一个综合考虑,如养元坑的地理位置隐蔽,是一个富阳、桐庐、诸暨、浦江"四不管"的地方,同时群众基础较好,交通又便利,等等。到底是不是这样,我们要带着这个思考认真考察。

4. 课后作业:金萧支队养元坑后勤基地为金萧地区乃至整个浙东地区的解放战争的胜利作出了怎样的历史贡献?

【设计意图】设计综合性的主题学习活动,组织学生运用已学知识,在问题解决中提升历史学科核心素养。

四、推荐阅读书目

1. 杭州市新四军历史研究会:《之江风云(续集):解放军战争时期,人民解放军在杭州地区斗争记略》,2010 年。

2. 《金萧风雷》编辑组编:《金萧风雷》,金华市新四军研究会1994 年。

3. 杨长岳主编:《金萧地区抗日战争史长编》,人民日报出版社2009 年版。

五、课后思考

1. 金萧支队养元坑后勤基地为金萧地区乃至整个浙东地区的解放战争的胜利作出了怎样的历史贡献?

2. 为什么金萧支队把后勤基地建在养元坑?

3. 养元坑为什么被誉为"红色堡垒"?

第三节　浙南延安:闽浙边抗日救亡干部学校

一、本节概述

1937 年"七七"卢沟桥事变发生后,抗日战争爆发,中国革命进入了抗日民族革命战争的新时期。中共闽浙边临时省委为了培养抗日救亡运动的青年干部,决定在平阳山门创办闽浙边抗日救亡干部学校。学校招收了具有一定文化程度的青年学生、工人、教师等男女学员约

200 人。粟裕同志任校长,副校长何畏(黄先河)。开设:游击战术、抗日民族统一战线、政治经济学、群众工作等课程。1938 年 1 月开学,3月间结束。部分学员奔赴抗日第一线,部分学员留在后方坚持地下斗争。闽浙边抗日救亡干部学校对此后人民解放事业作出很大贡献。

二、原典呈现

```
          校  长:粟  裕
          副校长:黄先河
              │
      ┌───────┴───────┐
  教育主任:黄耕夫      学员队
  校务主任:邓野农   队  长:王泰然
              │    副队长:陈急冲
      ┌───────┼───────┐
   一分队    二分队    三分队
  (军事排)  (政治排)  (救护排)
```

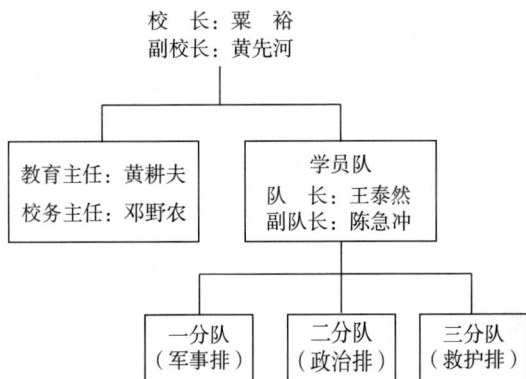

闽浙边抗日救亡干部学校组织序列

我们的校长,是赫赫有名的粟裕同志。他当时是红军闽浙军区司令员。……粟裕同志对我们这批小青年的进步成长,是关怀备至的。他尽管军务繁忙,却在兼任校长之外,还担任了教员,为我们讲授游击战术。他讲的课深入浅出、通俗易懂,是大家最喜欢听的课程之一。……这些话,至今仍留给我们难以忘记的甜蜜回忆。

粟裕同志日常办公和休息,就在离干校西侧不远的一间小阁楼上。忙碌劳累之余,他常来看望我们,和大家一起说说笑笑,问长问短。有时,还参加我们的讨论会、联欢会。清晨的军事操练,他更是有空就来。尤其是和部队联合举行的军事演习,他总是亲自到场指导和讲评。

——林谷:《引导我们进入革命行列的一把火炬——
闽浙边抗日救亡干部学校的片段回忆》

挺进师转战闽浙边战斗简表

战斗名称	作战时间	作战地点	参战双方		作战结果
			我方	敌方	
溪头战斗	1935年3月25日	浙江省龙泉县宝溪乡溪头村	挺进师500多人	浙江保安基干队中队	歼敌1个中队
小梅战斗	1935年3月27日	浙江省庆元县小梅镇	挺进师500多人	浙江保安基干队1个分队	歼敌1个基干分队
中济战斗	1935年3月29日	浙江省三济县中济镇	挺进师500多人	浙江保安基干队1个连	—
沙湾战斗	1935年4月	浙江省景宁县沙湾镇	挺进师主力	浙江省宁县民团	歼敌30余人,缴枪40多支
潭边街战斗	1935年4月20日	浙江省泰顺县潭边街	挺进师主力	浙江保安第15大队	歼敌30余人,缴枪70多支
斋郎战斗	1935年4月28日	浙江省庆元县斋郎	挺进师500多人	浙江保安团第1团、福建保安团第3团	歼敌500余人,缴枪150多支
				地主武装"大刀会"3000余人	王维信等20人牺牲

三、教学设计

第1课时

导入:

同学们有没有听说过"浙南延安"? 山门镇位于浙江省温州市平阳西部,是素有"浙江延安"之称的革命老区,是早期中国工农红军挺进师、中共闽浙边临时省委与浙江省委的活动中心,是刘英、粟裕、曾山亲自创建的浙南革命根据地之一。在这里,曾建立过闽浙边抗日救亡干部学校,那么它在什么时候建立的呢? 建立之后又组织了哪些活动呢? 本节课就让我们了解一下闽浙边抗日救亡干部学校,然后再回顾历史,看看当年究竟发生了些什么。

话不多说,就让我们开始正式上课吧!

【设计意图】通过图片史料和提问引入,与学生进行互动,调动学生的兴趣并吸引学生的注意力。通过一系列的问题引入本节课的主题,并设下悬念,引起学生们的好奇,帮助学生快速地进入课堂情景。

最后点出课程的主要讲授脉络,讲清本节课内容。

1. **背景**

(1)七七事变

【教师活动】展示材料,并提出问题引导学生作答。对学生的回答进行概括完善,必要时进行补充。

【设计意图】展示图片史料的形式能够让学生有更加直观的了解,通过对七七事变进行说明,也让学生回忆起当时的历史,并进一步推动学生了解闽浙边抗日救亡干部学校是在什么背景下成立的。

材料一:

1937年7月7日夜,日军在北平西南卢沟桥附近演习时,借口一名士兵"失踪",要求进入宛平县城搜查,遭到中国守军第29军严词拒绝。日军遂向中国守军开枪射击,炮轰宛平城。第29军奋起抗战,这就是震惊中外的七七事变。

——《七七事变,故意的"偶然",侵略的必然!》

(2)八一三事变

【教师活动】展示材料,并提出问题引导学生作答。对学生的回答进行概括完善,必要时进行补充。

【设计意图】展示图片史料的形式能够让学生有更加直观的了解,通过对八一三事变进行说明,也让学生回忆起当时的历史,并进一步推动学生了解闽浙边抗日救亡干部学校。

材料二:

八一三事变是日本帝国主义全面侵华战争进一步升级的标志性事件。七七事变后,为了直接打击中国政府,并对西方各国施加压力,日本政府决心把战争迅速扩大到上海。1937年8月9日,日本海军陆战队大山勇夫中尉和一名士兵驱车闯进虹桥机场进行武装挑衅,被中国哨兵击毙。日军以此为借口,要挟中国政府撤出上海保安队和拆除防御工事,并向上海增兵。8月13日,日军在虹口、杨树浦一带抢占有利据点,并向中国军队进攻。这就是八一三事变。

——《纪念中国共产党建党 95 周年知识竞赛》

【学生活动】通过讨论并结合教师引导得出"七七事变和八一三事变之后中华民族全面抗战斗争逐渐从全国范围开始展开"的结论。

【板书】背景:(1)七七事变;(2)八一三事变。

2.过程

【教师活动】通过提供的材料,与学生一起以讨论的形式还原闽浙边抗日救亡干部学校建立的过程。

【设计意图】通过材料展示,让学生对闽浙边抗日救亡干部学校成立的过程有大致了解。

材料三:

闽浙边抗日救亡干部学校创办于 1938 年 1 月,结束于 3 月 15 日,历时两个多月。

1937 年"七七"卢沟桥事变发生后,抗日战争爆发,中国革命进入了抗日民族革命战争的新时期。中共闽浙边临时省委为了培养抗日救亡运动的青年干部,决定在平阳山门创办闽浙边抗日救亡干部学校。

山门群众基础较好,交通也方便,省委驻在附近的大屯,红军挺进师也在此集中,所以,学校就办在附近山岗上的畴溪小学。

校长粟裕,副校长何畏(即黄先河),教导主任黄耕夫,总务主任邓野农,夏野士负责事务工作,林夫负责文字宣传。平西区委书记林军中同志在筹建干校中做了许多工作。开学后,他又负责动员群众和民兵,为干校输送给养和警戒。

——上海市新四军历史研究会浙东浙南分会编:《历史岁月回首》

材料四：

1937年"八·一三"事变后，全国掀起了抗日高潮。红军挺进师和闽浙边临时省委在闽浙边区坚持三年革命武装斗争，为培养抗日干部，在山门凤岭畴溪小学创办"抗日救亡干部学校"。

招收了具有一定文化程度的青年学生、工人、教师等男女学员约200人。粟裕同志任校长，副校长何畏（黄先河）。开设：游击战术、抗日民族统一战线、政治经济学、群众工作等课程。1938年1月开学，3月间结束。部分学员奔赴抗日第一线，部分学员留在后方坚持地下斗争。对此后人民解放事业作出很大贡献。

旧址原有二幢木构楼房，现仅在西楼一幢，七间，分上下两层，进深6.5米，面调23.25米、高约6.7米。总面积144.6平方米。穿斗式结构，硬山顶，楼上有回廊、栏杆，门窗饰网状方格窗限。楼下教室两间，摆设课桌、板凳和黑板。楼上新设会客室，隔壁北首一间是学员宿舍，南首是教员寝室，一律草荐垫底，上铺草席，再摆上方块式旧棉被。板壁上按铺位挂上红五星书包，桌上平放短脚小油灯。再现当年艰苦朴素生活。

在两教室中间新辟了图片展览室。展出刘英同志的《在开学典礼上的讲话》，粟裕同志的《游击战术讲学》，以及结业后部分学员开赴前线照片等文献实物资料，大门内立有二青石碑。一为"闽浙边抗日救亡干部学校"遗址；一为"抗校"简介。楼前的桂花丛中，新耸立起"粟裕同志部分骨灰安放纪念碑"。现为浙江省文物保护单位。

——金柏东等编著：《温州名胜古迹》

【教师活动】教师提问：闽浙边抗日救亡干部学校的建立一定离不开一位英雄人物——粟裕，同学间可相互讨论下有关该人物的事迹。

【设计意图】通过教师提问、同学间相互讨论来活跃上课氛围，同时为上个环节介绍闽浙边抗日救亡干部学校做好过渡,并引导学生进入材料五。

材料五:

粟裕,原名粟多珍,曾用名粟志裕,侗族,1907 年 8 月 10 日,出生于湖南怀化市会同县伏龙乡(今坪村镇)枫木树脚村。1916 年转入其叔父创办的第八国民学校读书。

1926 年 11 月加入中国共产主义青年团。1927 年 6 月转入中国共产党。1927 年 8 月 1 日,粟裕参加了南昌起义,任起义军总指挥部警卫队班长。1928 年 1 月,粟裕参加湘南起义后到了井冈山。1929 年后,因屡立战功,粟裕相继升任营长、团长、红十三师师长、红四军参谋长、红一军团教导师政委、红十一军参谋长、红七军团参谋长、红军北上抗日先遣队参谋长等职。1934 年 10 月任闽浙赣军区参谋长,11 月调任红十军团参谋长。

1935 年 2 月,粟裕任红军挺进师师长。11 月,中共闽浙边临时省委和闽浙边临时省军区成立,任省军区司令员、省委组织部长。粟裕和刘英等领导红军以浙江为中心,开始了三年坚苦卓绝的游击战争,建立与发展了浙西南、浙南、浙东游击根据地。

1937 年 11 月,红军挺进师在平阳县凤林村改编为国民革命军闽浙边抗日游击总队,粟裕任司令员。月底,在平阳山门畴溪小学创办闽浙边抗日救亡干部学校,粟裕兼任校长。办学期间,他系统地总结了浙南三年游击战争的战术经验,撰写了《游击战术讲授提纲》。他亲自为学员讲授游击战术,并富有远见地提出了游击战争在抗日战争中的战略地位理论。

1938 年 6 月,新四军第二支队挺进皖南敌后,粟裕任二支队代司令员。1939 年 11 月,任新四军江南指挥部副指挥。1940 年,任苏北指挥部副指挥,与陈毅一起指挥黄桥战役,完成了开辟苏北根据地的战略任务。1941年"皖南事变"后,粟裕任新四军第一师师长(后兼政治委员),苏中军区司令员兼政治委员,领导开辟了苏中抗日根据地。1944年率部渡江南下,巩固和发展了苏南、浙东抗日根据地,开辟了浙西、皖东抗日根据地。1945年年初,任新四军苏浙军区司令员兼政委、苏浙区党委书记。同年夏被选为中共第七届中央候补委员。

抗战胜利后,粟裕率部回师江北,任华中军区副司令员、华中野战军司令员。解放战争初期,指挥苏中战役,七战七捷,震惊全国。1947年起,先后任华东野战军副司令员、代司令员兼代政治委员,中共淮海战役总前委委员,第三野战军副司令员兼第二副政委,代理司令员、代理政委。

————刘建国、魏成编著:《坚如磐石——驰骋浙南的红军挺进师》

材料六:

山门是浙南平阳山区的一个小集镇,救亡干部学校就办在这小镇后山的畴溪小学里。在这里,会合了浙南各县及外地来的近两百名革命青年,大多是中学生,也有从事其他各种职业的。尽管来自四面八方,经历各自不同,但共同的抗日救亡、追求真理的强烈愿望,把我们紧紧联系在一起了。我们已远不是旧制学校的一般同窗关系,而是志向趣味相投的同志,一道投奔革命的战友。我们团结一致,亲密无间,融合在一个革命集体里,领会到无穷的乐趣。

这里没有像样的课堂、宿舍、饭厅,但我们没有床板就睡地铺,没有饭桌就站着吃。近两百人挤挤攘攘、粗衣淡饭、勉强温饱……这对我们这些初离旧制学校的人来说是不习惯的,但听不到一句怨言,倒是洪亮的歌声时刻荡漾在寂静山区的上空,热烈的讨论经常展开在每间简陋的房舍……解放了思想束缚的人们,在这个新型的革命集体里,感受到的是多么愉快,多么幸福!

这里开设了旧制学校所没有而我们迫切需要的课程,如游击战术、抗日民族统一战线、政治经济学、哲学、群众工作及时事讲座等。过去,我们只能在背地里谈论这些内容,现在可以毫无顾忌地公开探讨了。谁不想在这短暂的几个月里获得更多的革命知识呢?

我们初次接触了军事生活。全体学生编成一个大队,所有同学都编入各自班(小队)排(分队),既是学校,又是兵营。虽然没有枪支,缺乏军事常识,但我们有高涨的学习热情,经常自觉地操练各种军事动作。我们还曾配合红军部队的军事演习,担负了战地勤务。

这里的一切,对我们既新鲜、又亲切,令人十分满意。在明显的新旧对比中,我们第一次感觉到:这才是真正的自己的学校。

——林谷:《引导我们进入革命行列的一把火炬——

闽浙边抗日救亡干部学校的片段回忆》

材料七:

为了及时熟悉同学们的政治思想情况,粟裕同志还挤出时间有计划地找我们个别谈话。记得3月上旬,在我参加宣传队外出活动返校后不久的一个上午,接到粟校长要我去他住处的通知。尽管平日经常接触,思想上没有顾忌,但当警卫人员带我上楼,在他办公桌旁坐下来时,仍不免有些拘谨。粟裕同志微笑着,和蔼地问起外出完成任务的情况,耐心地听取我的汇报,有时频频点头以示赞许,有时随机插话予以鼓励,充分体现了慈祥长者对晚辈的关心体贴,又像是知心亲友彼此间的推心置腹。我讲着讲着,心里热乎乎的,感到格外舒畅。我原原本本地汇报了自己入学以来的情况,检查了许多不足的地方,还叙述了自己的志向和愿望,也无保留地介绍了同学们可喜的进步。粟裕同志不时给予的亲切教导,更使我获益不少。时间过得飞快,已是中午了,粟裕同志留我吃中饭,尽管吃的同样是伙房里打来的糙米饭和炒青菜,但此时此刻吃起来,却感到特别香甜。

——林谷:《引导我们进入革命行列的一把火炬——

闽浙边抗日救亡干部学校的片段回忆》

材料八:

正当我们在这自由天地里迈步前进的时候,发生了一桩令人气愤的事情。在2月初一个晴朗的清晨,我们在"抢山头"之后在山顶集合了。粟裕校长向我们宣读了一份来自温州专员公署的公函。国民党顽固派不甘心我们脱离他们的控制,惧怕我们学习革命理论,进行抗日活动,危及他们的反动统治,竟采取无赖的手段,企图通过一纸公文来解散我们的学校。粟裕校长的话音刚落,顿时仿佛气压突然降低了,气流突然凝结了,而沸腾在心头的愤怒却无法压制。

"我们的学校能不能解散?"粟裕校长大声反问我们。

"不能!"异口同声、斩钉截铁般的响亮回答,震动了整个山头。

"学校要不要办下去?"

"办下去!"

"国民党要我们解散,怎么办?"

"不理他! 谁也解散不了我们!"……一阵阵发自内心的高呼,表达了全体同学坚定的意志。这意志是任何反动势力所不能阻挠、不能动摇的。

国民党反动派这一破坏团结抗日、瓦解革命队伍的企图失败了,我们更加努力地学习革命理论和军事知识,争取早一天投入到伟大的民族解放战争的洪流中去。

——林谷:《引导我们进入革命行列的一把火炬——

闽浙边抗日救亡干部学校的片段回忆》

【教师活动】提问并引导学生作答,并在学生回答后进行总结和补充。

【学生活动】通过材料间的相互联系,了解闽浙边抗日救亡干部学校的建立过程。

【设计意图】通过材料的展示,再现当时闽浙边抗日救亡干部学校的情况,让同学们生动体会到革命年代先辈们的满腔热血,加深学生对闽浙边抗日救亡干部学校的建立的印象,感受闽浙边抗日救亡干部学校师生的革命精神和艰苦意志,并引导学生了解在闽浙边抗日救亡干部学校所组织的活动。

材料九:

记得阴历年关后某一天,全校同学一齐出动,分头到驻地附近几个村子进行了一整天的宣传访问活动。当地居民绝大部分只会闽南话。开始时,很多同学担心会因语言不通而受到群众冷遇,恐怕连一顿中饭也吃不上(当时学校提出,为考验我们和群众的关系,不备中饭,要求我们自己去解决)。事实上,老区群众根本没把我们看作外人,都主动地邀我们到他们家里去做客,邀我们讲讲国家大事。语言隔阂阻挡不住我们的思想交流。群众想出了办法。同学中很多能讲温州话的,就在当地找到听懂温州话的老乡来当翻译。这样,连只会讲普通话的外乡人也好开口了。他们的演说先由同学翻成温州话,再由群众翻成当地的闽南话。这样做,虽花费较多时间,却更加吸引群众的注意力,使宣传获得了更大的效果。

……

红军向抗日前线开拔的日期日益迫近了。为了保障这一行动,必须筹备一笔经费,当时部队的经济条件是十分困难的。

记得是2月底,学校组织了几支宣传队出发到附近县区去。我们的任务主要是向群众宣传党的抗日主张,启发人民抗日热情和扩大党的政治影响,同时进行一些募捐活动,帮助部队解决部分困难。

这是春节后的农闲期间,我们这支宣传队冒着严寒由一个市镇到另一个市镇,由一个乡村到另一个乡村,或集会演讲,或登台演出,或挨家挨户地访问、劝募……每到一个地方,就使穷乡僻野充满了节日的气氛。

深受剥削痛苦的农民和沿海的渔民,盐民们,是喜爱我们的。我们经常为他们的热情所包围,使我们时刻感到处于温暖之中。一次海边盐场上的访问,更给我们留下了深刻的印象。当我们分散出现在海滩上时,盐民们中断了扫盐,像是迎接来自远方的亲人,一拥而上,把我们团团围住。尽管咆哮着的海风不住地向我们袭来,但丝毫不能影响我们热烈的交谈。临别时,他们还依依不舍地送我们好一阵路。一位青年曾悄悄地向我提出一个天真的问题:"什么时候我们的盐税才由你们来征收?"这句话正表明了盐民们的内心意愿,他们是把幸福的希望寄托在我们身上的。我们也曾听到过一些背地里的谩骂和讥讽,但真理是扑不灭的火炬,抗日救亡的主张谁会公然反对?

宣传队在各乡镇巡回了半个来月,在规定的期限内完成了任务,并在实际活动中锻炼了我们每个成员。

——林谷:《引导我们进入革命行列的一把火炬——
闽浙边抗日救亡干部学校的片段回忆》

【教师活动】提问并引导学生作答,并在学生回答后进行总结和补充。

【学生活动】通过所提供的材料,了解闽浙边抗日救亡干部学校所组织的活动。

【设计意图】通过材料的展示,展现当时闽浙边抗日救亡干部学校组织的活动,让同学们进一步了解闽浙边抗日救亡干部学校建立后所组织的具体活动,加深学生对闽浙边抗日救亡干部学校的印象,感受闽浙边抗日救亡干部学校师生和百姓之间互帮互助的团结精神。

材料十：

中国工农红军挺进师纪念碑位于温州市平阳县山门镇岭山上。山门镇是浙南革命老根据地的重要地区之一，是中共浙南委员会、浙南红军游击队、红军挺进师主要活动地区，是闽浙边临时省委、省军区、抗日救亡干部学校所在地，是闽浙边抗日游击总队北上抗日始发地。

纪念碑坐东北朝西南。1997年12月开工，1998年8月竣工，占地面积5280平方米。纪念碑分主碑、北上抗日出征门、碑林等部分，三者组成一个阶梯式的建筑群。主碑的前方是原中央军委副主席张震在门楣上题写的"北上抗日出征门"。门柱两边各有一堵相称的白石板墙，墙的正反两面都刻有抗战浮雕像。门后则是3组、每组38级的石阶通向主碑。主碑位于由花岗岩石板铺成的近2000平方米的纪念碑广场的中后部，高18米，原中共中央政治局常委、中央军委副主席刘华清题写了"中国工农红军挺进师纪念碑"碑名。碑身象征红军挺进师与中共浙南委员会、浙南红军游击队等革命力量紧紧结合在一起，并肩战斗。主碑周围布置一组高低不同的六根立柱，如春笋破土，顽强地向上生长，象征红军挺进师活动过的闽浙赣等地区的革命力量蓬勃发展。主碑的后面，则是一墙以黑色花岗岩为底的刻有邓小平同志手书以及叶飞、苏步青、张文碧、余龙贵、舒雨旺、沈鹏等数十位德高望重的有关领导人、革命老前辈及名书法家题词、手书的碑林。

——《浙江省第三次全国文物普查新发现丛书　近现代史迹》

【板书】过程：(1)如何建立；(2)相关人物；(3)组织活动。

3.纪念

材料十一：

1985年，西楼经整修辟为抗日干校纪念室。纪念室门口上方，悬挂着原国防部长张爱萍将军手书的"闽浙边抗日救亡干部学校旧址"匾额。1984年2月,全国人大常委会副委员长、原抗日干校校长粟裕在京病逝。5月,遵其遗愿,他的部分骨灰敬撒在抗日干校旧址的桂花林中。同年,平阳县委和县政府在此建造一座高1.8米、宽0.85米的青石纪念碑。

1989年12月,闽浙边抗日救亡干部学校旧址被浙江省人民政府公布为浙江省重点文物保护单位,属温州浙南(平阳)革命根据地旧址群。

1997年,平阳县又在抗日救亡干部学校旧址动工新建了中国工农红军挺进师纪念碑,原军委副主席刘华清同志为纪念碑题写了碑文。纪念碑四周墙面还铭刻了各级领导和社会各界为歌颂革命先烈丰功伟绩的题词,是平阳县进行革命传统教育的重要场所。

——叶锡挺:《培养抗日青年的"黄埔军校"》

材料十二:

新华社北京2月10日电　粟裕同志逝世后,他的夫人楚青同志向党中央、中央军委领导同志转述了粟裕同志的生前意愿。粟裕同志说:"我在革命战争年代,在党的领导下,身经数百战,在和我共同参加战役、战斗的同志中,牺牲了的烈士有十数万,而我还活着,见到了革命的胜利。在我身后,不要举行遗体告别,不要举行追悼会,希望把我的骨灰撒在曾经频繁转战的江西、福建、浙江、安徽、江苏、上海、山东、河南几省、市的土地上,与长眠在那里的战友们在一起。"

——《人民日报》1984年2月11日

材料十三:

着眼于打造更加便捷的外部旅游通道,依托5省道复线工程的启动建设,改善水头镇城区段通往景区道路条件,完成东西洞景区停车场建设;着眼于打造更加畅通的内部旅游通道,启动建设南雁五大景区旅游交通环线,谋划各景区联动发展。加大腾蛟历史名镇建设力度,充分挖掘历史文化、名人文化等人文旅游资源,完成历史文化保护区规划编制,启动腾蛟卧牛山文化园及人文旅游景区项目前期工作;深挖掘顺溪、青街古屋文化,大力开发木偶剧等非物质文化遗产旅游项目,着力提升旅游的文化内涵和文化品位。整合全县红色旅游资源,加强对凤卧"省一大"纪念园等景点的建设管理,开工建设中国工农红军挺进师陈列馆,推进红色旅游发展。重视南麂列岛的保护开发,实施南麂列岛旧村改造,完成南麂交通道路路面改造,启动南麂星级酒店项目前期工作。积极发展"月光经济",加快建设昆阳、鳌江星级酒店,启动建设西湾头沙旅游服务中心项目,完善购物、娱乐等旅游要素,努力提高旅游接待能力。

——浙江省人民政府研究室编:《浙江政府工作报告汇编(2010年)》

【学生活动】根据上述三则材料深入探讨闽浙边抗日救亡干部学校,进而深入了解闽浙边抗日救亡干部学校的现实意义。

【教师活动】引导学生思考,组织学生讨论,必要时完善总结学生的回答。

【设计意图】通过对政府工作报告材料分析进而体现出政府对闽浙边抗日救亡干部学校的重视,突出了闽浙边抗日救亡干部学校的深刻影响,体现出了共产党的先进性,培养学生今后对于共产党的政策和理念的支持,对党和国家的拥护与热爱,对学生进行爱国主义教育,携手共建社会主义新时代。

【板书】纪念:(1)总结;(2)学习精神;(3)现实意义。

第2课时

闽浙边抗日救亡干部学校实地考察。

要求带着问题参观:闽浙边抗日救亡干部学校的历史意义是什么?

教师带领参观并讲述闽浙边抗日救亡干部学校的历史意义:

①闽浙边抗日救亡干部学校是当年南方八省十四个革命根据地唯一的一所"抗大"式的干部学校,办学为期虽然短暂,但收效甚大。

②在后来的革命斗争中,闽浙边抗日救亡干部学校学员南征北战,经过血与火的洗礼,大多成为党政军及各条战线的骨干,对此后人民解放事业作出巨大贡献。

③闽浙边抗日救亡干部学校唤起浙南青年抗日爱国的热情及其在共产党抗战史上的地位永远留在后人心中。

课后作业:给过去的闽浙边抗日救亡干部学校的师生们写一封信,谈谈你自己的感悟。下节课交流讨论。

第 3 课时

按照班级人数合理分组,交流讨论上节课的课后任务,小组推选两人上台展示。

教师总结:

通过这堂课的学习,学生都对闽浙边抗日救亡干部学校的成立有了很深刻的认识。那曾是闽浙地区热血抗日青年擦出火花的中心,用枪林弹雨换来今朝的安宁。要铭记历史,传承先辈们的意志,不忘初心,牢记使命。

四、推荐阅读书目

1. 浙江新四军历史研究会浙南分会编:《浙南武装斗争二十年1929—1949》,当代中国出版社 2005 年版。

2. 浙江省军区编:《浙南三年》,浙江人民出版社 1984 年版。

3. 平阳县文化局革命文化史料征集办公室编:《平阳县革命文化

史料汇编》,1993 年。

五、课后思考

1. 请查阅相关文献,然后思考闽浙边抗日救亡干部学校中的日常生活是如何的。

2. 通过了解闽浙边抗日救亡干部学校中的日常生活,谈谈自己的见解。

第四节　江南小延安:新四军苏浙军区

一、本节概述

1943 年 9 月,日军在苏浙皖边发动新的战役,浙西大片土地再次沦陷。中共中央和新四军军部命令苏南新四军一师十六旅挺进苏浙皖边,开辟了郎(溪)广(德)长(兴)敌后抗日根据地,部队驻扎在长兴县槐花坎(今槐坎乡)、白岘一带。1945 年 1 月 6 日,粟裕率领新四军一师主力由苏中渡江南下到达长兴槐坎与十六旅会师。1 月 13 日,中央军委电令成立苏浙军区,任命粟裕为司令员,谭震林为政治委员(未到职,由粟裕代政委),叶飞为副司令员(同年 4 月任命),刘先胜为参谋长。苏浙军区建立后,进行了苏南、浙西等地区的抗日反顽斗争,为抗日战争的胜利作出了巨大贡献,有"江南小延安"之称。

二、原典呈现

认真布置吴淞、宁波、杭州、南京间,特别是吴淞至宁波沿海及沪杭甬铁路沿线地区的工作,广泛地发展游击战争及准备大城市的武装起义。一师及苏中、苏南的党在此工作上应担负更大责任。

——《毛泽东致张云逸、饶漱石、赖传珠：关于认真布置

沪杭甬地区工作的指示（1944 年 8 月 21 日）》

十二月三十一日我们到达溧阳陶庄，在此休息三天并过新年。这里是茅山中心区，是我们于一九三八年初在苏南建立的第一块根据地。人民觉悟高，对新四军感情深。他们虽然处于日伪匪顽的骚扰压榨之下生活很苦，但还是想尽办法热烈欢迎和慰问子弟兵的到来。有的村子群众还搭起彩门，墙上贴满红绿标语。当战士们从敲锣打鼓鼓掌欢呼的夹道人群中通过时，个个精神抖擞步伐健壮，连续行军的疲劳顿时消失。时值一九四五年新年，军民联欢聚餐，盛况空前。一月四日我们继续前进，经上兴埠、周城、庙西，六日到目的地苏浙皖边长兴县的仰峰岕时天已黑了，山路崎岖，路有积雪，十六旅同志沿途举着点燃的竹篾为行进部队照明，体现了两支将要共同战斗的部队之间的战友深情。

我们在长兴西北地区同十六旅会师，胜利地完成了南进的长途行军任务。

一九四五年一月十三日，中央军委电令成立苏浙军区，统一指挥江南、浙东部队，任命我为军区司令员，谭震林为军区政治委员（未到职），刘先胜为参谋长。叶飞、钟期光两位于四月南来后奉命分任军区副司令和政治部主任，金明同志南来后则主要担负地方党的领导工作。华中局并委托我以华中局代表名义全面领导江南、浙东两个地区的党委工作，以建立全面统一的指挥。在苏浙的部队也进行了统一整编：以原十六旅为第一纵队，司令王必成，政委江渭清，下辖第一、第二、第三支队（相当团，下同）；原浙东游击纵队为第二纵队，司令何克希，政委谭启龙，所属部队原番号不变；苏中首批南下部队为第三纵队，司令陶勇，政委阮英平，下辖第七、第八、第九支队；苏中第二批南下部队到达后编为第四纵

队,司令廖政国,政委韦一平,下辖第十、第十一、第十二支队。与此同时,地方党委、行政区划及干部配备也作了调整。还建立了苏浙公学。

二月五日在温塘开了苏浙军区成立大会,全体同志响应党中央"扩大解放区,缩小沦陷区"的伟大号召整装待发。在部队休整期间,我们除注意抓好团结与纪律教育外,特别注意了加强山地战的训练,练习爬山,提高山地运动速度。因为原在苏中的部队过去长期活动于平原水网地区,而我们向南发展的地区都是山地。为此,我向连以上干部作了山地战的专题讲解,政治部门并专门对山地训练、山地行军的政治工作作了布置,还组织第一、第三纵队各连派代表互访互学,既交流了经验又增进了友谊。二月十三日是春节,各部队提前过了节,就冒着严寒向杭(州)嘉(兴)湖(州)敌后进军了。

——粟裕:《粟裕战争回忆录》

《苏南报》中华民国卅四年二月七日　星期三　第一版

《火线报》第二四八期　星期二　第一版

三、教学设计

第1课时

导入：

用《新四军军歌》来进行导入。

【教师活动】"同学们,今天的课堂,老师想要用一首歌来开始。"播放《新四军军歌》。

【教师活动】"在几十年前,有这么一群人。他们继承了先烈的殊勋,千百次抗争,风雪饥寒;千万里转战,穷山野营。他们获得了丰富的斗争经验,拥有着艰苦的牺牲精神。为了社会幸福,为了民族生存,他们深入敌后百战百胜,汹涌着杀敌的呼声。为了社会幸福,为了民族生存,他们巩固团结,坚决抗争。他们的名字叫作新四军(PPT出现新四军苏浙军区的展示的照片集锦)。今天老师就想要带领大家一起走进离我们并不遥远的新四军的苏浙军区,来学习先辈们永不磨灭的精神。"

【设计意图】《新四军军歌》饱含着新四军的情感与精神,能够直截了当地使学生们感受到今天这节课的主题。以歌导入也可以激发学生的兴趣,引发学生深入学习的好奇心。

【板书】"江南小延安"新四军苏浙军区。

1. 新四军苏浙军区初出茅庐

(1)成立过程

播放绘本故事《仰峰——新四军苏浙军区的故事》语音诵读(来源于喜马拉雅)。

【教师活动】"同学们,经过这几分钟的诵读,想必大家都已经初步了解了新四军苏浙军区成立过程的相关知识。现在,我们再来深入思考以下几个问题:为什么要成立新四军苏浙军区呢? 为什么要选址在长兴呢?"

【设计意图】《仰峰——新四军苏浙军区的故事》是中共长兴县委宣传部文艺作品官方发布的,内容可靠,能十分简短地叙述出新四军苏浙军区的成立过程,提高课堂效率。

(2)成立背景

PPT 出现《联合国家宣言》、斯大林格勒战役等的图片提示。

【学生活动】学生们组成四人小组,根据提示和之前所学的知识,来共同探讨新四军苏浙军区建立的国际背景。

【教师活动】"同学们,中国是反法西斯侵略战争历时最长、牺牲最大的国家,是世界反法西斯战争的东方主战场,牵制了日军的大部分主力,为世界反法西斯战争作出了巨大贡献。从 1943 年开始,共产党领导敌后军民对日军展开了局部反攻,扩大抗日根据地。1944 年春至1945 年初,国民党领导的正面战场出现了大规模的溃败,使大片敌后地带面临真空。在此情形之下,毛泽东为了抓住有利时机,及时作出了

'扩大解放区,缩小敌占区'的战略决策,确定了南进战略目标。"

【设计意图】锻炼学生提取信息,运用知识以及团队合作的能力。同时也能加深学生对知识的熟悉程度,调动课堂的学习氛围。

(3)为何选址长兴

材料一:

长兴背山面湖(太湖),襟带苏浙皖三省门户,地处长江三角洲的中心,水陆交通便捷,战略地位重要。

——谢文柏:《抗战时期新四军苏浙军区成立述略》

材料二:

早在1927年下半年,中共上海党派人在夹浦建立农民协会,发展党员,建立独立支部和长兴区委。

——中共长兴县委党史研究室编:《中共长兴党史简编》

材料三:

抗战前期,1939年春,中共浙西特委派人在省、县政工队、县自卫队和基层骨干中秘密发展党员,至1940年春,全县党员总数达118人,并秘密成立中共长兴县委。在党组织的领导下,配合国民党县政府(时县长为文化名人严北溟)开展抗日活动。

——中共长兴县委党史研究室编:《中共长兴党史简编》

材料四:

1943年9月,日军纠集2万余兵力,向苏浙皖边境发动大规模进攻,国民党守军败逃。长兴泗安、广德、郎溪、宣城等城镇,宣长路以北沦为敌占区。战斗在苏南的新四军十六旅于11月初越过胥河,由宜溧尾敌南进,开辟了郎(溪)广(德)长(兴)抗日根据地。年底,十六旅旅部、中共苏皖区党委移驻长兴西部山区的仰峰岕和白岘,开辟了以仰峰岕为中心的郎广长抗日根据地。

1944 年春,中共长兴县工作委员会(后改为县委)和长兴县抗日民主政府先后在槐坎乡桥下村成立,相继组织抗日民众团体、建立基层政权,动员民众支援前线,从而扩大和巩固了新解放区。

——谢文柏:《抗战时期新四军苏浙军区成立述略》

【教师活动】提问并引导学生作答,并在学生回答的基础上进行总结和补充。

"长兴既具有重要的战略地位,又是革命老区,是成立苏浙军区的有利条件;新四军十六旅在长兴开辟抗日根据地,在军事上、组织上为苏浙军区的成立奠定了坚实的基础。"

【学生活动】阅读并分析材料再结合之前所听的诵读,总结出新四军苏浙军区选址在长兴的原因。

【设计意图】通过材料的展示,让同学们自主归纳分析新四军苏浙军区选址在长兴的原因。锻炼学生阅读材料、分析材料以及归纳总结的能力。自主得出的答案,更易于学生的记忆,知识掌握更为牢固。同时,也能调动学生的热情,积极参与课堂活动,营造活跃的课堂氛围。

【板书】战略重地、坚实的革命基础、新四军十六旅在长兴开辟抗日革命根据地。

2. 新四军苏浙军区大展风采

(1)主要将领

【教师活动】PPT 出现王必成、粟裕、叶飞的图片。然后播放由王必成、粟裕、叶飞等人组成的照片影集,让学生们先感受到先辈们的风姿。

【学生活动】在纸上分别用一两句话写下他们对王必成、粟裕和叶飞这三位前辈的评价(课前要请同学们去查阅有关这三位前辈的事迹,自主学习)。

【设计意图】照片合集能让学生们更直观地感受到先辈们的英姿，更能产生情感共鸣。王必成、粟裕、叶飞的事迹是十分丰富的，但是课堂时间有限，让学生们在课前先对这三位前辈有所了解，更有益于课堂的进展，提高效率。同时，这也能锻炼学生们查找资料、自主学习的能力。

【板书】主要将领：王必成、粟裕、叶飞。

（2）主要战役

【教师活动】PPT 出现地图并设置动画，在地图上逐一出现新四军苏浙军区所参加过的主要战役。教师选择其中比较重要的战役之一进行详细的讲解，例如第一次天目山反顽战役。然后再总结一下新四军苏浙军区所参加的战役。

"苏浙军区自 1945 年 1 月成立，11 月完成整编，组织参加了许多重要的战役，向浙西敌后进军后，取得了包括新登战役在内的三次天目山反顽战役的胜利；8 月，日本宣布投降后，苏浙军区也立即加入了对日本反攻中，在浙西、苏南对拒绝投降的日伪军进行清剿，解放了苏、浙、皖三省的大片国土和数百万人民。短短 10 个月内，在形势复杂、环境恶劣、装备落后、以少对多的情况下，仍旧获得了大大小小数次战役的胜利，不仅成功完成了中共中央赋予苏浙军区的历史使命，更是在整个中华民族的战争史上留下了辉煌的篇章。

"1945 年 2 月至 6 月间，苏浙军区在浙西天目山地区连续粉碎国民党顽军对我的三次进攻，就是在上述形势下进行的。这是新四军在江南规模最大的一次反顽自卫战役，三战三捷，先后歼灭顽军 12300 余人。自卫反击战的胜利，不仅沉重地打击了顽固派，较顺利地建立了苏浙军区这块战略支点，而且在新四军的战史上也是值得称颂的成功战例。

"苏浙军区虽只存在了十个月，而其参与的所有战争，一切都是从党和国家、民族和人民的利益出发,在此期间所展现的光荣品质和其所奋斗而来的战斗成果,都应被我们永世铭记和传扬。"

（教师话语参考张亦民:《试论苏浙军区在抗日反顽斗争中的地位与作用》）

【学生活动】学生根据课前所发的资料,逐一找出第一次天目山反顽战役的背景、过程、结果等知识。（课前资料:《向莫干山区进军和第一次天目山反顽战役》）

【设计意图】用地图进行教学,更加清晰直观,同时培养学生们的时空观念。让学生们从长篇材料中找出战役的发展过程,可以锻炼学生们阅读材料的速度以及从材料中分析归纳的能力。

（3）革命烈士

【教师活动】将新四军苏浙军区的烈士们的图片和简介做成一个小视频,并进行播放,然后展示以下材料。

材料五:

郑大芳同志,祖籍广东中山,1921年3月出生在上海一个职员家庭,1938年高中一年级时,毅然投笔从戎,到皖南去参加新四军,曾经在一师服务团学习和工作。1942年任二旅四团三营教导员。1943年初随二旅渡江南下,改任四十八团三营教导员。在杭村战斗中,他像一把尖刀一样与敌人展开白刃格斗,连续毙敌数名,在夺大炮、抢战马、追击敌人的过程中,被负伤装死的鬼子打了冷枪,英勇牺牲时才23岁。

现在,郑大芳烈士之墓碑上镌刻着烈士的简历和在杭村战斗中缴炮的英雄事迹。

——本书编委会编:《劲旅雄风——江南铁军征战纪实》

材料六:

刘别生(1916—1945),别名达林,化名方自强。1916年出生于江

209

西省安福县谷源岭北背村(今寮塘乡大桐坑村)一户雇农家庭。1928年9月参加中国工农红军,在纵队部当传令兵。1929年9月加入中国共产主义青年团。1930年任少共安福县委书记兼宣传部部长,少共湘赣省委常委,湘赣省苏维埃常委,湘赣少共国际团团长等职,被中共湘赣省委授予"扩红模范青年"称号。1932年任湘赣省北路独立营营长时,在第四次反"围剿"中,身中8弹负重伤仍指挥战斗。1934年冬转为中国共产党党员。中央红军主力长征后,留在湘赣边区坚持了三年游击战争。1936年1月,任湘赣游击司令部第四大队政委。全国抗日战争爆发后,于1938年1月随湘赣红军游击队编入新四军第一支队第二团,任第二连政治指导员。1938年6月30日夜,参加了进攻新丰车站日军据点的战斗,战后升为第三营副营长。参加开辟苏南抗日根据地的斗争。1939年冬到新四军教导总队学习。1940年3月结业后,任军部特务营营长。11月,特务营扩编为特务团,任团长兼参谋长。1941年1月皖南事变中,率特务团坚守东流山,与国民党军进行了7昼夜浴血奋战。后率军部直属队和教导总队被打散的200余人突围,到达皖中无为县,是皖南事变第一批突围出来的部队。1941年7月,任新四军第一师第二旅第四团团长,参加攻打裕华镇等多次战斗。年底到苏中党校学习。1943年1月随第二旅南下苏南,与第十六旅合并,任第四十八团团长,率部与日伪军进行了延陵、丁庄铺、巷里村等大小战斗数十次。同年10月,化名方自强,率第四十八团以"新四军苏皖一支队"的名义向新沦陷的苏浙皖边地区挺进。1944年1月,兼任苏南第四军分区司令员,在皖南郎溪、广德和苏南地区伏击日伪军,后又率部参加长兴、周城、泗安战斗。1945年2月第十六旅改编为苏浙军区第一纵队,任第一支队支队长。率部参加开辟莫干山地区的斗争和天目山第一、第二次自卫反顽战役。6月2日进占新登县城及其外围虎山、门前山、桃花山。3 日打退顽军 8 个团的 5 次反扑,在虎山指挥战斗时牺牲,遗体安葬在临安县板桥村外的山上。2006 年,在获悉刘别生烈士遗骸所在地之后,他家人即和上海市公安局的同志实地取样做DNA 测试,经鉴定核实。在有关部门关心和支持下,决定将刘别生烈士遗骸迁葬于新登烈士陵园。2011 年 4 月 30 日,在新登烈士陵园举行了隆重的刘别生烈士安放揭碑仪式。刘别生烈士和新登战役中牺牲的 274 名新四军指战员安息在一起。他们英勇牺牲的事迹永垂青史。

——浙江省新四军历史研究会编:《浙江新四军和抗日根据地人物》

【教师活动】请三位同学分别朗读郑大芳、刘别生两位烈士的事迹,并谈谈感想。

【学生活动】同学们表达读完这两例史料之后的所思所想,总结一下我们应向烈士们学习的精神。

【设计意图】照片合集可以更加清晰直接地使学生们感受到烈士们的风姿,引发学生们的情感共鸣。再用两则事例来加深学生们对烈士们的了解,有助于学生们更进一步感受到烈士们的精神,并提升自己的品质。

【板书】英魂永驻。

3. 新四军苏浙军区的前世今生

主要是教师根据材料讲述。具体更加详细的介绍放置到实地考察过程中。

材料七:

新四军苏浙军区旧址群位于长兴县西北部的槐坎乡和白岘乡。1943 年 9 月,日军在苏浙皖边发动新的战役,浙西大片土地重新沦陷。中共中央和新四军军部命令苏南新四军一师十六旅挺进苏浙皖边,开辟了郎(溪)广(德)长(兴)敌后抗日根据地,部队驻扎在长兴县槐花

211

坎(今槐坎乡)、白岘一带。1945年1月6日,粟裕率领新四军一师主力由苏中渡江南下到达长兴槐坎与十六旅会师。1月13日,中央军委电令成立苏浙军区,任命粟裕为司令员,谭震林为政治委员(未到职,由粟裕代政委),叶飞为副司令员(同年4月任命),刘先胜为参谋长,统一指挥苏南、浙西、浙东地区的抗日反顽斗争。苏浙军区成立以后,粟裕、叶飞率部队挺进浙西,在打击日伪的同时,取得了天目山3次反顽自卫战的胜利,建立了以天目山为中心的浙西抗日根据地,使浙西和苏南连成一片。浙西抗日根据地是华中8个战略区之一的苏浙皖边抗日根据地的重要组成部分,根据地内建有4个地区级、10个县级政权。至1945年8月,苏浙军区共拔除日伪据点100多座,解放苏浙皖边人口370多万。同年10月,根据中共中央的指示,苏浙军区撤至苏北地区。

新四军在浙西近两年时间里,以苏浙军区司令部为中心,各种机构曾星状分布于长兴县西北部的槐坎、白岘,现基本保存的有17处旧址建筑,总面积达1万平方米,是我国江南地区保存最为完整、规模较大的一处抗日战争时期的革命旧址群,享有"江南小延安"的美誉。新四军苏浙军区旧址群17处旧址分别为:

新四军苏浙军区司令部旧址位于槐坎乡仰峰村。主体建筑为清代光绪年间沈家民宅,砖木结构楼房,占地面积1130平方米,俗称"沈家大院"。1943年底,新四军十六旅旅部曾在此驻扎。1945年初,新四军苏浙军区成立后,司令部就设在该院内,粟裕、刘先胜等领导曾在这里办公和居住。当年大院楼下设有秘书处、参谋处、作战科等机关,楼上为粟裕的办公室和卧室。沈家大院也是苏浙区党委的主要办公地点。

新四军苏浙军区政治部旧址位于槐坎乡仰峰村。主体建筑始建于清末,坐北朝南,砖木结构楼房,占地面积340平方米,为县级文物保护单位。1943年底,新四军十六旅领导人江渭清、魏天禄曾在此居住,旅政治部主办的《火线报》也在此编印。1945年初,新四军苏浙军区成立后,军区政治部就设在此处,钟期光等领导曾在此办公和居住。

新四军苏浙军区供给部旧址位于槐坎乡仰峰村。主体建筑为清末曹家民宅,俗称"曹家大院"。坐北朝南,砖木结构楼房,占地面积720平方米。1943年底,新四军十六旅领导曾在此办公。1945年初,新四军苏浙军区成立,军区供给部设此处。

新四军苏浙军区司令员粟裕宿舍和办公室旧址位于槐坎乡仰峰村。主体建筑始建于清末,砖木结构,占地面积200平方米。原为土地庙,整幢房屋由三房一天井加一堵一字墙组成。1945年初,新四军苏浙军区成立前后,粟裕及全家人曾在此办公和居住,有当年粟裕用过的桌、床各一。

新四军苏浙军区一纵队司令部旧址位于槐坎乡温塘村。建筑原系清咸丰时期民宅,砖木结构,共有大小房间46间,面积1000平方米。1945年,新四军苏浙军区成立后,一纵队司令部设在此处,纵队司令员王必成曾在此办公。1985年,在该旧址设立新四军苏浙军区纪念馆。

新四军苏浙公学旧址位于槐坎乡十月村台基自然村。主体建筑为清末民宅,砖木结构,占地面积634平方米。1945年2月,新四军苏浙军区在此创办苏浙公学,粟裕任校长,共培养学员1400多名。

新四军兵工厂地址位于槐坎乡新槐村石臼里自然村。主体建筑为清末民宅,砖木结构楼房,占地面积349平方米。整幢房屋由5开间加一堵一字墙组成。1944年至1945年,新四军十六旅、苏浙军区的兵工厂曾设在这里。工厂当时设有翻砂、铸造等车间,制造了子弹、手榴弹、地雷等大量弹药。留存的大风箱,为国家一级文物。

新四军鞋厂旧址位于白岘乡白岘村丁岕自然村。主体建筑为清末民宅,砖木结构,占地面积207平方米。1944年新四军十六旅在这里设立鞋厂。

新四军被服厂旧址位于白岘乡和岕口村横岭岕自然村。主体建筑为民国初年民宅,砖木结构,占地面积372平方米。1945年春,新四军苏浙军区独立二团为解决部队被服等军需,曾在此创办被服厂,有工人200余人,因条件所限,服装上的纽扣大多用毛竹制成。

新四军修枪所旧址位于白岘乡和岕口村水曲岕自然村。主体建筑为清末民宅,砖木结构,占地面积187平方米。1944年,新四军十六旅曾在此设立兵工厂,主要制造手榴弹。苏浙军区成立后,改为修枪所。

新四军后方医院疗养所旧址位于白岘乡三州山村茅山自然村的半山腰。主体建筑原为清末施家祠堂,砖木结构,占地面积383平方米。1944年,新四军十六旅在此创办野战医院。1945年初扩大为苏浙军区后方医院、疗养所。

新四军"方司令"、"谭司令"住所旧址位于槐坎乡东风村北山园自然村。主体建筑为清末民宅,砖木结构,占地面积1077平方米。1944年春至1945年春,该宅是新四军十六旅四十八团机关驻地。团长刘别生(化名方自强)、副团长兼参谋长饶惠谭(化名谭祖尧)曾在此居住和办公,被当地群众称为"方司令"、"谭司令"。刘别生于1945年6月4日在天目山反顽战役中牺牲。

新四军《苏南报》社旧址位于白岘乡五通山村缠岭自然村。主体建筑为清末民宅,砖木结构,占地面积218平方米。《苏南报》是中共苏皖区委以十六旅政治部《火线报》为基础,于1944年10月创办,3日刊,每期4开4版,除部队读者外,主要面对根据地的乡(镇)以上干部、小学教师和一般知识分子;设有编辑部、发行部、行政管理科和印刷厂。

新四军苏浙军区报社编辑部旧址位于白岘乡五通山村庄头自然村。主体建筑为清末民宅,砖木结构,占地面积535平方米。该旧址原为中共苏皖区委《苏南报》编辑部所在地,1945年9月,《苏南报》改为苏浙区党委机关报,更名为《苏浙日报》,编辑部仍设此处。

苏南行政公署旧址位于白岘乡三州山村尚阳自然村。主体建筑为民国初年民宅,砖木结构楼房,占地面积347平方米,另有一座四角凉亭。1945年5月,苏南行政公署领导人江渭清、吴仲超等曾在此办公和居住。

中共长兴县委旧址位于槐坎乡新槐村桥下自然村。主体建筑为民国初年民宅,砖木结构,占地面积530平方米。1944年2月至1945年8月,中共长兴县工委(县委)在此处办公。

长兴县抗日民主政府旧址位于槐坎乡新槐村桥下自然村。主体建筑为清末民宅,砖木结构,占地面积1000余平方米。1944年5月至1945年8月,长兴县抗日民主政府在此办公,旧址前有当年炮楼一座。

——中共浙江省委党史研究室等编:《浙江省革命遗址通览》

【教师活动】对新四军苏浙军区的旧址进行总结。

"自1945年新四军苏浙军区在长兴成立后,在周边地区先后设立了指挥部、司令部、后方医院、兵工厂、制鞋厂、修枪所、疗养所、被服厂、苏浙公学、报社等多个机关部门,集政治、军事、经济、文化于一体,为苏浙军区的军事行动提供了坚实的基础和强有力的后盾。

"这17处抗战遗址,见证了苏浙军区的烽火岁月,谱写了共御外侮的历史赞歌,新四军在这里写下浓墨重彩的一页,在我们的心中开出了永不凋谢之花。这些旧址不会忘记它被赋予的红色底蕴,同样铁血精神也将长存于我们心间,薪火相传,生生不息。"

【学生活动】以四人小组为单位,自主选择感兴趣的地点进行讨论。

【设计意图】课程进行到末尾,学生们都会比较困乏,请学生们来朗读材料可以凝聚学生们的注意力,同时加深学生们对旧址的认识。对旧址进行简单介绍为第2课时的实地考察奠定基础,提高第2课时的效率。

【板书】

新四军苏浙军区初出茅庐 { 成立过程
成立背景
为何选址长兴

新四军苏浙军区大展风采 { 主要将领
主要战役
革命烈士

新四军苏浙军区的前世今生→旧址

第2课时

新四军苏浙军区纪念馆及旧址实地考察。

要求带着问题参观:新四军在抗日战争史上的地位及意义。

教师带领参观并讲述新四军在抗日战争史上的地位及意义。

课后作业:给新四军苏浙军区的英烈们写一封信,阐述你的所思所想。下节课交流讨论。

第3课时

按照班级人数合理分组,交流讨论上节课的课后任务(给先辈的信件),小组推选两人上台展示。

升华主题:从外国列强入侵受尽屈辱,战火纷飞,到如今的国力强盛,国泰民安,一路走来多有不易。

播放纪录片《红色沃土》。

【设计意图】培养学生的"家国情怀"核心素养。

四、推荐阅读书目

1.《仰峰——新四军苏浙军区的故事》绘本、喜马拉雅 APP 诵读。

2. 浙江省长兴县新四军苏浙军区纪念馆编:《铁军丰碑:长兴县新四军苏浙军区纪念馆馆藏文物精华》,浙江古籍出版社 2017 年版。

3. 中共浙江省委党史研究室等编:《浙西抗日根据地》,浙江人民出版社 1992 年版。

4. 田家村:《江南小延安》,红旗出版社 2014 年版。

5. 粟裕:《粟裕战争回忆录》,知识产权出版社 2005 年版。

6. 电影:《红日》。

7. 纪录片:《红色沃土》。

五、课后思考

1. 概述新四军苏浙军区在抗战史上所作出的贡献以及地位。

2. 分析新四军苏浙军区为什么会建在长兴?

3. 概述新四军在抗日战争史上的地位及意义。

第四章　红色英烈

　　誓死卫国的葛云飞在定海保卫战中英勇抗击英军,弃医从文的鲁迅为中国革命提供精神力量,赤胆忠心的刘英重建浙江革命基业,英勇无畏的王伟捍卫国家主权保护祖国蓝天。

　　从定海保卫战中的刀光剑影,到文坛中的奋笔疾书;从白色恐怖中的星星之火,到撞机事件中的斗智斗勇。民族英雄的精神永远镌刻在中国大地上,这种精神引领着一代又一代的人民一步步斗争,一步一步开创美好的明天。

　　"饮水思源,不要忘了革命先烈。"天地英雄气,浩然壮国魂。正是一位又一位的革命先烈的无私奉献才造就了我们现在的美好生活。新中国是无数革命先烈用鲜血和生命铸就的,新中国来之不易,中国特色社会主义也来之不易。我们更应该循着"红色足迹"来铭记那一段历史,每一次铭记,我们是从中汲取着前进的动力;每一次缅怀,我们是以更好的生活告慰先烈。

　　通过本单元的学习了解葛云飞、鲁迅、刘英、王伟的事迹;知道这四位著名历史人物所处的时代背景;了解这四位历史人物对历史的不同推动作用;理解每位人物在不同历史事件之间的联系。

第一节　保家卫国:葛云飞

一、本节概述

浙江萧山的石板山,常年草木丰茂,每当到了春夏之交,山麓的植物都竞相生长,远远望去,显得苍翠可爱。石板山下,有一座清代的古墓。古墓建于清道光二十一年,即公元 1841 年,那正是中国大地蒙受苦难的开始。这座墓碑是一座历史的丰碑,永远定格在古老中华民族的历史画卷中。古墓用石块砌成围墙,用大石板压着墓顶。墓不算大,大约直径 7 米多,高 4 米。古墓的主人,是在鸦片战争中为保卫定海而壮烈殉国的定海总兵葛云飞。

二、原典呈现

云飞青布帕首、短衣草履,奔走烈日中;又闻其巡洋捕盗伤臂,夺盗刃刺之,始服其忠勇。迨英兵复来犯,炮击敌舰于竹山门、东港浦,迭却之,加提督衔。于是云飞屯道头土城,锡朋、国鸿分防晓峰、竹山。云飞独当敌冲,敌连樯进突,登五奎山,炮击红衣夷目,乃退。次日,敌蔽山后发炮仰击,亦隔山应之。夜,敌乘雾至,直逼土城,炮中载药敌船,轰歼甚众。越日,乃肉搏来夺晓峰岭,分攻竹山门,锡朋、国鸿皆战殁,县城遂陷。敌萃攻土城,云飞知不可为,出敕印付营弁,率亲兵二百,持刀步入敌中,转斗二里许,格杀无算。至竹山麓,头面右手被斫,犹血战,身受四十余创,炮洞胸背,植立崖石而死。定海义勇徐保夜负其尸,浮舟渡海。是役连战六昼夜,毙敌千余,卒以众寡不敌,三镇同殉。

——《清史稿》卷三百七十二列传一百五十九

定海战役史料

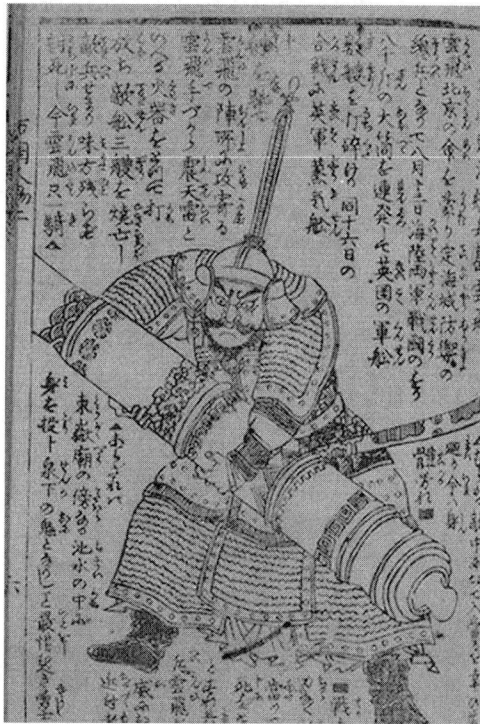

葛云飞像

三、教学设计

第 1 课时

导入：

鸦片战争，是中国近代史的开端，自鸦片战争起，中国被迫打开大门，成为半殖民地半封建社会。乱世出英雄，这个时代，也是英雄、人才辈出的时代，"岂能尽如人意，但求无愧我心"说出了这个时代那些爱国志士的心声。那么，今天就让我们追随着历史，翻开厚厚的《清史稿》，瞻仰民族英雄——葛云飞。

【设计意图】介绍宏观的时代背景，让同学们先了解大致的情况，有一定的知识储备，同时并以此引入正题，以"葛云飞"这一中心人物展开本节课的主要内容。

1. 背景

材料一：

舟山是鸦片战争的主要战场之一。葛云飞等三总兵指挥的第二次定海保卫战，是最有力的一次抵抗，在中国近代史上写下了光辉的一页。

1841 年 1 月，在以英军退出沙角、交还定海、割让香港、赔偿 600 万两银为条件的《穿鼻草约》签订后，道光帝见英军强索赔款，和谈又无进展，感到有辱于大清帝国的尊严。于是，下诏对英宣战。

——王和平：《1841 年定海保卫战》

材料二：

舟山群岛星罗棋布地散落在长江口东海之滨，地处中国沿海的中部，兼有政治、军事、交通、商贸上的几大优势。在 19 世纪，对急欲向外扩张的英国来说，军事上的战略地位尤显重要。他们认为舟山群岛是广州与北京的中段，接近几条通航的大河河口，能给侵华远征军提供一个设立司令部的合适地点。故而,1700 年开始,英国就一而再、再而三地向中国政府提出设立商馆、让给岛屿、开放舟山等地为通商口岸等等要求,表现出对舟山群岛强烈的觊觎之心。

——叶辛:《不屈的定海》

【教师活动】展示材料,并提出问题引导学生作答。对学生的回答进行概括完善,必要时进行补充。

【设计意图】让同学们了解鸦片战争这一史实背景下,当时的浙江地方具体情况如何,怎样做出应对,从而对地方史有更深入的了解。

2. 葛云飞与定海战役

材料三:

葛云飞,字雨田,浙江山阴人。道光三年武进士,授守备,隶浙江水师。勤于缉捕,常微服巡洋,屡获剧盗,有名。洊擢瑞安协副将。十一年,署定海镇总兵,寻实授。以父忧归。

——《清史稿》卷三百七十二列传一百五十九

材料四:

二十年,英兵犯定海,总兵张朝发战败失守,巡抚乌尔恭额、提督祝廷彪强起云飞墨绖从军,总督邓廷桢亦荐其可倚,署定海镇。云飞议先守后战,扼招宝、金鸡两山,列炮江岸,筑土城,集失伍旧兵训练,军气始振。英人安突得出测量形势,以计擒之,敌始有戒心。云飞乘机图恢复,未果。二十一年,广东议款,以香港易定海,钦差大臣伊里布令云飞率所部渡海收地,然后释俘,以二镇帅偕往。二镇者,寿春镇王锡朋、处州镇郑国鸿也。既而裕谦代伊里布,改议战守,云飞以定海三面皆山,前临海无蔽,请于道头筑土城,竹山、晓峰岭增炮台,而道头南五奎山、吉祥门、毛港悉置防为犄角。裕谦以费钜未尽许,则请借三年廉俸兴筑,益忤裕谦。

——《清史稿》卷三百七十二列传一百五十九

材料五：

战斗打响那几天，正遇定海连日大雨滂沱。将士们甲衣湿透，仍意气风发地在雨中严阵以待。葛云飞和大家一样，彻夜不眠地在泥淖中巡逻查哨；海上交通被英军封锁，饷给不时，每人每天只有半斤干粮充饥，葛云飞与大家一样忍饥守城。9月29日那天，是农历八月十五中秋节，英军炮击刚一停落，定海民众便自发上火线来慰问，提篮挑担的送饭队伍绵延数里。有人还特地熬了碗参汤给葛云飞喝，但他坚拒不受。百姓和士兵见葛总兵孝服上全是泥水，脸颊瘦削，眼睛布满血丝，纷纷围上来劝饮。葛云飞感动得热泪盈眶："公等随我守城，忍饥杀贼，我何忍一人独饮乎？"他将参汤倒入旁边小河里，与众将士一起用手捧喝。

——汪浙成：《血染的丰碑》

材料六：

云飞兼能文，著有名将录、制械制药要言、水师缉捕管见、浙海险要图说及诗文集。事母孝，母亦知大义，丧归，一恸而止，曰："吾有子矣！"

——《清史稿》卷三百七十二列传一百五十九

【教师活动】询问同学：上述两段材料反映了葛云飞及其母亲怎样的精神品格呢？这种品格由何而来，又体现了什么？

【设计意图】通过介绍"葛云飞"这一英雄人物，了解其大致的生平背景，使同学们对"英雄"及"英雄的母亲"有更深入的了解，为后续深入探究做铺垫，同时培养学生阅读史料的能力。

3. 深远意义

材料七：

定海城第二次被英军侵占。不屈的舟山人民纷纷揭竿而起，前仆后继,开展保家卫国的斗争。1842年6月7日,定海县36岙的老百姓齐集神庙,订立盟誓,发布了2000字长的《定海县人民告白》,号召全体舟山人民行动起来:齐心抗击英军。各地群众纷纷组成船勇、舵勇、枪勇、水勇,在城里、在海上、在郊外,阻击英军,伺机杀敌。英国侵略军士气一天比一天低落,处境一天比一天被动,日子一天比一天难熬。最后,英军又一次被迫退出定海。

160多年过去了,经受过历史暴风雨吹打的定海城,依然屹立在东海前沿。今天,我们可以告慰先人的是,旧中国有海无防、军无战力的历史,已经一去不复返了。在当年浸透烈士鲜血的山岭上,建起了三忠祠和鸦片战争纪念馆,以纪念先烈,永昭后世。

——叶辛:《不屈的定海》

材料八:

中英鸦片战争离我们已渐行渐远,它成为了我国近代史丧权辱国的开篇,给了国人太多的心痛,太多的屈辱,同时也留下太多的惨痛教训和沉重思考。

关于这场战争,此前在有关著作和教科书上,对发生在广东方面的战事,书写得较为充分,而对于整个战争中的重要战场,同时也是中英最早正式交战的浙江舟山定海,对于第二次定海保卫战中葛云飞等抗英将领,及其不畏强敌的英勇战斗的事迹,却叙述得不很到位,以至于一般人印象中,一提鸦片战争,似乎就是虎门香港,就是林则徐、关天培。

——汪浙成:《定海保卫战与葛云飞》

【学生活动】根据材料讨论重提"定海战役"这一战役的重要性,分析为何在现在人们的常识中,这段历史在鸦片战争中的记载少之又少。

【教师活动】引导学生思考,组织学生讨论,必要时完善总结学生的回答。

【设计意图】通过对定海战役意义的分析,加强同学们对历史事件的纵深理解,使其看待历史更加全面、深入。同时通过对民族英雄的歌颂,增强其民族认同感、自豪感。

课后作业:查找与定海战役相关的其他几位英雄的史料,根据他们的故事,概括定海战役的全过程(要求有时空观念、具体史实),并分析定海战役意义所在。

第2课时

带领学生们前往云飞村进行参观。

依次参观"故里表""壮节亭""云飞桥""葛氏宗祠""葛云飞纪念馆"等。

请同学们绘制一幅简易的手抄报,内容要有所思所想。

第3课时

观看《定海保卫战影集》,小组讨论我们从中看到了什么,有什么启发。

教师总结:

著名学者阎受鹏曾说:古往今来,每一个王朝将要崩溃时,都会在人们眼前亮出葛云飞这样的民族英雄,就如宋朝的文天祥、岳飞,明末的史可法。正是有这些英烈在,我们的中华民族才能生生不息。为了纪念为国捐躯的葛云飞,定海人民专门建造了三忠祠,让葛云飞、王锡朋、郑国鸿三位英雄,永远保护中国的海疆。

四、推荐阅读书目

1.(清)赵尔巽等撰:《清史稿·葛云飞传》,中华书局1998年版。

2.(清)王之春撰:《清朝柔远记》,中华书局1989年版。

3.茅海建:《天朝的崩溃:鸦片战争再研究》,生活·读书·新知三联书店 2005 年版。

五、课后思考

1.为什么将葛云飞的事迹写成文章《血染的丰碑》并选入教材作为课文? 这有什么重要意义?

2.从葛云飞的身上,我们可以看出哪些特定时代的英雄气节?

3.定海战役在整个鸦片战争,以及整个中国近代起着什么样的作用?

第二节　中华民族新文化的方向:鲁迅

一、本节概述

本节,我们将从鲁迅的故居开始,讲述这位民主战士用笔杆子革命的历程。他在绍兴的故居中度过了单纯的童年时光。在四处求学的过程中,他曾寄希望于实业救国,也试图走从医救国之路,但是最后他发现"要改变中华民族在世界上的悲剧命运,首要的是要改变中国人的精神"之后,他毅然弃医从文。从此,他开始了以笔作枪的革命之路,任《新青年》编委,发表《狂人日记》,出版小说集《呐喊》。"八一三惨案"发生后,鲁迅一次次为正义发声。1930 年 3 月 2 日,鲁迅出席中国左翼作家联盟成立大会,任常务委员。鲁迅用他的文字为中国新民主主义革命作出了巨大的贡献,为革命提供了精神的力量,毛泽东曾评价说:"鲁迅的方向,就是中华民族新文化的方向。"

二、原典呈现

有许多事情，有人在先已经讲得很详细了，我不必再说。我以为在现在，"左翼"作家是很容易成为"右翼"作家的。为什么呢？第一，倘若不和实际的社会斗争接触，单关在玻璃窗内做文章，研究问题，那是无论怎样的激烈，"左"，都是容易办到的；然而一碰到实际，便即刻要撞碎了。关在房子里，最容易高谈彻底的主义，然而也最容易"右倾"。西洋的叫做"Salon 的社会主义者"，便是指这而言。"Salon"是客厅的意思，坐在客厅里谈谈社会主义，高雅得很，漂亮得很，然而并不想到实行的。这种社会主义者，毫不足靠。并且在现在，不带点广义的社会主义的思想的作家或艺术家，就是说工农大众应该做奴隶，应该被虐杀，被剥削的这样的作家或艺术家，是差不多没有了，除非墨索里尼，但墨索里尼并没有写过文艺作品。

——鲁迅:《对于左翼作家联盟的意见》

可惜中国太难改变了，即使搬动一张桌子，改装一个火炉，几乎也要血；而且即使有了血，也未必一定能搬动，能改装。不是很大的鞭子打在背上，中国自己是不肯动弹的。我想这鞭子总要来，好坏是别一问题，然而总要打到的。但是从那里来，怎么地来，我也是不能确切地知道。

——鲁迅:《娜拉走后怎样》

真的猛士，敢于直面惨淡的人生，敢于正视淋漓的鲜血。这是怎样的哀痛者和幸福者？然而造化又常常为庸人设计，以时间的流逝，来洗涤旧迹，仅使留下淡红的血色和微漠的悲哀。在这淡红的血色和微漠的悲哀中，又给人暂得偷生，维持着这似人非人的世界。我不知道这样的世界何时是一个尽头！

——鲁迅:《记念刘和珍君》

绍兴鲁迅故居位于浙江省绍兴市东昌坊口(今鲁迅路208号),在鲁迅纪念馆的西侧。绍兴是鲁迅的故乡。1881年9月25日鲁迅就出生在这里,一直生活到18岁去南京求学,以后回故乡任教也基本上居住此地。他卒于1936年。鲁迅是中国文化革命的主将,是近代中国最伟大的文化家、思想家和革命家。在纪念馆西侧是鲁迅故居,纪念馆东侧是三味书屋、鲁迅曾在这里学习了五年。现鲁迅故居临街的两扇黑漆石库门系原新台门的边门,由鲁迅一家于1913年前后经过修缮独家进出。新台门坐北朝南共六进,有八十余间房子,连后园即百草园在内占地4000平方米,是老台门八世祖周熊占在清朝嘉庆年间购地兴建的。鲁迅曾高祖一房移居新台门,世系绵延,至1918年,周氏房族衰落,才经族人共议把这座屋宇连同屋后的百草园卖给了东邻朱姓。屋宇易主后,原屋大部分拆除重建,但鲁迅家基本被保存了下来。

——波斯港:《绍兴鲁迅故居》

鲁迅终其一生,对于"看客"始终给予批判态度,而且那憎恨甚至超过对于凶手的愤怒,这也是事实。这其实与鲁迅所坚持的对国民劣根性之批判有关,更与他对国人"哀其不幸、怒其不争"的立场有关。鲁迅的弃医从文,从根本看当然是为了寻找更为有效的启蒙救亡方法,而运用文学特别是小说开启民智,本来就是自康梁变法失败后一代中国文人志士的选择,如梁启超等大力提倡的"小说界革命"等。鲁迅的选择一方面源于他留日后个人思想意识的变化,也与受梁启超、章太炎等上一代中国知识分子影响有关,而更深处恐怕还是与他所受西方和日本近代文化思潮影响有关。

——刘克敌:《为什么鲁迅更憎恨"看客"
——日本对鲁迅影响漫谈》

三、教学设计

第1课时

导入：

【教师活动】教师出示 PPT 图片（啄木鸟），提问：同学们，如果老师想用这幅画来比喻中国近代史上的一位文学巨匠，你会认为是谁？

【学生活动】猜测并回答问题。

【教师活动】总结学生答案，点明人物鲁迅。

布置小组合作学习任务。

【教师活动】教师：鲁迅先生一生对于中国的伟大贡献主要是在思想和文化两个方面。现在，我们就要来了解鲁迅先生的生平，以及他在思想和文化方面的伟大成就。布置搜集整理资料任务。

要求：(1)充分运用网络技术和图书资源搜集"鲁迅生平""鲁迅的思想和文化"的资料；(2)各学习小组对搜集的相关资料进行选择、辨析和整理，组建"鲁迅生平""鲁迅的思想和文化"两个资源库；(3)把"鲁迅生平""鲁迅的思想和文化"的核心内容分为少年鲁迅（1881—1897 年）——四处求学（1898—1908 年）——苦闷迷茫（1909—1919年）——文坛先声（1920—1925 年）——民主斗士（1926—1929年）——成立"左联"（1930—1936 年）六个时期制作成微课或演示文稿，准备在课堂上展示或解说。

学习小组展开学习活动。

【学生活动】完成资料搜集任务。

第2课时

导入：

【教师活动】出示图片——鲁迅；出示课题——走近鲁迅先生。

教师整体介绍鲁迅生平的六个时期:少年鲁迅(1881—1897年)——四处求学(1898—1908 年)——苦闷迷茫(1909—1919年)——文坛先声(1920—1925 年)——民主斗士(1926—1929年)——成立"左联"(1930—1936 年)。

【设计意图】通过图片吸引学生注意,唤起学生的已有知识,激发学生的兴趣。

了解鲁迅生平

(1)少年鲁迅

【学生活动】小组汇报:介绍"少年鲁迅"。

【教师活动】总结完善学生汇报成果。

【板书】少年鲁迅。

【总结】1881 年 9 月 25 日,鲁迅先生出生于浙江绍兴城内东昌坊新台门周家。幼名阿张、长根、长庚,学名周樟寿。1892 年,鲁迅先生入三味书屋从寿镜吾读书,课余影描图画。与章闰水建友谊。鲁迅先生有着一个美好的童年,百草园里嬉戏打闹,和闰土偷花生看大戏,向着阿长讨要《山海经》等。现在我们到绍兴鲁迅故居去走一走。

【教师活动】出示材料以及鲁迅故居图片,并在相应材料后播放对应的视频。

提问:鲁迅故居由哪些部分组成?

【学生活动】阅读材料,总结鲁迅故居由哪些部分组成。

材料一:

跨入树荫掩翳的石库门,穿过台门斗,隔一小天井,便是一间普通的泥地平屋,往东走过侧门,绕过拐弯处的石栏水井,沿长廊进内就是当年鲁迅一家的住处。台门易主前后这里均为五间楼房,只是房基和格局稍有改变。

楼房后有一天井,青石板铺面,天井里种着一株高大的桂树,每到深秋,桂香扑鼻,因而又称桂花明堂。过天井有两间南北向的楼房,前后楼披,花格门窗。东首楼下中间用板壁隔开,前半间称"小堂前",后半间是鲁迅母亲鲁瑞的卧室。西首楼下前半间是鲁迅继祖母蒋氏的房间,后半间是过道。小堂前里方桌、太师椅、条案、茶几仍照原样摆放着,鲁迅孩提时代常到此处看书、习字、画画,他影写的《诗中画》就诞生在这里。一到夏天的晚上,鲁迅总爱躺在桂花树下的小板桌上缠着祖母给他讲"水漫金山"、"猫是老虎的师父"的故事。鲁迅13岁的时候,祖父科场案事发,家道由此中落,由小康附入贫困,他几乎每天从母亲手里接过首饰,跑到恒济当铺把它递到比他高出一倍的柜台上,在侮蔑里接了钱,又到同样高的柜台给久病的父亲去买药。鲁迅在家庭的衰落中看透了世态的卑俗。

——波斯港:《绍兴鲁迅故居》

材料二:

出过道往北经过走廊,与鲁瑞卧室相隔一个天井,就是鲁迅家的厨房。三眼大灶,一应炊具,仍保持着原样。厨房北首,隔一狭小天井有三间平屋,当年运水的父亲曾在此为周家做一些杂务,还为鲁迅做过竹器玩具。过三间平屋就是百草园了。

一篇《从百草园到三味书屋》已道尽了百草园的斑斓色彩、盎然情趣。百草园占地近2000平方米,有大小两园,南称大园,与西边梁家园子隔一堵1米多高的泥墙。有"无限趣味"的"短短的泥墙根"至今仍留存如故。百草园易主后,北端的小园建了花厅,并向西延伸扩建了假山,南端的池塘边也筑了围墙,但大园仍基本保持着原样。如今,短墙外的梁家园子已与小园联成一片,有亭子、假山、水池、花草、翠竹、树林、飞鸟,莺啼燕语,草木蓁蓁,是闲暇休憩的好地方。

——波斯港:《绍兴鲁迅故居》

【教师活动】播放视频:绍兴鲁迅故居——百草园;绍兴鲁迅故居——三味书屋。

【学生活动】结合材料的描述观看视频。

【教师活动】讲述:鲁迅的遭遇:每每为父亲出入于质铺及药店,遭人冷眼。1896年,父亲去世,家境益艰。家族开会分房,分给鲁迅他们的既差且小,鲁迅拒绝签字,遭到叔辈们斥责,倍感世态炎凉。

提问:这么一个富足的家庭,后来是什么原因败落的? 败落后鲁迅有怎样的遭遇?

【学生活动】小组讨论交流,并汇报思考成果。

原因一:祖父周介孚因事下狱;

原因二:父周伯宜又抱重病,家产中落,全家避难于乡下;

原因三:社会原因。

【设计意图】(1)用图片、文字、视频的结合,以故居为线索引导学生走进鲁迅的童年时期。(2)使学生更直观地感受百年前的中国社会的衰败,培养学生"家国情怀"的核心素养。

(2)"四处求学"时期的鲁迅

【教师活动】导语:鲁迅先生有着一个美好的童年,百草园里嬉戏打闹,和闰土偷花生看大戏,向着阿长讨要《山海经》等。本是一个美好的家庭,可后来因为一些无良巫医谎称大夫,误了自己父亲的病。从此,发奋想要做个医生,为的是不让类似自己父亲这样的悲剧重演。在母亲的拉扯下,迅哥儿也争气,终于得到官费留学日本的机会。

【板书】四处求学。

【学生活动】小组汇报:介绍"四处求学"时期的鲁迅。

【教师活动】PPT展示补充的文字和图片材料。

【学生活动】阅读资料。

材料三:

1898 年 4 月,入南京水师学堂,改名周树人。12 月,被本家叔催促参加县考,中榜后以四弟患病为由不再参加府考,继续前往南京求学。

——《鲁迅生平》

材料四:

1899 年,转入江南陆师学堂附设矿务铁路学堂,学开矿。这期间接触了赫胥黎的《天演论》,对他以后的思想具有一定影响。除读新书外,爱骑马运动,敢于和旗人子弟骑马竞赛。

——《鲁迅生平》

材料五:

1903 年剪辫。课余喜读哲学与文艺之书,尤注意人性及国民性问题。

——《鲁迅生平》

材料六:

1904 年 4 月,于弘文学院结业。6 月,祖父介孚公卒,年六十八。9 月,入仙台医学专门学校(现日本东北大学),肄业,相识藤野严九郎。

——《鲁迅生平》

材料七:

1906 年 1 月,课间观"日俄战争教育片",深受刺激,决定弃医从文。

——《鲁迅生平》

【设计意图】使用图片史料给学生以直观了解与感受,同时引起学生对鲁迅先生求学之路的兴趣。

【教师活动】播放视频《鲁迅的故事》PPT 展示文字材料。

【学生活动】观看视频,结合材料思考:鲁迅求学可以分为哪三个阶段?这反映了鲁迅内心怎样的思想变化?

材料八：

鲁迅弃医从文的原因，他自己有解释，就是所谓的看幻灯受了刺激。不过，显然并非看一张幻灯片那样简单。在《藤野先生》中鲁迅这样说："第二年添教霉菌学，细菌的形状是全用电影来显示的，一段落已完而还没有到下课的时候，便影几片时事的片子，自然都是日本战胜俄国的情形。但偏有中国人夹在里边：给俄国人作侦探，被日本军捕获，要枪毙了，围着看的也是一群中国人；在讲堂里的还有一个我。"这件事显然对鲁迅影响很大，他在《呐喊·自序》中也曾提及。这里提到的"电影"就是今天的幻灯，日本的鲁迅研究者，把这一事件称为幻灯事件。当年日俄战争爆发后，日本各地都有观看战争幻灯的风气，仙台的报纸就经常报道举办幻灯会的事，而且当时学校放映幻灯还会受到教育部门鼓励。日人中川教授从 1906 年 1 月开始给鲁迅这一年级讲细菌学，据鲁迅同班同学铃木回忆："幻灯的解说由中川教授亲自进行，也许有中国人被日本军杀死的场面，学生大体却是静静地看着。后来才听说这件事成了周树人退学的理由，当时周树人却没有说过这件事。"其实，根据后来"仙台鲁迅事迹调查会"的报告，那张日本士兵把为俄国间谍带路的中国人砍头的幻灯片，在当时细菌学课堂间并没有放映，1965 年在日本东北大学医学部细菌学教室找到的幻灯片中，也没有发现这样的内容。不过日本学者指出，当时报纸杂志上刊登了不少相似的照片，如 1905 年 7 月 28 日《河北新报》上就有"俄探四名被斩首"的报道，其中有"旁观者照例是男女老幼 5 千多清国人"的描述。看来鲁迅在《藤野先生》中这样描写，要么是记错，要么是故意如此，毕竟这是一篇文学作品。

——刘克敌：《为什么鲁迅更憎恨"看客"
——日本对鲁迅影响漫谈》

【总结】

第一阶段:"水师学堂"到"矿路学堂"学开矿,走实业救国的道路。

第二阶段:决意学医,走从医救国的路。

第三阶段:弃医从文,走文学救国的道路。

鲁迅认为"精神上的麻木比身体上的虚弱更加可怕。要改变中华民族在世界上的悲剧命运,首要的是改变中国人的精神,而善于改变中国人的精神的,则首先是文学和艺术"。

(3)"苦闷迷茫"时期的鲁迅

【教师活动】导语:在留学日本期间,鲁迅先生初步形成了他的世界观和人生观。但是,鲁迅的思想和感情不但为当时大多数的中国人所无法理解,就是在留日学生中也很难得到广泛的响应。当时,中国政治时局动荡不安,军阀混战,段祺瑞政府把持了北京政权后,中国陷入了五四运动之后最黑暗的时期。军阀政府摧残全国学生工人争取自由运动,惨杀无辜。五四新文化运动出现了逆转和挫折,《新青年》团体散掉后,鲁迅有种在沙漠中孤军奋战的感觉。他把自己描写成在旧战场上徘徊的余零兵卒,找不到目标和意义。

【板书】苦闷迷茫。

【学生活动】汇报小组学习成果。

【教师活动】PPT 出示总结:

1909 年 8 月,归国,任杭州、浙江官立两级师范学堂生理学和化学教员兼任日本教员铃木珪寿的植物学翻译。

1910 年 8 月,任绍兴中学堂教员兼监学。

1911 年,写个人的第一篇文言小说《怀旧》。

1912 年,临时政府成立于南京,应教育总长蔡元培之邀,任教育部社会教育司第一科科长。八月任命为教育部金事。从本年起至 1917

年,他大量抄古碑,辑录金石碑帖,校对古籍,其中也对佛教思想进行了一定的研究。

1917年7月7日,因张勋复辟作乱,愤而离职,14日,乱平即返部。

1918年1月,参加《新青年》改组,任编委。

(4)"文坛先声"时期的鲁迅

【教师活动】介绍背景:20世纪初期,随着第一次世界大战期间中国资本主义的进一步发展,西方科学和民主思潮大量输入。

【板书】文坛先声。

【学生活动】汇报学习成果。

【教师活动】PPT展示补充材料和总结,播放《鲁迅的故事》。

【学生活动】结合文字材料观看视频,并完善自己的学习成果。

材料九:

俄国十月革命胜利的影响和马克思主义思想的传播,一些觉醒的先进知识分子看到了民族解放的新希望,因而出现了一个以反帝反封建为主要内容的思想革命和文化启蒙运动,后人称之为新文化运动。文学革命是1917年由陈独秀主办的《新青年》发起的,《新青年》的主张反映了反对虚伪艰涩的封建旧文学,建设现实主义新文学的历史趋势和时代要求,得到文学青年的响应。

随着"五四运动"的爆发和国内外形势的变化,文学革命的理论和主张也日益体现出鲜明彻底的反帝反封建色彩,越来越多的文学家加入了文学革命的阵营。

——《新文化运动和鲁迅的小说》

【总结】①1918年5月,以鲁迅为笔名发表中国现代文学史上第一篇用现代体式创作的白话短篇小说《狂人日记》,载在《新青年》第四卷第五号。小说描写一个因患迫害狂的精神病人的心理活动,把对社会生活的清醒认识和狂人特有的内心感受杂糅在一起,深刻揭露了封建家族制度和礼教对人性的毒害,指出中国封建社会的历史是人吃人的历史。这是鲁迅彻底反封建的第一声"呐喊",也是鲁迅文学战斗史上新的开端。它以"表现的深切和格式的特别"(鲁迅语)而在中国文学发展的历史上揭开了新的一页。②1923 年 8 月,小说集《呐喊》出版。12 月,作《娜拉走后怎样》演讲,兼任女师大世界语学校教师;《中国小说史略》上册出版。③1924 年 7 月,赴西安讲《中国小说的历史变迁》。8 月返京。11 月,《语丝》周刊出版,鲁迅在首期发表《论雷峰塔的倒掉》,自此鲁迅成为《语丝》作家群的主将之一。

(5)"民主斗士"时期的鲁迅

【教师活动】导语:"横眉冷对千夫指,俯首甘为孺子牛"的经典名句是很多人的警世格言。在我看来,鲁迅已经远远超过了一个文学家的范畴,应该是民主斗士,民族英雄,最后才是作家。鲁迅的笔是十八般兵器,在为中华民族的复兴舞动。

【板书】民主斗士。

【学生活动】汇报小组学习成果。

【教师活动】补充材料并总结。

【总结】1926 年 3 月,"三一八惨案"发生。4 月,鲁迅作《死地》《记念刘和珍君》等抨击段祺瑞政府屠杀学生的罪行,遭追捕,避难于山本医院。避难期间笔耕不辍。

1928 年春,参加中国革命互济会。本年,与创造社、太阳社大部分成员就"革命文学"问题展开论争。是年开始大量搜集马克思主义著作,并为之翻译。同时开始提倡革命美术,倡导现代木刻运动。

1929 年底,与冯雪峰多次磋商组建"中国左翼作家联盟"。

【教师活动】出示《记念刘和珍君》的创作背景材料。

【学生活动】阅读《记念刘和珍君》的创作背景并进行概括。

材料十：

1926 年 3 月，奉系军阀在日本帝国主义支持下进兵关内，冯玉祥率领的国民军同奉军作战。日本帝国主义公开援助奉军，派军舰驶入大沽口，并炮击国民军，守军死伤十余名。国民军开炮自卫还击，将日本军舰逐出大沽口。事后，日本认为国民军破坏了《辛丑条约》，与英、美、法、意、荷、比、西等 8 国公使，于 16 日向北洋军阀段祺瑞执政府发出最后通牒，提出拆除大沽口国防设施等种种无理的要求，并限令 48 小时内答复，否则以武力解决。同时各国派军舰云集大沽口，用武力威胁北洋政府。

1926 年 3 月 16、17 日，在北京的国共两党开会，徐谦以中国国民党执行委员会代表的身份同李大钊领导的中国共产党北方区委决定，组织各学校和群众团体在天安门集会。3 月 18 日，国民党北京执行部、北京市党部、中共北方区委、北京市委、北京总工会、学生联合会等团体，与 80 多所学校共约 5000 多人，在天安门举行"反对八国最后通牒的国民大会"，广场北面临时搭建的主席台上，悬挂着孙中山先生的遗像和他撰写的对联"革命尚未成功，同志仍须努力"。台前横幅上写着"北京各界坚决反对八国最后通牒示威大会"。大会结束后，游行队伍由李大钊率领，按预定路线，来到段祺瑞执政府（今中国人民大学清史研究所）门前广场请愿。示威群众公推代表去向卫士长交涉，要求开门放队伍进去，并请段祺瑞和国务总理出来见面。段祺瑞担心局势失控，命令执政府内的预伏军警以武力驱散游行队伍，结果造成当场死亡 47 人，伤 200 多人的惨剧。死者中为人们所熟知的有北京女子师范大学学生刘和珍。

鲁迅先生在参加了刘和珍的追悼会之后，亲作《记念刘和珍君》一文,追忆这位始终微笑的和蔼的学生,痛悼"为中国而死的中国的青年",歌颂"虽殒身不恤"的"中国女子的勇毅"。

——《记念刘和珍君背景简介》

【教师活动】展示文字材料,提问:为什么说鲁迅的笔是十八般兵器,在为中华民族的复兴舞动?

【学生活动】阅读材料并思考问题,小组讨论交流。

材料十一:

长夜当歌,是必须在痛定之后的。而此后几个所谓学者文人的阴险的论调,尤使我觉得悲哀。我已经出离愤怒了。我将深味这非人间的浓黑的悲凉;以我的最大哀痛显示于非人间,使它们快意于我的苦痛,就将这作为后死者的菲薄的祭品,奉献于逝者的灵前。

——鲁迅:《记念刘和珍君》

材料十二:

真的猛士,敢于直面惨淡的人生,敢于正视淋漓的鲜血。这是怎样的哀痛者和幸福者? 然而造化又常常为庸人设计,以时间的流逝,来洗涤旧迹,仅使留下淡红的血色和微漠的悲哀。在这淡红的血色和微漠的悲哀中,又给人暂得偷生,维持着这似人非人的世界。我不知道这样的世界何时是一个尽头!

——鲁迅:《记念刘和珍君》

材料十三:

我向来是不惮以最坏的恶意,来推测中国人的,然而我还不料,也不信竟会下劣凶残到这地步。

——鲁迅:《记念刘和珍君》

材料十四:

惨象,已使我目不忍视了;流言,尤使我耳不忍闻。我还有什么可说的呢？我懂得衰亡民族之所以默无声息的缘由了。沉默呵,沉默呵! 不在沉默中爆发,就在沉默中灭亡。

苟活者在淡红的血色中,会依稀看见微茫的希望;真的猛士,将更奋然而前行。

——鲁迅:《记念刘和珍君》

(6)成立"左联"时期的鲁迅

【板书】"左联"成立。

【学生活动】汇报合作学习成果。

【教师活动】补充材料并总结。

【总结】1930 年 2 月,中国自由运动大同盟成立,为发起人之一。3 月 2 日,出席中国左翼作家联盟成立大会,被选为常务委员,作《对左翼作家联盟的意见》演讲。

1931 年 1 月 20 日,柔石被捕,鲁迅离寓避难。28 日回旧寓。

1932 年 1 月 29 日,遇战事,在火线中。次日避居内山书店。二月六日,由内山书店友护送至英租界内山支店暂避。与艾青等人发起"春地美术研究所"。

1933 年 1 月,蔡元培函邀加入"民权保障同盟会",被举为执行委员。2 月 17 日,蔡元培函邀赴宋庆龄宅,欢迎萧伯纳。作《为了忘却的记念》怀念柔石。

【教师活动】展示"左联"史料,提问:中国左翼作家联盟对中国社会的发展有着怎样深远的影响?

【学生活动】阅读材料,讨论问题。

材料十五:

中国左翼作家联盟,现代文艺团体。简称"左联"。1928 至 1929 年间的革命文学论争,传播了马克思主义文艺理论,提高了革命作家的思想理论水平。

通过论争,各方的观点逐渐接近,提倡和发展普罗(英语音译"普罗利塔利亚"的简称,意为"无产阶级")文学成为他们的共同要求。资产阶级文艺家对于革命文学的攻击,从另一个方面促使革命作家认识到必须联合起来才能有力地进行文艺思想斗争;苏联的"拉普"(全称"俄罗斯无产阶级作家联合会"),日本的"纳普"(全称"全日本无产者艺术联盟")和"革命文学国际局"先后成立,也对中国革命作家的联合起了推动作用。革命文艺运动的发展及其由于论争而暴露出来的弱点,引起中国共产党中央的重视,加强了对文艺工作的领导,帮助革命作家成立联合的团体。

——陈凌云:《无产阶级革命文学团体——中国左翼作家联盟》

材料十六:

"左联"成立之时,正值第一次国内革命战争失败,国民党反动派一方面对革命根据地进行军事"围剿",另一方面对国统区实行文化"围剿"。当时的形势迫切要求上海的左翼作家们团结起来,共同与国民党反动派做斗争。在中国共产党组织的努力下,"左联"于1930年的3月2日在上海中华艺术大学(今多伦路201弄2号)举行了成立大会。在成立大会上,鲁迅先生作了题为《对于左翼作家联盟的意见》的讲话,第一次提出了文艺要为"工农大众"服务的方向,并且指出左翼文艺家一定要和实际的社会斗争接触。

1936年春,根据形势的需要,为了建立文艺界抗日民族统一战线,"左联"自动解散。虽然"左联"的历史不过短短6年,但是它以在当时的巨大作用以及对后世的深远影响,成为了中国革命文学史上的丰碑。

——陈凌云:《无产阶级革命文学团体——中国左翼作家联盟》

【教师活动】课堂小结,布置拓展性作业。

布置思考作业:

你认为在当今社会中,是否还有鲁迅先生所说的"看客"。试论这种"看客"精神对实现中华民族伟大复兴的"中国梦"会产生怎样的阻碍作用? 请围绕该问题准备一篇演讲稿。

【板书】

走近鲁迅先生

——少年鲁迅(1881—1897 年)

——四处求学(1898—1908 年)

——苦闷迷茫(1909—1919 年)

——文坛先声(1920—1925 年)

——民主斗士(1926—1929 年)

——成立"左联"(1930—1936 年)

第 3 课时

一、实地探访绍兴鲁迅故居。

二、就第 2 课时的作业结合本次参观进行一次主题演讲比赛。

【设计意图】培养学生"家国情怀"核心素养。

四、推荐阅读书目

1. 许寿裳:《鲁迅传》,九州出版社 2017 年版。

2. 萧红:《回忆鲁迅先生》,生活·读书·新知三联书店 2014 年版。

3. 鲁迅:《朝花夕拾》,人民文学出版社 1972 年版。

五、课后思考

1. 鲁迅先生当年为了祖国"弃医从文"的精神,对当今的青年人有怎样的启示?

2.在日本的学习经历对鲁迅产生了怎样的影响?

3.鲁迅的文本放在当今时代依然有借鉴意义吗?

第三节　赤心献革命:刘英

一、本节概述

本节我们将走进革命烈士刘英的故事,从刘英短短三十几年的人生经历中去认识一位赤胆忠心的英雄,去感受一段艰难的革命岁月,去体会每一个革命人心中那一种坚定不屈的精神。他在浙江三年艰苦卓绝的游击战争中,作出了巨大的贡献,为策应中央主力红军长征,重建浙江革命基业,也为中国革命在南方建立支撑点,作出了不可磨灭的历史性贡献。

二、原典呈现

"各种苛刑我是有份的。若通讯都没有了,或许我已赴九泉,但我时刻这样准备着。"

——《1942 年刘英于永康方岩狱中写给狱友的信》

"我俩从此结合,定能本着互尊、互勉、互谅、互助之精神,结成牢不可破的终身伴侣,为抗战建国伟业共同努力!"

——《1939 年 10 月 16 日新婚第一天给岳母及诸兄的信》

"任何麻醉欺骗与利诱,均不能丝毫动摇我们的斗志和决心!"

——1939 年刘英为妻子丁魁梅题写

三、教学设计

第 1 课时

导入：

【教师活动】教师出示 PPT 图片（刘英烈士陵园）。

教师介绍：刘英烈士陵园，坐落在国家级名胜——金华永康方岩风景区马头山麓，是为了纪念一生践行"赤心献革命，决然无返顾"誓言的刘英同志而建的。陵园集瞻仰、学习、旅游的功能于一体，是广大干部群众和青少年学生接受爱国主义和国防教育的重要场所。

今天，我们要搜集材料，来了解革命烈士刘英的生平，以及他在浙江坚持三年艰苦卓绝的游击战争，为重建浙江革命基业，为中国革命作出的不可磨灭的历史性贡献。

【板书】刘英烈士。

布置小组合作学习任务。

【教师活动】教师布置搜集整理资料的任务。要求：

1. 充分运用网络技术和图书资源搜集相关资料；

2. 各学习小组对搜集的资料进行选择、辨析和整理，组建成资源库；

3. 把资料内容分为"好学少年，才气初露"（1905—1929 年）——"赣南从军，百炼成钢"（1929—1935 年）——"三年游击，艰苦卓绝"（1935—1938 年）——"白色恐怖，坚持斗争"（1939—1942 年）——"叛徒告密，英勇就义"（1942 年）五个时期，并制作成微课或演示文稿，准备在课堂上展示或解说。

【设计意图】通过史料的搜集活动，让学生知道史料是通向历史认识的桥梁，了解史料的多种类型，掌握搜集史料的途径与方法。

学习小组展开学习活动。

【学生活动】完成资料搜集任务。

【设计意图】使学习方式通过现代信息技术向着以学生为主体的自主学习、合作学习和探究学习转化,实现学习的个性化、交互式、拓展性。

第 2 课时

导入:

【教师活动】教师出示 PPT 图片:浙江革命烈士博物馆内《八位省委书记》群雕(注:仅在 1927 年 6 月至 1929 年 4 月不到两年时间里,浙江先后有 8 位省委书记或代理书记牺牲)。

【教师活动】教师朗诵:1942 年 5 月 18 日清晨,天还下着小雨,浙江永康岩下监狱的门口,大批全副武装的特务押送一位戴着镣铐的男子离开了这里。

男子眼神坚毅,步伐从容,等走到一个名叫马头山的地方,身后的特务停住脚步,他意识到这里就是刑场了,随即高呼革命口号,从容就义,倒在了一片青山之上。他叫刘英,牺牲时年仅 36 岁,这是浙江党的历史上为革命壮烈牺牲的第九位省委书记。

现在让我们通过尘封的档案,穿越回那段不能忘记的历史。

【教师活动】出示课题:革命烈士——刘英。

【设计意图】通过图片和教师有感情的朗诵,吸引学生注意,唤起学生与已有知识的共鸣,激发学生的兴趣。

介绍革命烈士刘英生平

(1)好学少年,才气初露

【板书】好学少年,才气初露。

【学生活动】小组汇报:介绍"好学少年,才气初露"的少年刘英。

【学生活动】阅读材料。

材料一:

1905 年 11 月 26 日,刘英出生于江西省瑞金县凤岗乡(今属象湖镇)竹岗村一个农民家庭,原名声沐,字浴沂。他 9 岁开始读书,由于天资聪颖,兴趣所致格外勤奋好学,各科成绩都出类拔萃。十四五岁时,曾在故居墙壁上题留自勉诗一首,其中有一句:"夜静书为友,春深笔吐花。"这正是他以书为友,勤奋好学的真实写照。刘英还有绘画天赋,曾为本族祠堂画过 8 幅壁画,幅幅栩栩如生。1922 年 7 月从瑞金县私立群德高等小学毕业,因家境原因未再读书在家务农。1924 年以后,曾先后在松山小学、性定小学任教。期间,他阅读了不少进步书籍,以科学、民主的新思想教育学生。

——中共浙江省委党史研究室编:《刘英纪念文集》

【教师活动】提问:从"夜静书为友,春深笔吐花"到"以科学、民主的新思想教育学生",反映了刘英怎样的思想变化?

【学生活动】小组讨论交流,并汇报学习成果。

预设:反映了科学民主思想已经在刘英心中萌芽、生长。

(2)赣南从军,百炼成钢

【教师活动】教师:刘英是怎样从一位小学教师走上革命道路的呢?

【板书】赣南从军,百炼成钢。

【学生活动】小组汇报:介绍"赣南从军,百炼成钢"时期的刘英。

【学生活动】阅读材料。

材料二:

1929 年 4 月,刘英自愿报名参加红四军,改名刘英,在乡军部先后担任会计、供给部出纳股长、文书等职,直接在毛泽东、朱德亲切教导下锻炼成长。9月,加入中国共产党。立下"赤心献革命,决然无返顾"的誓言,并主动要求离开机关。经毛泽东批准,他下到一线部队,连续参加了中央革命根据地一、二、三、四、五次反"围剿"斗争。他在战场上冲锋陷阵,出生入死,先后担任连政委、营政委、团政治部主任、团政委、师政委,跟随毛泽东、朱德转战于赣南、闽西。1933年12月,调任组建不久的红七军团任政治部主任。1934年7月,任北上抗日先遣队政治部主任,成长为中央革命根据地里的著名红军将领。1935年1月,先遣队在怀玉山遭受七倍于己的敌人围攻而失利。粟裕、刘英等率数百红军突出重围。

——中共浙江省委党史研究室编:《刘英纪念文集》

【设计意图】利用史料让学生直观地了解,有自己的真实感受,激发学生进一步了解烈士刘英革命之路的兴趣。

【教师活动】教师提问:1934年7月初,中共中央和中央军委决定由红七军团组成中国工农红军北上抗日先遣队,立即向闽浙赣皖等省出动的战略意图是什么?

【学生活动】小组讨论交流,并汇报学习成果。

预设一:为了反对日本帝国主义的侵略和冲破国民党对中央苏区的"围剿";

预设二:宣传我党的抗日主张,发展那里的革命局面。

【设计意图】初步了解中华民族的抗日战争,感悟中华民族英勇不屈的精神,认识中国共产党是全民族团结抗战的中流砥柱。

(3)三年游击,艰苦卓绝

【教师活动】教师导语:在浙江的三年游击,刘英与敌人展开了艰苦卓绝的斗争。

【板书】三年游击,艰苦卓绝。

【学生活动】小组汇报:介绍"三年游击,艰苦卓绝"时期的刘英。

【学生活动】阅读材料。

材料三:

1935年2月,北上抗日先遣队先头部队和突围部队奉党中央之命组建为红军挺进师,挺进浙江长期活动,粟裕任师长,刘英任政委。3月,刘英任红军行动区域内最高党政军领导机关师政治委员会书记。11月,任中共闽浙边临时省委书记。作为浙江党和红军的主要负责人,刘英同志受命于危难之时,依靠党组织的坚强领导,与师长粟裕等同志一起,率领红军挺进师在浙江坚持了三年艰苦卓绝的游击战争,奇迹般先后开辟了浙西南、浙南、浙东游击根据地,进行了两次惨烈的反"清剿"斗争,牵制了国民党大量兵力,为策应中央主力红军长征,保卫闽浙赣基本地区及邻近游击区域,重建浙江革命基业,为中国革命在南方建立支撑点,作出了不可磨灭的历史性贡献。在远离上级情况下,能独当一面,不断取胜,充分显示出他的领导才能。

——中共浙江省委党史研究室编:《刘英纪念文集》

【教师活动】教师提问:为什么说刘英与师长粟裕等同志一起,率领红军挺进师在浙江坚持了三年艰苦卓绝的游击战争,为中国革命在南方建立了支撑点?

【学生活动】小组讨论交流,并汇报学习成果。

预设一:开辟了浙西南、浙南、浙东游击根据地;

预设二:保卫了闽浙赣基本地区及邻近游击区域。

(4)白色恐怖,坚持斗争

【教师活动】介绍背景。

材料四：

抗战全面爆发后,因为杭州沦陷,浙江省政府南迁,丽水逐步成了全省的政治、文化中心。为了便于领导全省中共组织开展抗日救亡运动,1939年3月,中共浙江省委领导机关从温州秘密迁至丽水。王志远,正是时任浙江省委书记刘英。一年多前,他和粟裕分别率部在浙南、浙西南与国民党地方当局实现合作抗日。此时,粟裕率浙江红军改编的新四军第三支队第七团队开赴皖南前线抗日,刘英则留在浙江主持党的工作。为了掩护真实身份,他以丽水城里的"王老板"身份作为掩护,并以身边工作人员王德珊之母为母亲、夫人丁魁梅为太太、王德珊之女为女儿,组成祖孙四口之家。

——《75年前的今天　刘英烈士英勇就义》,

温州新闻网,2017年5月18日

【教师活动】出示图片:中共浙江省一大场景。(1939年7月刘英主持召开了中共浙江省第一次代表大会。)——浙江革命烈士博物馆陈列。

教师导语:1939年7月21日,浙江省委在平阳凤卧召开中共浙江省第一次代表大会,刘英当选为省委书记。这次大会是在国民党开始积极反共、疯狂捕杀共产党人的严峻形势下召开的。

【板书】白色恐怖,坚持斗争。

【学生活动】小组汇报:介绍"白色恐怖,坚持斗争"时期的刘英。

【学生活动】阅读材料。

材料五:

1939年3月丽水城郊的厦河村。时年17岁的村民王德云家,住进了一位名叫王志远的生意人,他带着母亲、妻子、女儿和保姆从温州而来,在市区的大众街四牌楼开出一家"兴华广货号"。

"他高高瘦瘦的,总带着笑,和我父亲以兄弟相称,我尊称他为伯伯。"时光流转,当年的青葱少年王德云如今已是白发苍苍的老人,可这一段往事,依旧历历在目。

如今的丽水莲都区大猷路 135 号,依旧保留着"王老板"一家租住时的原貌:这是一幢普通的三房小院,草木葱郁,幽静怡人。10 平方米左右的卧室简单干净,靠墙是一张中式木床,窗前的方桌上放着煤油灯和手电筒——多少个夜晚,它们的主人就在这里挑灯工作。房间内鲜有装饰品,除了夫妇俩的一张合影,就是一副对联:"明月松间照,清泉石上流",以示不问政治;以及一幅自画的《水中鱼乐图》,暗喻党群鱼水关系。

王德云记得,"王老板"平时总是笑眯眯的。他古道热肠,乐于助人,常为村民排忧解难,村民尊他为"王先生",遇有邻里争执也均请其调停。他家中自备常用药,免费为群众治病疗伤,村里有个篾匠名叫陈老三,烂脚很严重,是"王老板"把他医治好了,陈老三为此感激不尽,想送"王老板"一篮鸡蛋,"王老板"却怎么也不肯收。王德云还记得,"王老板"做生意很上心,一般早上 8 时不到就出门去"兴华广货号"了,晚上 10 时左右才会回来。王德云回忆道,每一年,"王老板"总会有两个多月时间不在家,每次回来,都会瘦掉十几斤,黑得像个地道的农民。

王德云不知道的是,就在那两年,自己的家竟然成了中共浙江省委机关,"王老板"就是鼎鼎大名、领导大家抗日的中共浙江省委书记刘英。而"兴华广货号",则是中共浙江省委机关在丽水两年间开辟的最重要的联络站和活动场所,刘英为其取名"兴华",正暗含了振兴中华之意。

据原丽水市党史方志办主任诸葛蓉讲述,当时,"王老板"刘英白天以做生意为掩护,秘密领导、开展党的工作;夜间则闭门在家细细学习研究上级指示,批阅各地党组织的请示、报告,起草向上级汇报的请示、报告和会议文件,对各地党组织的指示等,并让夫人丁魁梅用尖细的钢笔抄写多份,交由王德珊分送各联络点。

刘英在丽水的两年多时间,中共浙江省委机关加强了全省的抗日民主统一战线工作,浙江地区的党组织得到了快速发展壮大,全省共恢复和建立了5个特委、55个县委(工委),党员数量从2000多人发展到2万人,并于1939年召开了浙江省第一次党员代表大会,形成抗日救亡的高潮。直至1941年4月,因形势恶化,省委领导机关再度迁往温州。

——《75年前的今天　刘英烈士英勇就义》,

温州新闻网,2017年5月18日

【教师活动】教师提问:刘英在丽水的两年多白色恐怖时间里,坚持为党做了哪些工作?

【学生活动】小组讨论交流,并汇报学习成果。

预设一:加强了浙江全省的抗日民主统一战线,在全省形成了抗日救亡的高潮;

预设二:浙江地区的党组织得到了快速发展壮大。

【设计意图】初步了解全面内战的爆发及人民解放战争的进程,体会国民党政权在大陆统治灭亡的原因,以及思考中国共产党领导人民取得中国革命胜利的原因和意义。

(5)叛徒告密,英勇就义

【教师活动】教师导语:陈毅元帅在党的第七次全国代表大会上发言时说:"直到最后一分钟,刘英同志都是和国民党斗争,始终没有向敌人屈服"。那么,刘英烈士是怎样牺牲的呢?

【板书】叛徒告密,英勇就义。

【学生活动】小组汇报：介绍"被捕前后"的刘英。

【学生活动】阅读：

追忆刘英烈士

1955 年,我时任东阳县人民法院刑事审判庭庭长,亲自审判杀害刘英烈士的刽子手单银昌案件。虽年事已久,但许许多多案内情节,记忆犹新。

回忆我代表国家审判杀害刘英烈士刽子手一案的前前后后,总是心潮澎湃、感慨万千……现把这一案件中鲜为人知的材料写出来告知读者,以让青少年一代及社会各界能更多地了解中国共产党领导人民群众夺取革命政权的艰难历程,深切感受人民当家作主确确实实来之不易。

判徒李小金脱逃

1942 年任中国共产党浙江、江西、福建边区省委书记兼任浙江省委书记的刘英,当时处在国民党的白色政权统治下,在浙、赣、闽三省组织地下革命活动。刘英当时的警卫员李小金(解放前夕逃往台湾任高级特务)在浙江境内对人民作恶多端,犯下了不可饶恕的罪行。

党组织决定对李小金处以死刑,以平民愤,挽回党的不良形象。在钱塘江渡船押解李小金过程中,国民党税务警察在对岸误为偷运食盐船只,开枪鸣警,由于执行人员寡不敌众致使李小金乘机脱逃。李小金随即至杭州向中统特务首脑机构省调查统计局,向时任主任的刘怡生(解放前夕逃往台湾任高级特务)、张子海(杭州市解放时被判无期徒刑)汇报刘英的各方活动情况,叛变投靠特务机构。

刘英被捕

李小金经一段时间特务训练后,被派往台州地区任县中统汇报室秘书,并领授刘怡生、张子海的指派要活抓刘英。刘怡生、张子海对李小金如获至宝,立即向蒋介石汇报,并接受蒋介石指令,一定活抓刘英,破坏中共三省边区党组织。叛徒李小金接受特务头子刘怡生、张子海密捕刘英旨意后,即长时间地在金华、丽水、衢州、杭州、台州等地跟踪刘英。当时刘英一副商人的装扮,以购买、销售山货为掩护。刘英在温州某山货店的行踪被李小金发现,随即通过情报机构向刘怡生、张子海汇报这一重大线索,刘、张随即调动大批特务、警察迅速赶往温州。叛徒李小金已盯上刘英,当刘英身穿长衫,头戴礼帽,从山货店门口走出之际,即冲上去抱住刘英,抓住刘英裤带不放,附近守候的特务60余人顿时团团包围,刘英在一阵痛骂叛徒、特务声中,被押解离开温州。刘英被关押到国民党浙江省政府驻地永康方岩,在岩下监狱与已被关押的中共金华、衢州特别委员会书记张贵卿等同志一起过着铁窗生涯。

刘英英勇就义

刘怡生、张子海等立即向蒋介石汇报刘英被捕的消息,蒋介石喜出望外,欲一举消灭浙、赣、闽三省的地下党组织。

特务头子刘怡生、张子海坐镇岩下监狱,轮番提审,先期均以软化、诱骗刘英叛变,并胡说中国共产党前途没落,国际共产主义已面临垮台。他们认为刘英也许会因受不了酷刑而叛变。但每次提审中得到的只有刘英对他们宣传中共的政策,党的纲领和宗旨,国际共产主义的重大活动,同时揭露国民党的腐败和没落,以及祸国殃民的事实。审讯室成为宣传我党的大讲台,特务想得到的材料一无所获。刽子手单银昌供述"刘怡生、张子海劝刘英叛变,反被刘英对他们进行赤化教育,刘英太厉害了"。

1942年4月,抗日烽火漫卷金华、东阳、永康一带,刘怡生、张子海在一无所获的情况下向蒋介石作了汇报,蒋介石作出批示:"无感化余地,坚持共产主义信仰,对刘英、张贵卿处死示众"。

1942年4月12日上午,大批特务包围了岩下监狱,刘怡生、张子海授意刽子手单银昌枪杀刘英,另一名刽子手陈某某(新昌人)枪杀张贵卿。

行刑前,刘怡生、张子海假惺惺地对刘英说:"日本鬼子近日即将沦陷永康大地,蒋介石委员长指令我们要保护你们的安全,准备向松阳方向转移,请你们立即离开监狱"。刘英、张贵卿已察觉到将赴刑场,视死如归,对监狱内的战友们作了一番坚持党的信仰宣传,鼓励战友坚持到底就是胜利,以及头可破、血可流,革命意志不能丢的教育。刘英随即将身上穿着的毛衣送给了其他的战友,整好外衣,梳好长发。200余名全副武装的特务押送他们离开监狱。在距离刑场不到几百米处,刘英、张贵卿见大批特务停滞不前时,意识到刑场即到,就高声大喊"中国共产党万岁! 国际共产主义万岁! 无产阶级革命万岁!"等庄严口号,在一片正义的口号声中从容就义,血染大地,长眠青山。刘英牺牲时年仅36岁。

刽子手单银昌被枪决

刽子手单银昌系东阳城附近农村人,曾任中统省领导机构调查统计局情报处行动组长,曾参与浙江大学进步组织学生会主席于之三烈士密捕事件,及抓捕中国共产党杭州胡庆余堂支部地下党员。1949年解放前,他准备跟随刘怡生等逃往台湾,约定在舟山下海,因顾念妻子是外省人,便回东阳携妻同逃台湾。由于解放军南下迅速,无法再去舟山,潜伏家中。单银昌自知罪大恶极,距城虽只有五华里,从不敢进城,在家做些小木工活,由其妻去城变卖度日。他长期打听特务机构的情况,寻机潜逃台湾。1955年在镇压反革命运动中被抓捕。1956年经上级人民法院核准,在横店老大桥下召开四万余人参加的宣判大会,单银昌被执行枪决。(本文作者系磐安县人民法院退休干部)

——张朝光:《追忆刘英烈士》

【设计意图】让学生知道当事人或亲历者的口述回忆是重要的史料,并选择有代表性的口述史料进行研读;认识口述史料的价值与局限性;学会整理口述史料。

【教师活动】布置学习任务:

请以历史事件发生的时间顺序为基本线索,整理刘英在白色恐怖时期从坚持斗争、叛徒告密到英勇就义的可歌可泣的悲壮过程。

【学生活动】学生整理刘英在白色恐怖时期从坚持斗争、叛徒告密到英勇就义的可歌可泣的悲壮过程,并绘制思维导图。

【学生活动】小组讨论交流,汇报学习成果。

【设计意图】教师帮助学生梳理历史发展的基本线索和主要阶段,引导学生在历史时空框架下把握重要的历史事件、历史人物、历史现象。

课堂总结,主题拓展。

【教师活动】导语:一个智慧、英勇、坚贞,又充满浪漫情怀的刘英,就这样穿过一封封亲笔书信向我们走来。

【板书】重读烈士刘英的书信。

【学生活动】阅读材料,并讨论后面的问题。

材料六:

在浙江省档案馆汇编的一本党史资料中,看到这封刘英在结婚当天写给"岳母及诸兄"的信,原本心中那个藏在"浙江省第一任省委书记""革命先烈"这些词汇背后平面化、脸谱化的形象突然立体生动、色彩鲜明了起来。一个智慧、英勇、坚贞,又充满浪漫情怀的刘英,就这样穿过一封封亲笔书信向我们走来。"我俩从此结合……结成牢不可破的终身伴侣,为抗战建国伟业共同努力!"——1939 年 10 月 16 日新婚第一天给岳母及诸兄的信

——温州新闻网,2019 年 7 月 19 日

材料七：

1939 年 7 月 21 日，浙江省委在平阳凤卧召开中共浙江省第一次代表大会。刘英当选为省委书记。

这次大会是在国民党开始积极反共，疯狂捕杀共产党人的严峻形势下召开的。

也是在这样令人窒息的白色恐怖高压下，刘英和丁魁梅的爱情之花盛放。

1939 年 10 月 16 日，他们在平阳冠尖一户农家结婚。战友们用稻草编织垫褥，铺设他们的婚床，简朴又甜蜜。那天，他们为自己准备了礼物：一张结婚纪念照、一封写给岳母及诸兄的家书。

刘英在家书中承诺："我俩从此结合，定能本着互尊、互勉、互谅、互助之精神，结成牢不可破的终身伴侣，为抗战建国伟业共同努力！"

在那个最坏的年代，他们遇见彼此，血雨腥风和艰苦卓绝的斗争从未动摇他们的革命理想，反让爱情的花儿越发灿烂。

新婚的承诺，两人终身未悔。

"任何麻醉欺骗与利诱，均不能丝毫动摇我们的斗志和决心！"——1939 年为妻子丁魁梅题写

——温州新闻网，2019 年 7 月 19 日

材料八：

王老板（刘英——笔者注）出外谈生意的时候，就是他往来温州丽水发动工作的时候。

"魁妹，在我们每天十几小时工作之余，除阅读各地新闻外，唯可慰我心灵者，便是你的来信和照片。"

"魁梅战友，站稳自己的立场，把握住事件的真理，任何麻醉欺骗与利诱，均不能丝毫动摇我们的斗志和决心！"

来回奔波时,唯有纸墨间,他们能倾诉理想和思念。

——温州新闻网,2019 年 7 月 19 日

材料九:

虽然刀光剑影不断,但在厦河村的这两年时间,大约是刘英和丁魁梅结婚后最安稳、最幸福的一段时光。30 多年后,丁魁梅回忆这一段生活的文章,笔触轻快,字里行间透着种难言的活泼。

"各种苛刑我是有份的。若通讯都没有了,或许我已赴九泉,但我时刻这样准备着。"——1942 年刘英于永康方岩狱中写给狱友的信,也许是刘英生前最后一封信

——温州新闻网,2019 年 7 月 19 日

【教师活动】布置拓展性作业:重读烈士刘英的书信,请你思考:是什么让刘英烈士那样地战斗?

【设计意图】让学生知道当事人的书信是重要的史料,并选择有代表性的书信史料进行研读,学会整理书信史料。

【设计意图】鼓励学生充分发挥自己的主观能动性,促进学生进行拓展性的深入阅读,开展对问题的积极思考和广泛探讨,勇于表达自己的见解,积极进行观点交流。

【板书】

刘英烈士

好学少年,才气初露

赣南从军,百炼成钢

三年游击,艰苦卓绝

白色恐怖,坚持斗争

叛徒告密,英勇就义

第3课时

一、赴浙江永康方岩风景区的马头山麓刘英烈士陵园,瞻仰革命烈士刘英。

二、就第2课时的拓展性作业结合本次参观进行一次主题演讲比赛。

三、阅读游记材料:

刘英烈士陵园

刘英烈士陵园,位于浙江永康方岩风景区的马头山麓。陵园始建于1953年,1982年进行重修,1988年被定名"刘英烈士陵园"。聂荣臻为陵园题写园名。1992年对陵园进行扩建。现陵园总面积50亩,集墓、馆、碑、亭等于一园。园内建有刘英烈士墓、张贵卿烈士墓、永康十三烈士合墓。

陵园是刘英、张贵卿烈士的牺牲地,建有殉难处以示纪念。革命纪念馆占地总面积1164.5平方米,建筑面积661.75平方米,古园林式的建筑依坡而建。

刘英烈士陵园,紧靠公路的墓道宽6.5米,长62米,由条石铺砌,依地势逐渐升高,通陵寝。墓前平坛长18.3米,宽20.4米,条石铺砌,简朴庄严。墓基为台基式,也用条石铺面,长10.16米,宽20.15米,与平坛之间有踏道相连。墓室呈圆形,下半部墓圈系石砌,上半部填土盖草皮,墓室周围筑石栏杆。中间一座是刘英烈士墓,墓前立石碑一块,碑高2.28米,宽1.14米,上刻"中国共产党浙江省委书记刘英烈士墓",系粟裕同志所书。

陵园内古木林立,松柏挺拔,环境清幽静谧,气氛庄严肃穆。墓道北侧建有"刘英烈士纪念亭"。

整个刘英烈士陵园庄严肃穆,是瞻仰革命先烈、进行革命传统教育和爱国主义教育的红色基地,每年迎来成千上万的瞻仰者。

——《刘英烈士陵园》

【设计意图】设计综合性的主题学习活动,组织学生运用已学知识,在问题解决中提升历史学科核心素养。

四、推荐阅读书目

1. 中共浙江省委党史研究室编:《刘英纪念文集》,中共党史出版社 2002 年版。

2. 中共北京市委宣传部、首都精神文明建设委员会办公室组织编绘:《永远的丰碑 绘画本③》,学习出版社 2006 年版。

3. 解放军烈士传编委会编:《解放军烈士传——第八集 抗日战争时期》,长征出版社 1993 年版。

五、课后思考

1. 刘英烈士的这种革命精神在当今社会有何意义?

2. 刘英烈士的英勇事迹对当今的中学生有什么样的启发?

第四节 海空卫士:王伟

一、本节概述

本节将介绍一位保卫祖国蓝天的英雄,他叫王伟。王伟是浙江湖州人,从小立志报国,自愿应征入伍,在部队里面勤奋练习,全身心投入飞行事业,钻研飞行技术,每次飞行考核都是优秀的。在军校里,王伟积极进取,努力学习,第一批入党,很多重大飞行任务是由他承担的,并且多次立功。2001 年 4 月 1 日,王伟奉命执行任务驱逐美侦察机,但敌机在飞行途中转向撞毁王伟驾驶的战机,王伟牺牲后,全国各族人民都表达了对他的悼念,也谴责了美国侵犯中国主权的行为。在最后一次执行任务的过程中,王伟将自己的英勇顽强、沉着冷静永远镌刻在祖国的蓝天。

二、原典呈现

王伟,浙江湖州人,从小立志报国,高中毕业后自愿应招入伍,在部队勤勉敬业,意志坚定,全身心投身到飞行事业中。努力学习高科技知识,刻苦钻研飞行技术,无论驾驶哪种战机,他都能做到。地面苦练,空中精飞,成为四种气象飞行员,每次飞行考核都是优秀。他积极进取,在军校学习时,第一个当班长、区队长,第一批入党,在部队改装歼七飞机时,他第一个放单飞,始终保持昂扬的精神状态。他经常担负重大飞行任务,多次立功受奖。

——文章主编:《党旗飘飘故事丛书》

2000 年,团里进行一项战法研究,王伟主动承担了图上演示部分。他利用三维动画,把战法表演得惟妙惟肖,并制成多媒体供大家借鉴,在王伟看来,一个优秀的飞行员必须是一个智能型的,不仅要会空中精飞还要动脑飞——他的战法研究非常广泛,不但把对手的各型飞机研究透,还把对手的舰船摸个清;他不但研究打飞机,还研究打导弹,无论是舰机对抗,还是异型机合练;不管是他扮演红方,还是充当蓝军,都能出色地完成任务。

——文章主编:《党旗飘飘故事丛书》

三、教学设计

第 1 课时

导入：

用蓝天引出本节课的内容。

【教师活动】"同学们,我想大家一定都抬头仰望过我们头顶的这片蓝空。同学们愿意跟老师来分享分享,你看到蓝天时会想些什么吗?"

【学生活动】分享自己的想法。

【教师活动】"感谢大家的分享。同学们是不是觉得蓝天是十分纯净美好的? 那大家有没有想过为什么我们能拥有纯净美好的天空呢? 这是因为啊,有人在守护着我们头顶上的天空。每当老师抬头看蓝天时,常常会想起一位英雄,他是我们天空的守护者之一,而他也是今天这节课的主人公。大家请看 PPT,有谁知道这位英雄是谁?"(PPT 出现王伟的照片)

【学生活动】学生说出今天故事主人公的名字"王伟"。

【教师活动】"那我们今天就一起走进王伟的人生,学习他的不朽精神。"

【设计意图】王伟是保护祖国蓝天的烈士,用蓝天来引入,比较符合今天所要讲的主题——"海空卫士"。同时,也让大家明白,岁月从来不会平白无故的静好,蓝天能如此纯净美好,是因为有人在替我们守护。

1. 伟人简介

(1)成长经历

PPT 出现一张湖州的照片(要能体现江南水乡特点)和一张王伟

261

身穿飞行制服、仰望蓝天的照片。

【教师活动】根据照片,询问学生对王伟的印象。

【学生活动】从照片出发,发挥想象,分享自己对王伟的印象。

【设计意图】一方水土养一方人,王伟的家乡对其性格等有一定的影响。而仰望蓝天的照片更能反映出王伟的理想与追求。以图片的形式再加上学生的联想,可以锻炼学生从图片中解读信息的能力。同时也能凝聚学生的注意力,活跃课堂气氛。

材料一:

壮丽的人生瞬间,源于对崇高理想的不懈追求,还是一名中学生时,王伟就坚定了从军报国理想。他在日记中写道:"能成为一只翱翔蓝天的雄鹰,是我人生最大的追求!"正是这种追求,使他放弃了报考地方大学的机会,放弃了具有发展潜质的艺术特长,放弃了难得的经商机会。

——文章主编:《党旗飘飘故事丛书》

【教师活动】由教师结合材料,对王伟的成长经历进行简单的描述。

"1968年4月,王伟诞生于江南水乡——湖州的一户普通家庭中。王伟成为一名飞行员是有着必然因素的。王伟的父母说,王伟从小就从他外公那里懂得了不少做人的道理;从他两个阿姨家找到了做人的榜样,产生了对军人的热爱,这种感情伴随他长大。王伟的母亲王月琴说,王伟的大姨、大姨夫、二姨夫都是老军人,两个阿姨的儿子是飞行员,在家庭浓厚氛围的熏陶下,王伟从小就萌生出当飞行员保卫祖国的愿望。他的父母回忆说,王伟想当飞行员'简直到了痴迷的程度'。他的家乡浙江湖州有个空军机场,只要飞机从城市上空飞过,哪怕是吃饭,王伟也要丢下碗筷,跑到外面看飞机。可以说,飞向蓝天是王伟融入血脉的信念。1986 年春天,空军飞行学院来到湖州招飞,这个消息更让王伟兴奋不已。王伟如愿地完成了儿时的梦想,成了一名伟大的飞行员。"

【设计意图】学生对王伟的成长经历是比较陌生的。这一部分的内容适合老师带有感情的讲述。这不仅可以让学生们熟悉王伟的成长经历,也可以让学生们明白一个人的信念往往是从小形成的。以讲故事的形式讲述王伟的少年时代能加深学生们对烈士的认识,也能激发起学生们学习的兴趣。学生们这时也正好处于少年时代,可以引导学生们向王伟学习,建立自己的人生目标。

【板书】小小少年心怀蓝天,厚积薄发心愿终成。

(2)伟人品质

材料二:

1991 年 6 月,王伟从空军某航校毕业时,主动要求到海军部队工作。在选择去向时,他又毅然提出到天涯海角,守卫祖国的南大门。尽管亲友们希望他能分到离家乡近一点的上海、杭州或是常州,尽管他也希望作为父母的独生子能多尽一份孝心,减少一份父母的牵挂,但他却初衷不改。面对劝说的亲朋好友,他深情地说:"美好的生活人人向往,但总得要有人做出牺牲:对我来说,祖国的需要永远是惟一的选择。"

——文章主编:《党旗飘飘故事丛书》

材料三:

阮国琴清楚地记得,王伟探家时,一位转业到民航工作的航校同学到他家做客,向王伟介绍他的收入高出部队十多倍,还有自己的房子和汽车。当这位同学询问王伟今后的打算时,王伟平静地回答:"挣钱的机会人人都有,但穿上军装报效祖国的机会不是每一个人都能争取到的。"在这个假期里,每当听到天空有飞机轰鸣声,王伟就会兴奋得跑到外面,仰天注视,迟迟不肯进家门,细心的妻子知道丈夫离不开他的神圣岗位,离不开他魂牵梦萦的战鹰,只好让他提前归队。

——文章主编:《党旗飘飘故事丛书》

材料四:

1998 年春,已经飞过两种机型的王伟,了解到部队即将装备国产先进歼击机,又一次报名申请首批飞行。有人劝他:"一旦改装,又是从零开始,你又成了一名新飞行员,像你这样的飞行技术,在别的部队早已干上大队长了。"王伟却不为所动。他说:"我不在乎当官,只要能早一天飞上新机种,无论个人付出多大的代价我也愿意。"

——文章主编:《党旗飘飘故事丛书》

材料五:

在某飞行团的飞行日志上,记载着王伟闪光的航迹:截至 2001 年 3 月 31 日,他已安全飞行 1152 小时 6 分钟,起飞 2000 余架次。这一组数字,是他用青春谱写的一曲理想壮歌。

在 15 年飞行生涯中,王伟不断书写着一个个骄人的"第一":

在飞行学院同期学员中,他第一个放单飞翱翔蓝天;

在飞行部队三次装备更新中,他每次都是第一个担负战备值班任务;

在同一批飞行员中,他第一个飞满 1000 小时,成为能飞四种气象的"全天候"飞行员;

在同龄飞行员中,他战斗起飞的次数最多,执行重大任务的次数最多。

这一个个"第一",是王伟苦练精飞的印证。

——文章主编:《党旗飘飘故事丛书》

【教师活动】提问并引导学生作答,并在学生回答的基础上进行总结和补充。

【学生活动】根据材料进行分析总结,概括出王伟身上值得我们学习的优秀品质。

【设计意图】王伟身上有许多值得我们学习的精神品质。让学生根据材料,分析总结得出王伟身上值得学习的精神品质。这样学生们不仅能锻炼从材料中获取信息的能力,同时也能向王伟学习他的优秀品质。

【板书】无私奉献、不怕吃苦、淡泊名利、积极进取。

2. 中美撞机事件

(1)事件过程

【教师活动】"说起4月1号,大家的第一反应会是什么?我想大多数人的第一反应一定会是愚人节。没错,4月1号是愚人节,但同样也是王伟烈士的忌日。2001年的4月1日,这个日子注定对国人有着不一样的含义。这一天,国人永远记住了王伟,还有他的座机编号81192。现在,我们退回到2001年,来看看那一年的4月1号发生了些什么。"

PPT出现图片和时间轴,内容以教师根据时间轴讲述为主。

【教师活动】"2001年3月31日星期六,王伟执行完任务回家,他告诉妻子明天还要战备值班,按照规定,不能在家过夜。阮国琴很理解,她紧紧地抱着丈夫,与他吻别,没想到这一吻竟成永别。4月1日,美国1架军用侦察机飞抵中国海南岛东南海域上空活动,中方2架军用飞机对其进行跟踪监视。当中方飞机在海南岛东南104公里处正常飞行时,美机突然向中方飞机转向,其机头和左翼与中方1架飞机相撞,致使中方飞机坠毁,飞行员跳伞。美机未经中方允许,进入中国领空,并降落在海南岛陵水机场。"

（事件过程参考海南省人民政府主办《海南年鉴》总第 14 卷）

【教师活动】"这位跳伞的飞行员便是王伟,4 月 1 日王伟用忠诚飞完了生命的最后航程。赵宇曾经回忆过这一天。"

【学生活动】请一位同学有感情地朗读赵宇的回忆。

"那天少云,能见度大于 10 公里。我和王伟奉命起飞后约 7 分钟,在我们左前方 20 度、距离 50 公里处发现一架大型飞机(美 EP—3 型电子侦察机)。美机航向为 240 度,当它发现我机后,航向调整至 40 度,我机也跟着转向。9 时 05 分,美机调整航向至 110 度,我机也转至 110 度与美机同向同速飞行。我机在海南岛一侧,美机在外侧,我机距美机约 400 米。9 时 07 分,美机突然大动作向我机方向转向,向王伟驾驶的飞机撞压过去。我看到美机机头和左机翼撞到王伟的飞机,同时美机左翼外侧螺旋桨将王伟驾驶的飞机垂直尾翼打成碎片。我提示王伟,'你的垂尾被打掉了,注意保持状态,保持状态'。王伟回答'明白'。约 30 秒后,我发现王伟飞机右滚下俯状坠落,飞机失去控制。王伟请求跳伞,我回答,'可以'。尔后,我与王伟失去联系。"

【教师活动】学生朗读完毕之后,接着简述一下王伟失踪之后的搜救工作。

"王伟失踪后,中国军民在南海展开了有史以来规模最大的搜救行动。由于王伟的命运在很大程度上影响着中美撞机事件的解决进程,他的下落一时成为引人注目的国际热点。在中国,王伟的失踪既增添了民众对美国霸道行径的怒火,也使中国领导层和负责搜救工作的军方倍感压力。江泽民多次要求要不惜一切代价运用一切手段全力进行搜救。海军司令亲自指挥搜救工作,但王伟还是在茫茫大海中消失了。'这里是 81192,这里是 81192,我是驾驶员王伟,我已无法返航,请你们继续前进!'寥寥数语,成为王伟最后的通话记录。同学们听完王伟的故事,你们现在有什么所思所想呢?"

【学生活动】分享一下,听完王伟的故事之后的所思所想。

【设计意图】照片再配合教师有感情的讲述,能更好地激起学生的置身其中的情绪。而根据赵宇的回忆,可以再进一步让学生了解中美撞机事件的过程,加深学生的印象。让学生有所思考,进一步深化学生对王伟的敬佩之情。

（2）中美博弈

以时间轴的形式梳理事件发生后中美之间的博弈过程。PPT 按时间轴出现相应的内容并配合教师的讲述。

材料六:

事发后,对美方飞机撞毁中方飞机并侵犯中国主权和领空的行径,中国外交部于 4 月 1 日向美国政府提出严正交涉和抗议,指出美方对此事件负有全部责任,强烈要求美国政府就美方飞机撞毁中方飞机并侵犯中国主权和领空的行径向中国政府和人民作出解释,并采取切实有效措施防止类似事件再次发生。中方严正指出,美机的行为严重违反了国际法和国际惯例,是严重侵犯中国领空和主权的行为。

中方认为,首先,此次撞机事件发生在中国近海上空,属中国专属经济区的上覆空域。虽然根据《联合国海洋法公约》的规定,外国飞机在专属经济区享有飞越自由,但这种飞越自由是有条件限制的。因为《联合国海洋法公约》第 58 条规定,外国飞机在享有公约所规定的飞越自由的同时,要顾及沿海国的权利,应遵守沿海国的法律和国际法的规则,不得从事危害沿海国主权、安全和国家利益的活动。然而,美国军用侦察机在中国沿海上空针对中国的侦察行为及飞行状态,已经是滥用并违反了"飞越自由"原则,对中国的安全利益构成了严重威胁,显然是对中国国家主权的挑衅。

其次,美军用侦察机未经许可进入中国领空,并降落在中方境内是对中国领空主权的侵犯。根据《中华人民共和国领海及毗连区法》第12条,外国航空器只有根据该国政府与中华人民共和国政府签订的协定、协议或者经中华人民共和国政府或者其授权的机关批准或者接受,方可进入中国领海上空。美军用侦察机从撞毁中国飞机至进入中国领海上空并在中国机场降落的整个过程,从未向中方发出进入或降落的申请,也未向中方发出通知。因而,美机擅自进入中国领空并在中国机场降落,构成了对中国领空主权的严重侵犯。

事件发生后,世界各国报纸相继发表文章,抨击美国的霸权行径,并强烈要求美国"从世界的和平利益出发",就4月1日美国军用侦察机撞毁中国战机事件承担全部责任。

然而,美国对于此次撞机事件竟然是恶人先告状、百般强词夺理!战机碰撞事件发生后,美军太平洋舰队总司令布莱尔指责中国战机拦阻美军飞机是"日益频繁的不安全行为"。同时,美国总统布什在讲话中竟然只提要求中国归还美国飞机及军事人员的事,而根本不提及美机的不法行为。

对此,4月3日,中国国家主席江泽民在北京会见卡塔尔首相阿卜杜拉时表示:美国应尽快就美方飞机撞毁中方飞机并侵犯中国主权和领空的行径向中国政府和人民作出解释,向中方道歉,并承担全部责任;同时美国应停止在中国沿海空域的侦察飞行,这样才能防止类似事件的再次发生,才有利于中美关系的发展。

4月4日,中国外交部部长唐家璇在北京召见美国驻华大使普理赫,就美国军用侦察机撞毁中国军用飞机一事再次向美方严正交涉。同时中国国家主席江泽民出访拉美六国之前,重申了中国要求美方道歉的立场。但美国仍拒不道歉。

4月5日，美国总统布什在应邀向全美报业编辑协会发表演讲后，在接受现场记者提问时首次公开对中国战机坠毁和飞行员失踪表示遗憾。中方对美国总统布什的遗憾表述表示欢迎。

4月8日，美国国务卿鲍威尔在接受哥伦比亚广播公司的电视采访时说，美方承认其军用侦察机在4月1日撞击事件中"侵犯了"中国领空，并对此表示"抱歉"。这是美国首次承认美军侦察机侵犯中国领空。这也就为事件的解决提供了有利的条件。

4月11日下午5时30分，在中华人民共和国外交部，美国政府处理美国军用侦察机撞毁中国军用飞机事件的全权代表、美国驻华大使普理赫向中国外交部部长唐家璇递交了关于美国军用侦察机撞毁中国军用飞机的致歉信。美方在信中表示，"布什总统和鲍威尔国务卿对中方飞行员失踪和飞机坠毁都已表示了真诚的遗憾。请向中国人民和飞行员王伟的家属转达，我们对飞行员王伟的失踪和那架飞机的坠毁深表歉意"。美方还对其飞机"未经口头许可而进入中国领空并降落深表歉意"。中国外交部部长唐家璇在接受致歉信时指出，美方对此事件必须承担全部责任，向中国人民作出交代，停止在中国沿海进行侦察活动，防止类似事件再次发生。同时中国外交部宣布允许美国机组人员离境。

4月12日，美国大陆航空公司的"波音737"飞机从中国海口市美兰机场起飞，将24名机上人员送回了美国。

4月18日下午3时许，中美双方开始在外交部大楼就撞机事件进行谈判，会谈计划为期两天。中方代表团团长由外交部美大司司长卢树民担任。这次谈判的主要议题包括造成这一事件的原因、美方停止派飞机到中国近海进行侦察活动、如何避免今后再次发生类似事件及其他相关问题。

4月19日下午，中国外交部发言人章启月在北京举行记者招待会，并提供了录像带演示。事实证明，是美机从后面撞上了我机。因此撞击事件的责任完全在美方。

此后，双方的谈判仍在继续中。

5月7日，美国竟然动用了比"EP—3"更为先进的"RC—135"侦察机恢复对中国沿海侦察行动，而且在此之前，美国还派出海军船只到中国东南沿海侦察。另外，美国国防部长拉姆斯菲尔德又在安德鲁斯空军基地将"杰出飞行十字勋章"授予了撞毁中国飞机的"EP—3"间谍机飞行员奥斯博恩，同时其他22名机组人员也获奖。

24名机组人员遣返后，接下来要解决"EP—3"侦察机的处理问题了。由于这架肇事飞机是当今世界最先进的电子侦察机，该机装配有尖端电子侦察设备，是美国海军惟一的一种陆基信号情报侦察机，价值8000多万美元。目前美国也仅拥有10架。也正因为该机价格不菲且可能藏有重要军事情报，所以美国就急不可待地想要回间谍飞机。但中方认为，这架飞机是撞毁我战斗机并导致飞行员王伟牺牲的罪魁祸首，中国方面坚决不准这架间谍飞机飞行离境。美国最终不得不同意拆开飞机，从中国空运出境。

2001年5月29日，中国外交部发言人朱邦造宣布，中国外交部部长助理周文重同美国驻华使馆临时代办马林经过多轮磋商，已于近日就美国"EP—3"侦察机的返还问题达成原则协议。中方同意美方派一架租用的商业"安—124"运输机到中国海南将拆解后的"EP—3"飞机运回。

6月7日，中国外交部发言人孙玉玺表示，中美双方已就拆运受损的美国"EP—3"侦察机的具体技术安排达成协议。美国五角大楼官员同日也表示，美方计划将"EP—3"侦察机拆成机身、机尾和两个机翼4

部分,然后将其装进"安—124"运输机内运回美国。

6月16日上午,美方租用的一架商用"安—124"运输机抵达海南陵水机场,拆运美"EP—3"侦察机。8月15日,中国外交部发言人就中美撞机事件支付问题发表谈话,指出美方关于撞机事件支付问题的所谓决定,无论其内容还是形式,都是中方不能接受的,强烈敦促美方纠正错误决定,早日就支付问题向中方作出应有的交代,以利于该问题的妥善解决。最后,经过双方协商,问题基本得到了解决。

——刘继南主编:《当代世界概览》

【教师活动】有感情地讲述中美博弈的具体过程。

【学生活动】请学生们对中方和美方的行为分别进行评价。

【设计意图】从中美博弈的过程中,学生们能从中发现美国的霸权主义。可以锻炼学生思考、评价的能力,培养学生的爱国情怀。

材料七:

中美撞机事件有感(二首)

(一)

海空一撞本天昭,信口雌黄却反咬。

难驯恃强凶恶虎,狠欺初壮小羊羔。

英雄殉国魂尤伟,百姓兴邦志益豪。

荡荡九州云水怒,团团热气炙烟霄。

(二)

男儿有泪不轻弹,又一深仇债未还。

汗擦刀枪勤习武,魂牵家国奋钳蛮。

篱笆无漏狼犹窜,铁壁金汤敌岂攀?

固我长城时不待,莫辜烈士寄心丹。

——《眺塔楼诗词选》

【学生活动】有感情地朗读这两首诗。

【教师活动】结合诗句,描述一下自己的所思所想来结束课程。

【设计意图】诗句饱含后人对王伟烈士的怀念与赞扬,用诗句来结束本节课,可以再次烘托本节课的爱国主题。

课后作业:查阅相关资料,了解中国空军的发展。

【板书】

伟人简介 { 成长经历
伟人品质

中美撞机事件 { 事件过程
中美博弈

第2课时

【教师活动】"同学们,你们有没有想过,为什么美国战斗机会出现在中国领空,为什么会出现中美撞机事件呢?"

【学生活动】以四人小组为单位,讨论原因,每组派一名代表上台讲述小组观点。

【教师活动】"同学们,近代以来中国经历的种种告诉我们一个道理:落后就要挨打。王伟和他的81192号战斗机,已经成为一个图腾,蕴藏着负重前行的动力。我们从来不是止步不前的民族,我们追求进步、追求卓越。"

从1999年的台海危机和中国驻前南大使馆被炸事件,到南海撞机事件,中国人终于明白,单靠GDP赢不来尊严,我们要有强大的军队,要有强大的国防。从那时起,一大批被搁置被拖延的大型国防项目纷纷重新上马。自21世纪初,中美南海撞机事件之后,中国加快了海军航空兵的发展速度和力度,提高了海军航空兵装备水平,目前,已经初步形成了以新一代作战飞机为主的现代化航空装备体系,对比 12 年前的力不从心,今天的中国海军航空兵已经今非昔比,具备应对各种紧急事态的能力! 今天这节课,我们就来分享中美撞机事件后,中国海空部队的发展。

【教师活动】PPT 展示各种类型战斗机的图片,并介绍其性能。

播放中国空军宣传片。

"在王伟烈士牺牲的南海,我国持续推进了岛礁建设。如今在我实控岛礁已经出现了数片广阔的陆地,大者可以起降飞机,小者亦有完善的空情、海情保障设施,基地化的岛礁已经使得我航空兵鞭长莫及的南沙区域拥有了最佳的屏障。在王伟烈士生前服役的南海舰队航空兵,我军一口气列装了数十架先进的歼-11B 战斗机。2014 年,就是这支部队的歼-11B 绕着美军侦察机做了滚筒动作,一举将其驱离。今天的中国海军航空兵,不仅实现了大批三代战机的换装,更因为航空母舰的列装而组建有舰载的歼-15 战斗机部队。除此之外,我们有了自己的航空母舰——不止一艘,目前国产航母正在紧张地试航当中,而第三艘航母也在船厂中加班加点地制造。当然,按照我国对航母的需求,未来的航母不止一艘,而航母上搭载的歼-15 战斗机也将更新为舰载隐身战斗机。而当年那支仅能近海防御的中国海军如今也已成长为世界上规模第二大的海上力量,中国海军军舰的足迹已经不限于近海海域,而是拓展到了第二岛链以及印度洋、大西洋海域。18 年时间,一支远洋海军已经初具规模。我想王伟的英灵能看到这些,想必是会十分欣慰的吧。"

【设计意图】让同学们了解一些军事知识,并知道祖国空军的发展和强大,增强民族的自豪感,培养爱国情怀的同时也让同学们对那些为祖国强大而默默付出的人们有更多的了解。

课后作业:给王伟叔叔写一封信(500字以内)。

第3课时

带领学生们前往凤凰公园的王伟纪念碑进行献花,并读一读自己写给王伟叔叔的话。

【设计意图】给王伟纪念碑献花,教育孩子们要永怀先烈,培养爱国情怀,起到进行爱国主义教育的目的。

四、推荐阅读书目

邓威等编:《海空卫士王伟》,浙江教育出版社2001年版。

五、课后思考

中美撞机事件,对当代青年有何启示(从事件本身以及王伟的品质两方面考虑)?

第五章 红色治理

在党的十六大之后,经济建设、政治建设、社会建设、文化建设、生态文明建设的社会主义建设"五位一体"总体布局以清晰的规划向我们指明了社会主义建设的内容、方向。而在新中国成立之后,建设问题也以刻不容缓的姿态,呈现在久经战乱、百废待兴的中国人民面前。在和平年代,中国人民继续发挥着任劳任怨、艰苦奋斗的精神,在黑暗与险阻中摸索着建设的经验。浙江人民也勇于尝试,创下了一条条建设的先进经验。

面对混乱的人员管理,绍兴枫桥人民厘清类型、对阵下药,有条不紊创下调解矛盾、保证治安的"枫桥经验";而面对生产困境,劳动力不足时,杭州千鹤妇女勇于担当、挺身而出、力破谣言,写下"妇女能顶半边天"的佳话;面对突如其来的滔天洪灾,好似宁波象山人民,有条不紊、积极自救,是党员、干部挺身而出,民众响应帮扶,以融融人情战胜无情天灾。正是这些地方的民众发挥智慧,解决了建设初期社会建设、经济建设、生态文明建设的问题。到了中国经济高速发展的 21 世纪,浙江安吉人民在习近平同志的指导之下,作为环境治理的先声,实践"绿水青山就是金山银山"的新时代致富经。

在这一节中,我们将学习"八一台灾"的防治与对抗、"两山"理论的生态防治、基层治理的"枫桥经验"、千鹤妇女的劳动解放,来感受建设时代的浙江精神。

第一节　垦荒精神:大陈岛垦荒

一、本节概述

1955年11月,时任共青团中央书记处第一书记的胡耀邦向温州青年发出了"组成青年志愿垦荒队,开发重建大陈岛"的号召。同年1月31日,首批227名青年登上大陈岛,一直到1960年为止,共有447名垦荒队员上岛垦荒。根据中共浙江省委的指示,中共温州地委逐渐先后设立起大陈区人民政府(县级),同时建立中共大陈工作委员会。4月第一批大陆移民进岛,翌年又有温州市青年组成"垦荒队"支援大陈。经40余年的建设,海岛环境已得到很大改观,并且作为国家级渔港进行建设。大陈岛也有不少的旅游景点,旅游资源相当丰富。

二、原典呈现

大陈岛垦荒队员为什么与中共中央原总书记胡耀邦有这么深的感情? 1955年11月,时任团中央书记胡耀邦向温州青年(当时温州、台州合并)发出了"建设伟大祖国的大陈岛"的伟大号召。1956年1月31日,首批227名青年队员登上大陈岛开始垦荒生活,至1960年春,垦荒队员人数已达447名。从1955年11月至1986年2月17日,胡耀邦总书记对大陈岛的垦荒开发、渔业生产、科技教育,对垦荒队员的艰苦生活,如何战胜困难、建设美好家园等作了六次题词、批示。1985年12月29日,胡耀邦总书记亲自登上大陈岛看望老垦荒队员,那个场景非常激动人心,令人难忘。

——林希才:《八十春秋再回首——林希才回忆录续集》

三、教学设计

第1课时

导入:

教师从大陈岛的旅游资源入手,展示大陈岛的景点图片,引起学生的兴趣,带动课堂气氛。

"同学们在假期的时候,可能会去不同的地方旅游,那么谈到旅游景点,老师想跟大家介绍一下浙江台州的大陈岛。大陈岛风景优美,旅游资源非常丰富,是出门游玩的一个非常好的目的地。不过,大陈岛也并不是一开始就有这么多旅游资源的,原来的大陈岛历经战火纷飞的岁月,变得满目疮痍,它逐渐变得繁荣起来,是在政府开始进行大陈岛的垦荒之后。下面我们就来学习和了解一下大陈岛垦荒的相关历史。"

材料一:

材料二：

材料三：

【设计意图】通过图片展示引入课堂教学,激发学生兴趣,刚好能
够体现出大陈岛旅游资源丰富的特点。同时,通过如今的繁荣回首过
去,引入大陈岛垦荒的历史,衔接自然。

1. 千疮百孔的大陈岛

（1）过去的大陈岛

材料四：

素有"东海明珠"之称的大陈岛位于浙江省台州湾东南海域，距离台州市椒江城区54千米，距大陆最近点金清黄郎23.6千米，由上大陈岛、下大陈岛两个岛屿组成，其中上大陈岛面积6.9平方千米，下大陈岛4.7平方千米。近年来，大陈岛被评为中国海洋宝岛、国家级生态镇、省级文明乡镇、省级旅游强镇、省级森林城镇、省科普示范乡镇等称号，2012年9月26日列为浙江省海洋开发与保护示范岛。

大陈岛是一个具有传奇色彩的岛屿。不仅风景秀丽，有被喻为东海第一盆景的甲午岩、世界巨浪之最浪通门以及帽羽沙、望夫礁等自然景观，更因一江山战役、垦荒历史闻名中外。作为国民党撤离祖国大陆的最后一个据点，大陈岛上碉堡、战壕、坑道等战争遗址非常丰富，入选第一批全国经典红色旅游线。

大陈渔场是浙江省第二大渔场，历来盛产石斑鱼、墨鱼、带鱼等各种经济鱼类及虾类、贝类等。每逢渔汛，千帆云集，马达轰鸣，颇为壮观。大陈岛周边海域水质优良，饵料丰富，是浙江省重点浅海养殖区和增殖区，特别是深水抗风浪网箱、铜网围海养殖大黄鱼发展迅速，"大陈黄鱼"获国家地理标志证明商标注册保护，年产优质大陈黄鱼700多吨，"大陈黄鱼、畅流四海"已成为海岛的一张闪亮名片。

——李佳芮、林宁编：《海岛旅游》

材料五：

海上森林公园位于台州湾海域，由上、下大陈岛及洋旗岛、蛇山岛、鸟岛等20个岛礁组成。上大陈岛以优美的海港自然风光、象形肖物的海蚀景观、丰富多样的森林景观、传奇的历史遗迹和优良的天然海滨浴场为特色,最有名气的是乌头海滩,依山傍海,沙黑水清。下大陈岛以渔港风情、峻峭雄奇的海蚀地貌、神秘的海神宗教寺庙和珍稀海岛植物景观为特色。建有大陈岛青少年宫、垦荒创业陈列馆、胡耀邦纪念室以及风力发电机群等。有"东海第一盆景"之誉的甲午岩,堪称一绝,两片 30 余米高的巨形礁石形如大海中的风帆,直指苍穹。解放军解放大陆岛的故事颇有传奇色彩,青年志愿者曾在这里垦荒。岛上森林覆盖率达 56%,年平均气温 16.7℃,具有典型的冬暖夏凉的亚热带海洋性季风气候环境。由于潮汐、洋流、风流和海洋生物的长期作用,形成了号称"东海第一大盆景"的甲午岩、碧水细沙的帽羽沙、乌沙头海滨浴场和风景如画的屏风山、浪通门、高梨、下屿龙洞等众多海上奇观。

——《走遍中国》

【教师活动】通过 PPT 展示相关史料,并进行讲解,让学生们从大陈岛的历史中了解大陈岛的风土和人民生活状况。在学生发言后,对大陈岛不同方面的特征进行归纳总结并制作板书。

【学生活动】对大陈岛的地理位置、自然资源、历史发展等方面进行总结,并举手发言。

【设计意图】向学生介绍大陈岛过去的历史,对大陈岛各方面的资源等进行归纳分析,让学生了解到大陈岛的资源情况和历史进程。

【板书】千疮百孔的大陈岛。

(2)战争结束后的大陈岛

材料六:

从海边到山谷,一直到山坡上,全是烧毁过的房子,路上处处可以看到打烂的汽油桶、空罐头和酒瓶等东西,虽然经过大整理,但敌人逃跑时残酷破坏的痕迹仍很深刻。大陈岛,受到苦难是多么深重啊!我很注意地看了那一座门口挂着"俱乐部"牌子的房屋,倒不是它有什么特别引人注意的地方,只是因为很牢固地屹立在山坡边,里面经常有许多战士在学习,下雨天在这里练习射击。它不像是新盖的,因为它的木料和洋铁皮还留着火烧的黑色焦疤。

——《追回青春》,《青年报》1955 年 7 月 26 日

材料七:

人民解放军登陆后,首先对上、下大陈岛及周围小岛进行了搜索,发现上下大陈及其周围小岛上还有42人:在下大陈的土地堂村发现一位奄奄一息的80岁老人孔江波,在他病床旁边还存放着一口棺材,他家人叫他自己感到活不下去时就滚到棺材里去,部队发现后马上为他治疗,以后活到95岁;在南田村发现一个疯子叫罗小相,他是因妻子被坏人霸占造成神经不正常,当时他被绳索捆着关在房子里;被关在洋岐岛的有40人,这40人中被国民党特务机关从下大陈抓去关押的有5人,一个叫胡彩云,51岁,她有两个儿子,大儿子则国荣,在团台州地委工作,小儿子则国法在空军某部工作,她是因"军属"的罪名被抓的;还有王守憎、王其昌父子,他们因到大陆卖鱼,被说成是给共产党送情报被抓;再有王香花母女二人,王香花当时30多岁,女儿才1、2岁,她是因有人造谣,说她在家里扎五角星被抓。还有被国民党军在海上抓来关押的温岭钓浜的渔民22人,外地到大陈岛的10人(其中有温州人卡梅、海门人林之清、沈家门人洪信、泽国人林明跃、松门人罗梦正、竹屿人严楚亭、宁波人、新昌人等);除上述37人外,还有3人是国民党军安插在洋岐岛上的特工人员,后经司法部门审理,根据他们罪恶轻重分别被判刑。

——台州市政协文史资料和学习委员会编:
《台州市文史资料第五辑·往事追踪》

材料八:

中国红十字会在《关于蒋军在美国指使和掩护下撤出大陈岛时所犯下的罪行的调查报告书》中,有这样的记载:

"大陈岛上共有24个村庄和街镇的民房被烧毁,大沙头附近原有32户居民,他们的房屋被全部烧毁,在渔民叶小侬房屋的废墟上,没有上过油的新渔网被烧成一堆白灰,另一间原是卖糖小贩江文正的草屋,被烧得只剩下制糖用的铲、刀锅和印模了。废墟上还有不少渔网的灰烬和烧坏了的瓷网坠子、铁锚、锄头、镰刀、铁耙、铁锹、锯条、凿子……南坑里、小坑里、关帝庙等村庄全部被烧毁,连家具都无一完存;下大陈的十多处水井、水池和水库大多被炸,几百年来岛上居民用毕生心血建造起来的住宅、庭院、商店、医院、学校,也都遭到焚烧和破坏……"

"蒋军撤逃前,在距防御工事很远的居民菜园里、麦地里、房屋附近和水井边,埋下很多地雷;在下大陈下嘴头村庄的南、西、北三个方向的菜园和麦地里,有许多雷坑,村西北的一个布雷区设在一级级梯田里,长约300米,宽约200米;在一些没有完全烧尽或破坏彻底的村庄附近,也埋着许多雷。这些地雷都是美国制造的。"

大陈岛整个岛上只留下两个活人:一是神志失常的罗小番,一是奄奄一息的80岁老人孔江波。这就是当时美蒋吹嘘的"金刚计划",也就是国际通称的"大陈浩劫"的真实写照。

——温州市鹿城区政协学习文史委员会编:《鹿城文史集粹(上册)政治军事 工商经济》

【教师活动】介绍垦荒前的处于战争时期的大陈岛,说明在20世纪50年代左右,大陈岛的荒芜和千疮百孔,处在一个百废待兴的状况。

【学生活动】根据战争结束后的大陈岛情况,谈一谈自己对此时的大陈岛的感想。

【设计意图】通过对战争结束后大陈岛的情况进行介绍分析,以此表明大陈岛进行垦荒的必要性和重要性。

【板书】战争结束后的大陈岛。

2.大陈岛垦荒历程

(1)垦荒决定与准备

让学生根据之前所介绍的大陈岛背景和状况,想象一下大陈岛的将来应该是怎么样的? 它应该如何恢复曾经的风貌,或者应该如何发展? 主要引导学生,让学生畅所欲言,进行适当的想象。

【设计意图】让学生进行想象,引导学生思考大陈岛进行垦荒的必要性,顺理成章引入大陈岛垦荒的决定。以多位学生参与讨论,畅所欲言的方式,活跃课堂氛围,调动学生的热情,营造活泼轻松的课堂氛围。

讨论结束后教师通过 PPT 展示如下材料:

材料九:

1955 年 11 月,时任团中央第一书记的胡耀邦到浙江考察工作,在全省团干部座谈会上倡议"组织青年志愿垦荒队,开发重建大陈岛"。他表示,团中央要给青年志愿垦荒队送锦旗,并扳着指头一字一顿地说:"旗上就写'建设伟大祖国的大陈岛'十个大字。"

两个多月后的 1956 年 1 月 31 日,已是农历十二月十九,过年的味道渐渐浓郁,但更为浓烈的是温州、台州两地青年的豪情壮志。他们肩扛着"大陈岛温州青年志愿垦荒队"队旗和团中央赠送的"建设伟大祖国的大陈岛"锦旗,首批 227 名 14 至 22 岁的青年垦荒队员,冒着凛冽的寒风漂洋过海,齐聚在下大陈岛主峰凤尾山顶,庄严地宣誓:"背靠祖国河山,面朝祖国大海,肩负人民希望,有一个困难就解决一个困难,有十个困难就解决十个困难,我们同边防战士一起,把大陈岛建设成可爱的家乡⋯⋯誓把自己的青春献给大陈岛!"宣誓声刚刚停歇,227 名热血青年就在凤尾山顶被炸成废墟的望夫礁旁,奋力抢下了开发建设伟大祖国大陈岛的第一锄。

——中共浙江省委宣传部编:《文化地图看浙江

宁波　绍兴　舟山　台州》

【教师活动】根据 PPT 进行提问并引导学生做答,必要时补充并总结学生的回答。

【学生活动】通过材料,了解大陈岛垦荒的前期准备工作,并对教师的提问进行回答。

【设计意图】通过讲解让学生了解党、政府对大陈岛进行垦荒的决定,并对前期准备有所知晓。

【板书】垦荒决定与准备。

(2)垦荒艰辛

材料十:

大陈岛,这个闻名世界的祖国海岛,一年多前国民党军队从这里撤走的时候,制造了极端违反人道的残暴罪行。岛上居民全部被劫走了,建筑、财物被疯狂地破坏和掠夺一空。大陈岛回到祖国怀抱一年多来,日新月异地改变着面貌,到处呈现着欣欣向荣的新气象。

在大陈岛解放一周年的时候,我们访问了这个海岛。当满坐乘客的轮船渡过海洋驶近大陈岛的时候,我们看到,海面上散布着许多渔船,新修好的码头上渔民们忙着搬运鱼货。岛上渔业生产指挥部的工作干部告诉我们,这次带鱼汛中,大陈洋面上有福建、舟山、温州、宁波等地的一万四千多渔民驾驶着千多只渔船在捕鱼,大陈渔场在历史上是没有到过这样多的渔民、渔船的。今年这个渔场在一个月左右,捕到带鱼、鳗鱼、墨鱼九万多担,比过去全年的捕鱼量还要多得多。渔民们说:大陈岛的解放,给他们带来了"米桶米缸"。

——伊心恬:《伊心恬新闻文集》

材料十一:

"在原来有几百条渔船和商船出入的港口里,现在只剩下了上百条无人照管的破碎的渔船……在原来有五六千人聚居的市镇上,一座座石头墙壁枯骨似的兀立着……"这是去年2月间大陈岛从国民党统治下解放时,一个记者关于它的报道。

一年多的时间过去了,今天的大陈岛怎样了呢?

首先,这里成了一个繁荣的渔场。在这个仅有27平方公里的小岛上,渔港中挤满了从浙江省沿海各县来的渔船。福建省惠安县的渔民也在岛上设立了生产指挥部。白天,从山顶远望,只有水天相接,渔船点点。傍晚,千百片风帆映着夕阳归来,渔港中充满了激动和欢乐。但是,这里的人们告诉我:"等到墨鱼汛时,渔船将增加到两千对,渔民将增加到两万多。那时候才更热闹呢!"

——谢泗春:《共和国早期影像:高级摄影记者
谢泗春新闻报道集(1950—1961)》

材料十二:

垦荒队员的首要任务是开垦土地,种上庄稼,并利用岛上的青草发展畜牧业生产。但是,蒋军逃离前已在岛上布满了地雷和铁丝网,连麦地、菜园、水井边也不例外。据登岛先头部队介绍,从2月13日—21日的9天中,已经扫出地雷7497枚。特别是塑料壳化学地雷,扫雷器发现不了,又不会腐烂,曾有数十名战士被炸伤残。为了迅速恢复生产,在驻岛部队指战员的指导和帮助下,垦荒队员们学会了排雷和避雷,还想出办法多放牲畜引爆,两年中共有十多头牛、羊碰雷断肢,使垦荒队员免遭伤害。

种庄稼、养牲畜,对于刚从城市来的青年人来说,谈何容易,手握硬邦邦的锄柄,不知怎样挖土成垄。没干几天,双手隆起一串串血泡,夜里睡觉钻心地痛,有的蒙在被窝里暗暗流泪。生产知识全然无知,分不清韭菜与麦苗,认不得薯种的头和根。到了栽种番薯时,许多人把薯苗的苗头埋进泥里,有的队员在麦地里除草,却把绿油油的麦苗当作野草铲掉了。当年还没有塑料雨衣,每人发一件蓑衣、一顶笠帽,许多队员不会穿蓑衣,有的女队员还撑着雨伞下地劳动,令人啼笑皆非。海岛上都是山地,浇水、施肥都要肩挑上百斤的重担走山路,体弱的队员挑二三十斤也很艰难。他们常常脚一软,就站不稳跌倒了,粪肥满地撒,又脏又臭,傻站着不知所措。学养猪、养兔遇到配种就犯难了,只好拉起尾巴认雌雄,有的队员甚至把新生的兔仔说成是老鼠……这些都是当年真实而可笑的事例。困难没有吓倒有志的年轻人,大家的战斗口号是:"决心苦战三年,改变大陈面貌","有一百条困难克服一百条,有一千条困难克服一千条,一定要把大陈岛建设成为海上乐园"。队员们把手上的血泡称为"光荣泡",血泡破了用毛巾包一下再干;肩膀肿了,皮磨破了,咬紧牙关照样把担子往肩上扛。经过半年多的磨炼,手上长起了老茧,肩头磨出了肉垫,许多队员挑着一百五六十斤重的担子,步履稳健,谈笑自如。番薯、川豆、马铃薯等各种农作物的冬种、春播、收晒等各项任务样样完成得很好。还办起了猪场、兔舍、牛棚、羊圈,有了畜牧场,又栽下第一批果树苗。

正当垦荒队员们盼望分享亲手播种的劳动果实时,一场无情的灾难降临了。当年的8月1日,强台风正面袭击大陈岛,狂风呼啸,恶浪滔天,暴雨倾盆,地里的番薯藤被风刮走了,一棵棵果树苗连根拔起,猪舍、牛棚刮倒塌了,牲畜四处奔跑,宿舍的墙塌瓦飞……面对这场突如其来的天灾,队员们怀着"困难何所惧"的英雄气概,决心与灾害搏斗到底。"女队员下来,男队员跟我来!"队长一声令下,一个个冲进狂风暴雨中……东坑畜牧场地处豁口,雨点像一颗颗砂石扑面,不少人一冲上去就被风雨击倒,于是,有的人手拉着手前进,有的人干脆趴在地上往前爬。手脚被划破了,裤子被撕破了,大家硬是一尺一寸地爬到最艰险的地方,把猪一头一头救出来。牛棚塌了,小牛被压死,母牛没饲料,队员们顶着风雨上山割草,喂饱牛羊。房子倒了无处烧饭,队员们就啃着生番薯充饥……

就在这最困难的时刻,驻岛的官兵赶来了,他们热情帮助恢复生产。一位在战争年代失去左臂的师首长,用右手和我们一起扶起被风雨摧倒的庄稼,缺苗处一一补上新苗。指战员的行动激励我们树立重建家园的决心,功夫不负有心人,经过奋力拼搏,大灾之年共收获番薯十余万斤,马铃薯四万余斤,蔬菜五万余斤,还有花生、绿豆等农产品,夺得了第一个丰收年。

——温州市鹿城区政协学习文中委员会编:《鹿城文史集粹(上册)政治军事　工商经济》

【教师活动】展示 PPT,根据 PPT 进行讲解,说明大陈岛垦荒的过程和其中的艰辛。同时根据 PPT 进行板书,提问学生,引导学生对垦荒过程进行阶段性总结并进行必要的补充。

【学生活动】对大陈岛垦荒进行阶段性的总结,回答教师的问题。

【设计意图】通过相关史料的展示、讲解,依据大陈岛垦荒发展的时间脉络,理清大陈岛垦荒的历程,以此引导学生进行学习和了解。列举大陈岛垦荒时发生的几个事件,通过具体事例展示出大陈岛垦荒的艰辛。对大陈岛的垦荒历程进行有结构的讲解,为学生搭建知识框架,使学生们更好地学习这一部分内容,同时让学生们自主发言,调动课堂积极性。

【板书】垦荒艰辛。

(3)垦荒精神

材料十三：

大陈岛垦荒队员为什么与中共中央原总书记胡耀邦有这么深的感情？1955年11月，时任团中央书记胡耀邦向温州青年(当时温州、台州合并)发出了"建设伟大祖国的大陈岛"的伟大号召。1956年1月31日，首批227名青年队员登上大陈岛开始垦荒生活，至1960年春，垦荒队员人数已达447名。从1955年11月至1986年2月17日，胡耀邦总书记对大陈岛的垦荒开发、渔业生产、科技教育，对垦荒队员的艰苦生活，如何战胜困难、建设美好家园等作了六次题词、批示。1985年12月29日，胡耀邦总书记亲自登上大陈岛看望老垦荒队员，那个场景非常激动人心，令人难忘。

胡耀邦同志铜像是由大陈岛垦荒队员联谊会发起，垦荒队员自己出钱，几家企业赞助建造的。胡耀邦铜像的落成，了却了老垦荒队员们的心愿。

——林希才：《八十春秋再回首——林希才回忆录续集》

材料十四：

我们不会忘记，在我们最困难的时候，耀邦同志在我出席青年团第三次全国代表大会期间，他两次召见我，当面亲切地对我说："知道了你们在大陈岛艰苦奋斗，同心协力克服困难的情况。目前国家还有困难，你们要自力更生，希望你们不要退缩，继续奋斗。无论如何要保持荣誉！"还亲笔写信勉励垦荒队员，把他自己在战争年代用过的一架心爱的望远镜赠送给垦荒队，叮嘱我们要"决心再苦战三年，改变大陈岛面貌"。

我们不会忘记,在经过四年多的艰苦奋斗,垦荒队完成垦荒历史使命的 1960 年,耀邦同志再次写信,希望我们继续坚持下来担负起建设大陈岛新任务,在不同的岗位上继续为建设大陈岛贡献力量。我们始终没有辜负他的嘱咐,在党委与政府的关怀下,全岛军民共同努力,在废墟上建起医院、学校、银行、邮电局和水库、码头、公路等,使大陈岛旧貌换新颜,我们以实际行动向党和人民,向耀邦同志交出了合格的答卷。

——林希才:《八十春秋再回首——林希才回忆录续集》

材料十五:

64 年前,一批批风华正茂的青年响应团中央号召,满腔热血登岛垦荒,将满目疮痍的荒岛变成了青春奉献的热土,铸就了"艰苦创业、奋发图强、无私奉献、开拓创新"的大陈岛垦荒精神。

面积不到 15 平方公里的大陈岛,一直是习近平总书记心中的牵挂。

2006 年 8 月 29 日,时任浙江省委书记的习近平到大陈岛视察,看望岛上的老垦荒队员。2010 年 4 月 27 日,时任中共中央政治局常委、国家副主席的习近平给大陈岛老垦荒队员回信。2016 年"六一"国际儿童节前夕,习近平总书记回信勉励大陈岛老垦荒队员的后代继承和弘扬大陈岛垦荒精神热爱祖国好好学习砥砺品格。

一次登岛,两次回信。字里行间,真情流露。

——《大陈岛:"精神灯塔"写传奇》,《光明日报》2020 年 8 月 29 日

【学生活动】分组讨论,各小组请同学发言,谈一谈自己对大陈岛垦荒的感想,并尝试说出其中值得如今的人们学习和实践的精神品质。

【教师活动】对学生的发言进行总结并进行适当补充,将垦荒精神进行归纳,通过板书的形式展现。

【设计意图】引导学生注意到党和国家在大陈岛垦荒中起到的重要作用,同时通过学生自己进行的归纳总结,感受大陈岛垦荒精神的内涵,加深对垦荒精神的理解。

【板书】垦荒精神:艰苦创业、奋发图强、无私奉献、开拓创新。

3. 今日成就

材料十六:

开发建设加速,孤岛变乐土

"大陈岛开发建设大有可为!"从 2006 年 9 月起,大陈岛吹响了开发建设的号角。

引进高速客轮的招商引资计划启动,建设村村通公路的方案敲定,电力、饮水改造工程提上日程,渔业产业发展蓝图在谋划。践行光荣使命,大陈岛以饱满的热情和坚定的意志,走好新垦荒路。

"与陆地建设相比,海岛建设难度极大。"时任大陈开发建设管理委员会主任孙尚权说,项目建设材料,要从外面采购运输上岛,人力、财力成本大大增加;海岛地形崎岖、多山路,多台风、迷雾等恶劣天气,工程建设技术难度加倍,再加上村落分散,海岛植被资源丰富,开发意味着破坏,该如何抉择? 重重难题一度让当地干部望而却步。

站在垦荒纪念碑前,当地干部望着碑身镌刻的"艰苦创业、奋发图强"8 个字,庄严许下誓言。

重整旗鼓的大陈,开始焕发新面貌。2007 年,核载 195 人的高速客轮投入运营,轮渡班次和载客能力翻倍,时间不到 2 小时,缩短了一半。

……

"大陈风力发电厂"建设项目按下了"快进键"。2007 年,34 台风力发电机组和一座升压变电所的年发电量,可达到 5890 万千瓦时。两年后,台州首个海岛风电项目成功并网发电,清洁的风电能源输往大陆,大陈电力实现"多级进阶"。

村村通公路、环岛公路通到家门口,家家户户接上自来水,"多户一表"升级到了"一户一表"。大陈持续加大民生投入,供水供电供气覆盖率、保障率实现"两个100%"。

60多年过去,垦荒队员当年种下的松树、柏树已亭亭如盖。垦荒年代过去了,而"垦荒精神"则继续感召、激励新一代大陈年轻人接续奋斗。

一边是苍翠欲滴的山坡草木,一边是波光粼粼的海面。驱车环岛公路,海岛美景扑面而来,一处处街景取代了以往随处堆放的渔网。岛上林立的店铺、医院、学校、银行、邮局、气象站等一应俱全,渔村整洁有序,道路齐整、路灯明亮。

老垦荒队员徐定寿和妻子周银翠留在了岛上,亲眼见证岛上日新月异的变化,"看到每天都有游客上岛,我们就特别自豪,觉得当年的奋斗是值得的"。

产业转型升级,海岛更有魅力

……

从"吃海"到"养海",渔民书写了大陈渔业产业的新垦荒传奇。岛上养殖大黄鱼的从业公司及合作社共有12家,其中大型铜围网养殖有4家,形成了一个小型产业集群,年产高品质大黄鱼6000多吨,产值5亿多元,产量、产值均占全省的一半以上。主打绿色、生态、有机的大陈黄鱼以其顶级品质,成为国家地理标志品牌,并获评全国名特优新农产品。

……

悬崖餐厅、悬空栈道、无边界海景泳池……这些被网友惊呼"美爆了"的景点规划,正化为现实。有家客栈老板施招荣说:"大陈镇政府帮忙出谋划策,协助我一起打造了岛上第一家精品民宿。"80后陈彬彬夫妻也成了大陈现代旅游业的垦荒者。他们回岛创业,做起了海岛宾馆生意。

大陈人敢于奋斗创新,"嗅"到旅游商机后,民宿、酒店、餐厅、农家乐相继开业。截至2019年年底,岛上民宿(农家乐)45家,床位数1350张,可同时容纳1800人就餐。其中精品民宿5家,在建民宿4家。

乘风破浪奔小康,岛民生活更幸福

……

"习爷爷给我们回信啦!"2016年,12名老垦荒队员的后代收到了一份特殊的"六一礼物"。回信中,习近平总书记一如既往地关心大陈岛和老垦荒队员,并鼓舞新青年当好新时代垦荒人。

之后,浙江省委书记车俊、省长袁家军先后登岛宣讲调研,指导大陈岛开发建设,要求围绕现代旅游规划、黄鱼养殖产业、发展低碳出行等18个方面,以更高水平规划、更高水平建设"两个大陈"。台州市委将大陈岛垦荒精神升华为城市精神,立起城市文明的灯塔,构建全市人民共同的精神家园。

坚持做优民生福祉,大陈打造"全面小康"海岛新样板,编制了"两个大陈"监测评价体系的五大类37项59个指标。2018年,台州大陈岛开发建设管委会授牌成立,总投资约6.7亿元的15个重点项目集中开工。

全国海洋经济开发建设示范岛、国家级海洋牧场示范区、国家一级渔港、全国能源开发基地、全国百家红色旅游经典景区、全国青少年教育基地、全国团干部培训基地……一项项国家级荣誉称号成为大陈绿色发展的名片。垦荒文化更是成为建设"两个大陈"重要窗口,正在高品质建设青垦文化旧址公园、青垦文化纪念馆、垦荒纪念碑提升工程、军事主题教育基地等项目,展现大陈岛垦荒精神风貌。

响应"绿水青山就是金山银山"的号召,大陈岛坚持旅游和生态并重,提升改造了甲午岩、乌沙头等核心景区,同时完成绿化修复工程,森林覆盖率突破60%,并加快修复海岸线。今年,将申报建成国家4A级旅游景区,预计旅游总收入1.6亿元,人均可支配收入达5.3万元。

"历久弥新的垦荒精神,鼓舞着大陈不断开拓创新,攻坚克难。"大陈岛开发建设管委会副主任倪国正说,目前,大陈岛正大力推进现代化海岛示范区建设和红色旅游第一岛、两岸交流示范岛、生态美丽岛、数字智慧岛、幸福平安岛等"一区五岛"建设,高质量建设"小康的大陈、现代化的大陈"。

——《大陈岛:"精神灯塔"写传奇》,《光明日报》2020年8月29日

【教师活动】播放PPT,从旅游、基础设施建设等几个方面来展示并讲解大陈岛今日的成就。

【学生活动】认真倾听并学习,了解大陈岛如今建设的成就。

【设计意图】通过大陈岛建设成就的展示,引导学生认识到党和国家在垦荒中的重要作用,同时使学生体会到人民团结的力量,弘扬爱国主义教育。

第2课时

以"你心中的大陈岛"为主题进行小组讨论展示,在查阅相关资料后对大陈岛现状进行总结与展望。

四、推荐阅读书目

1.台州市教育局组织编写:《大陈岛垦荒精神》,浙江省教育出版社2020年版。

2. 林希才:《八十春秋再回首——林希才回忆录续集》,浙江人民出版社 2015 年版。

五、课后思考

1. 大陈岛垦荒的背后所蕴含着的精神是什么?

2. 大陈岛垦荒的具体影响是什么?

3. 大陈岛垦荒的过程是怎么样的?

第二节 "两山"理论:浙江的生态防治

一、本节概述

2005 年 8 月 15 日,时任浙江省委书记的习近平同志在浙江湖州安吉考察时,首次提出了"绿水青山就是金山银山"的科学论断,后来,他又进一步阐述了绿水青山与金山银山之间三个发展阶段的问题。习近平同志的"两山"重要思想,充分体现了马克思主义的辩证观点,系统剖析了经济与生态在演进过程中的相互关系,深刻揭示了经济社会发展的基本规律。在习近平总书记的指导之下,浙江人民积极实践,深入实施,制定未来的战略,踏实地实践了"绿水青山就是金山银山"的新时代有人文情怀的致富经。

二、原典呈现

我们追求人与自然的和谐,经济与社会的和谐,通俗地讲,就是既要绿水青山,又要金山银山。我省"七山一水两分田",许多地方"绿水逶迤去,青山相向开",拥有良好的生态优势。如果能够把这些生态环境优势转化为生态农业、生态工业、生态旅游等生态经济的优势,那么绿水青山也就变成了金山银山。

——《浙江日报》"之江新语"专栏文章《绿水青山
也是金山银山》,2005 年 8 月 24 日

人们在实践中对绿水青山和金山银山这"两座山"之间关系的认识经过了三个阶段:第一个阶段是用绿水青山去换金山银山,不考虑或者很少考虑环境的承载能力,一味索取资源。第二个阶段是既要金山银山,但是也要保住绿水青山,这时候经济发展和资源匮乏、环境恶化之间的矛盾开始凸显出来,人们意识到环境是我们生存发展的根本,要留得青山在,才能有柴烧。第三个阶段是认识到绿水青山可以源源不断地带来金山银山,绿水青山本身就是金山银山,我们种的常青树就是摇钱树,生态优势变成经济优势,形成了浑然一体、和谐统一的关系,这一阶段是一种更高的境界。

——习近平在中国人民大学的演讲,2006 年 3 月 8 日

三、教学设计

导入:

教师结合心理学实验,有暗示性地提出经济发展和生态保护的关系,引入课程,带动课堂气氛。

"同学们应该都听过一个著名的心理学实验,那就是斯坦福大学马歇尔博士的棉花糖实验。这个实验是在 1966 年到 20 世纪 70 年代早期对幼儿园的孩子进行的。在实验中,工作人员会告诉孩子们,他们可以选择马上就吃一个棉花糖,或者过 15 分钟之后吃两个棉花糖。在孩子们进行选择之后,对孩子们未来的发展进行跟踪,观察自制力对于孩子发展的影响。同学们现在都是高中生了,如果换成大家来,一定会

选择过一段时间再吃两个棉花糖,实现利益的最大化。但是如果将这个选择做一些更改,变成经济发展与生态保护,在拥有良好生态的条件下将经济发展的时间一定地延长,又应该怎样选择呢? 这节课我们就来学习和了解一下起源于浙江的'绿水青山就是金山银山'政策。"

【设计意图】以学生都比较熟悉的心理学实验作为切入点,引起学生的好奇,帮助学生快速进入课堂情境。同时以问题结束,引发学生思考,实现内容上的由浅入深,点出本节课的主题。

1. 青山蒙尘,呼唤绿色

(1)昔日图景

【教师活动】请同学们描述一下,说到浙江,自己能想到的大致是什么样的景象,在学生回答之后进行一定的总结,并提供与学生的描述大致相符的图片。随后展示浙江安吉在 2005 年左右受污染时的文字材料和相关图片。

材料一:

三面环山,一条小溪从村中央穿过。在安吉,靠山吃山的余村,凭借自然资源,先后开起矿山、水泥厂,上世纪 90 年代村集体经济收入每年达 300 多万元,居全县之首。全村 280 户村民,一半以上家庭有人在矿区务工。矿山成了全村人的"命根子"。

因为开矿,余村常年烟尘漫天,树叶被厚厚粉尘覆盖,平时村民连窗户都不敢开,笋也连年减产。

> ——《谨记总书记的嘱托:安吉践行"绿水青山就是
> 金山银山"纪事》,浙江在线,2015 年 4 月 2 日

材料二:

西苕溪发源于天目山山脉的龙王山,是太湖上游的重要支流。其干流和无数条支流在安吉县内蜿蜒流淌,构成了无数安吉人的乡土记

忆。梅溪镇乡贤卢炳根回忆,小时候最爱到溪边捉鱼。每到放学,他和小伙伴儿们第一时间跑到河边,把稻草拧成绳子,用绳把溪水划到岸上,满地的小鱼活蹦乱跳。上世纪80年代前后,这样的景象渐渐见不到了。两岸布满了造纸、化工、印染等高耗能、高污染企业,排污管不停涌出黑水,溪水成了泛着泡沫的酱油汤,水质下滑为劣V类。

——《人民日报》2015 年 4 月 3 日

材料三:

整个湖州都在开矿。65 岁的张兴江是吴兴区道场乡原矿业公司总经理,他回忆,上世纪九十年代湖州开矿达到最高峰,最多有超过1000 个矿山,光道场乡便有 37 个矿山,"只要有河道、有矿山的,基本上都会开矿"。"一厂三矿"让余村摆脱了贫困,成了安吉县"首富村",却也使得余村在炮声中变了样。葛元德工作的冷水洞矿山,一天大炮小炮几百次,坐在两公里外的家中都能感受到震动。水泥厂离村子不到一公里,日夜生产,直径两米五的大烟囱排放烟雾,像一条黑龙,家里的桌子两个小时就能当黑板写字。

——《新京报》2019 年 8 月 5 日

【学生活动】踊跃发言,描述自己心目中的浙江图景,并学习、了解浙江 2005 年左右的生态破坏现象。

【设计意图】引导学生描述自己印象中的江南水乡图景,和 2005 年左右湖州地区被破坏的生态形成鲜明的对比。文字材料和图片材料相结合,使学生从视觉上、思想上都受到极大的刺激,留下深刻的印象,激发学生产生环保的意识,明白环境保护的重要性。

【板书】昔日图景。

(2)形成原因

【教师活动】PPT 展示以下材料并引导学生回答问题,对学生的回答做必要的总结和补充。

材料四：

改革开放后，国家鼓励创办乡镇企业，余村石灰岩储量丰富，于是，村里陆续建起了石灰窑、水泥厂、砖瓦厂，葛元德十几岁就开始跟着父亲在石灰窑工作。由于质地上乘，余村的石灰岩在市场上大受欢迎。石料主要销往上海、苏南等地，不少标志性建筑如上海中心大厦、京沪高铁、磁悬浮等，都采用湖州的石料——"上海一栋楼，湖州一座山"。湖州人对此津津乐道。

——《新京报》2019年8月5日

材料五：

在20世纪80年代，安吉作为浙江20个贫困县之一，为"脱贫致富"，下决心走"工业强县"之路，利用良好的山林、矿山等自然资源，兴办了一批造纸、化工、建材、印染等资源消耗型和重污染型产业。牺牲绿水青山换来了金山银山，安吉经济跃上了一个台阶，摘掉了贫困县的帽子。然而，粗放式的发展虽然让安吉经济实现了短期的激增，但也为此付出了巨大的生态环境代价。1998年，安吉被国务院列为太湖水污染治理重点区域，受到了"黄牌"警告。

——《中国环境报》2015年10月20日

参考回答：1.经济发展的现实需要；2.湖州本身拥有的良好的资源条件；3.国家曾经强调经济发展，没有相应的环保要求；4.人民没有处理好经济发展与生态环保之间的关系。

（以上答案仅供参考，具体以学生回答为准，言之有理即可。）

【学生活动】根据材料归纳浙江地区生态遭到破坏的各方面原因。

【设计意图】通过提供各方面的文字资料，由教师引导学生主动探寻环境遭到破坏的原因，从源头上找到如何保护环境的几个方面，帮助学生理解"绿水青山就是金山银山"政策在落实过程中实行措施的现实依据,体会到国家决策的科学性,培养学生对党和国家的拥护和爱戴。

【板书】形成原因。

(3)改变契机

【教师活动】播放视频资料:习近平总书记在浙江安吉调研的视频资料,之后 PPT 展示如下内容,并引导学生回答问题并作出总结与归纳。

材料六:

曾在矿山开拖拉机的潘春林,创业就始于 2005 年。举债几十万元,潘春林成为余村最早开农家乐的农民之一。"当时村里人都说我疯了,卖风景真的比卖石头赚钱?"

——《浙江日报》2015 年 4 月 2 日

材料七:

时任安吉县县长的唐中祥向记者回忆,当时安吉经济相对欠发达,全县上下加快经济发展的热情很高,但对"发展经济是否一定要以牺牲环境为代价"也感到比较困惑。

——《浙江日报》2015 年 4 月 2 日

【学生活动】分析习近平总书记指出"绿水青山就是金山银山"之后,百姓们的反应。

材料八:

绿水青山可带来金山银山,但金山银山却买不到绿水青山。绿水青山与金山银山既会产生矛盾,又可辩证统一。在鱼和熊掌不可兼得的情况下,我们必须懂得机会成本,善于选择,学会扬弃,做到有所为、有所不为,坚定不移地落实科学发展观,建设人与自然和谐相处的资源节约型、环境友好型社会。在选择之中,找准方向,创造条件,让绿水青山源源不断地带来金山银山。

——《浙江日报》"之江新语"专栏文章《绿水青山
也是金山银山》,2005 年 8 月 24 日

【学生活动】分为四个小组,分析习近平同志的《绿水青山也是金山银山》其内在逻辑,并分享对文章的理解。

【设计意图】应答前面问题中百姓对拯救绿水青山关停部分污染型企业的疑虑,引导学生解读习近平总书记所撰写的具有深刻思想内涵、逻辑严谨的文章,帮助学生理解"绿水青山就是金山银山"政策的思想内核,体现出国家政策的科学性,培养学生对国家领导人的了解与支持。

材料九:

中华文明也积淀了丰富的生态智慧。"天人合一"、"道法自然"的哲理思想,"劝君莫打三春鸟,儿在巢中望母归"的经典诗句,"一粥一饭,当思来处不易;半丝半缕,恒念物力维艰"的治家格言,都蕴含着质朴睿智的自然观,至今仍给人以深刻警示和启迪。中华传统文明的滋养,为当代中国开启了尊重自然、面向未来的智慧之门。

喜爱哲学和文学的习近平擅长于从历史中汲取智慧。十八大以来,我们党高度重视生态文明建设,在他的多次讲话中,绿色、低碳、循环,成为中国"另辟蹊径"、转变发展方式的必然选择——并且是自主选择。

——《习近平擘画"绿水青山就是金山银山":划定生态红线
推动绿色发展》,中国共产党新闻网,2017 年 6 月 5 日

【学生活动】总结习近平总书记能够提出"绿水青山就是金山银山"伟大政策的原因。

【设计意图】帮助学生了解习近平总书记提出环境保护政策背后的故事,将事件完整地展现在学生的面前。同时体现出习近平总书记

的博学与睿智,树立习近平总书记的良好形象,培养学生对国家领导人的爱戴。并体现出中国传统文化的深刻内涵,培养学生对中国文化的认同感和对国家的归属感,潜移默化地使学生爱护并弘扬中华传统文化。

【板书】改变契机。

2.青山焕新,厉行政策

(1)改善措施

【教师活动】通过 PPT 展示以下材料并引导学生回答问题。

材料十:

困则思变,安吉没有选择,不得不对污染企业彻底治理。为此,安吉付出了巨大的代价,先后投入 8000 余万元,对全县 74 家水污染企业进行了强制治理,关闭了 33 家污染企业,拆除了有 30 年历史、规模和税利列全县之首的孝丰纸厂制浆生产线。

关停的同时,安吉还扎紧了口袋,对不符合环保要求的企业一律不准落户。印尼金光集团投资近 50 亿元的造纸项目,投产后年税收可达 10 亿元,因为环保问题被淘汰了;台资项目天湖度假村,房子已造好,环保没达标,县政府赔偿了 700 万元,停了这个项目……近 3 年,170 多个 5000 万元以上的投资项目因环保评估不达标被否决,其中超亿元的项目就有十多个。

——《中国环境报》2015 年 10 月 20 日

材料十一:视频《看习总书记怎样保护绿水青山》

材料十二:

关、停、转、迁的结果是牺牲暂时的发展速度,其间安吉的财政收入明显减少。在湖州各县市的经济排序中,安吉一度倒退至倒数第一,安吉又一次拉开了与周边县区的差距。

——《中国环境报》2015 年 10 月 20 日

【学生活动】总结安吉在落实"绿水青山就是金山银山"政策时的主要措施,并分析这些举措带来的影响。以小组辩论赛的方式探讨绿水青山与金山银山之间能否共存,双方存在怎样的关系。

【设计意图】通过引导学生总结环保政策落实的主要方式,体现出国家治理环境的决心,体现出国家的公信力,使学生在了解环保政策的过程中潜移默化地培养对国家的信任,培养学生的爱国主义情怀。同时将环保带来的经济损失展示在学生的面前,让其从历史中领悟不保护环境所付出的沉重代价,加强学生保护环境的意识。同时以辩论的方式,探讨绿水青山与金山银山之间的关系,加强学生对保护环境与发展经济之间辩证关系的理解。

(2)改变现状

【教师活动】通过PPT展示以下材料并引导学生回答问题,对学生的回答进行补充、完善和总结。

材料十三:

在生态工业方面,提升传统产业,培育新兴产业,大力发展生态工业。仅竹制品加工2014年销售收入就达180亿元,占工业总产值的1/3,从业人员近5万,全县农民平均增收7800元。如今,坐拥优越生态环境的安吉县,以竹产业为代表的绿色产业已成为经济支柱。无论竹林培育、竹产品加工还是竹旅游资源的开发,安吉都走在全国乃至世界的前列。可谓"一根翠竹挑起百亿元产业"。

据调研组了解,安吉竹产业实现了从原来卖原竹到进原竹、从用竹竿到用全竹、从物理利用到生化利用、从单纯加工到链式经营的4次跨越。在安吉,每一根竹子都要"吃干榨净",通过科技创新,安吉竹业对一根竹子实现了从竹叶、竹竿到竹根甚至竹粉末的物理与化学的全竹高效利用。从"以竹代棉"的竹纤维服饰、家纺,到竹叶黄酮天然饮料,再到竹根雕,甚至细碎的竹屑、锯末都能废物利用,变废为宝。

——《中国环境报》2015 年 10 月 20 日

材料十四:

"我大致数了数,现在社区 60% 的人家都有小汽车。"袁婵娟说,"不少人家开起了农家乐,办起了民宿。没办农家乐和民宿的,就在村里当服务员,一个月也有 3000 多元收入。"

目前,新建社区共有农家乐 45 家、民宿客栈 18 家,拥有床位 160 张、餐位 1400 个,直接从业服务人员 250 人。2018 年,新建社区人均纯收入已达 37580 元,社区旅游收入 3000 万元。

——《人民日报》2020 年 1 月 27 日

【学生活动】总结前面探讨过的绿水青山和金山银山的关系,并在此分享自己的新感悟。归纳浙江群众实现既要绿水青山也要金山银山的主要措施。

【设计意图】通过材料中经济的发展和习近平总书记对于金山银山和绿水青山关系发展的论断,并结合学生之前的辩论,更加深刻地向学生展现了绿水青山与金山银山并存的可行性,让他们更充分地理解绿水青山与金山银山之间的关系,并明白环境保护的必要性、重要性,形成对保护环境和发展经济辩证关系的理解。总结浙江民众在保护环境的同时发展经济的措施,使学生们能够更加深入了解目前经济发展的主要方向与方式,拓展学生的视野,感受浙江人民的创造性,理解浙江精神。实现对学生文化自信和家国情怀的培养。最后也让学生了解到浙江经济层面上"绿水青山就是金山银山"政策的落实情况。

材料十五:

2015 年 7 月,定海区成立新建生态村建设管委会,指导和帮助新建社区发展;又专门组建公司,推进各类建设项目。说起新建社区与南洞景区融合发展,林军话语中不无自豪:"这些年干部干得实在,群众跟得更紧。社区一年一个样,几年大变样。很多游客到了这里都说,看得见远山,找得到乡愁。"

正聊着,耳旁传来一阵阵马达的轰鸣声。循声望去,远处的南洞水库旁,几个年轻人正驾驶着越野摩托车,体验极限运动。新建社区这几年深挖乡村旅游内涵,让旅游内容变得丰富多彩:有颇为时尚的徒步活动,也有体现民宿风情的鱼神节;有美之声合唱团定期演出,也有艺术院校学生的研学、采风活动。

入夜,"画春园"外一声喊:"老林,走喽!"

原来,社区成立了党员志愿者夜间巡逻队,林军也加入了队伍。夜间巡逻,既保安全,也解决问题。前阵子,他们发现一户人家的残疾证要更换,马上帮忙代办;还有一家人有法律问题想咨询,他们又帮忙联系律师。

——《人民日报》2020 年 1 月 27 日

材料十六:

新华社北京 10 月 18 日电　习近平在十九大报告中对新时代坚持和发展中国特色社会主义的基本方略进行了阐述。他说,全党要深刻领会新时代中国特色社会主义思想的精神实质和丰富内涵,在各项工作中全面准确贯彻落实。……九、坚持人与自然和谐共生。必须树立和践行绿水青山就是金山银山的理念,坚持节约资源和保护环境的基本国策,像对待生命一样对待生态环境,统筹山水林田湖草系统治理,实行最严格的生态环境保护制度,形成绿色发展方式和生活方式,坚定走生产发展、生活富裕、生态良好的文明发展道路,建设美丽中国,为人民创造良好生产生活环境,为全球生态安全作出贡献。

——《习近平谈新时代坚持和发展中国特色社会主义的

基本方略》,新华网,2017 年 10 月 18 日

【学生活动】以小组为单位,讨论这段材料中打动自己的细节,以及对"看得见远山,找得到乡愁"的理解。概括"绿水青山就是金山银山"政策的深刻意义。

【设计意图】通过受访群众的真实感受,引导学生体会"绿水青山就是金山银山"政策落实之后,民众在精神生活方面的变化,感受环保政策对于人文环境的影响,以亲历者的角度,更有说服力地带动学生感受"绿水青山就是金山银山"政策的重要性和必要性。并在此基础上,自行总结"绿水青山就是金山银山"政策的深远意义。同时再次强调习近平总书记起到的重要作用,培养学生对于党和国家决策的信任。促进立德树人教学目标的实现。

【板书】改变效果:经济发展、人文环境。

3. 青山长存,共护家园

(1)改变持续中

【教师活动】教师通过 PPT 展示如下材料,引导学生回答问题并对学生的答案进行完善和概括、总结。

材料十七:

近年来,广州市委、市政府深入践行绿水青山就是金山银山的发展理念,持续加大森林资源保护力度,全力推进新一轮绿化广东大行动。截至 2017 年底,全市森林覆盖率 42.32%、森林蓄积量 1770 万立方米,建成湿地公园 19 个、森林公园 89 个、生态景观林带 605.3 公里,建设森林小镇 4 个,全市绿化布局更加均衡,生态环境更趋优化。

近年来,不少细心的广州市民会发现,广州越来越绿,花城越来越

美,吸氧赏花的好去处越来越多。统计显示,广州 2017 年共完成碳汇造林 4 万亩,新增森林公园 6 个、湿地公园 1 个,新建生态景观林带 98.3 公里,完成乡村绿化美化 96 个,全面完成省下达的林业重点生态工程建设任务。

——《绿色广州获全省三连冠殊荣》广视网

材料十八:

在南部山区"共抓大保护、不搞大开发"、将"工业大块头"济钢钢铁生产线整体关停……如今,济南对发展与环境的关系有了深刻的理解和踏实的践行。从昔日 74 城市空气质量排名倒数第一,到如今实现"四连升",连续两个月退出后 20 名……如今,济南彻底摘掉了"霾城"的帽子,看得见蓝天白云、繁星闪烁已经成为市民群众生活常态。

趵突泉实现连续 14 年喷涌、努力打造山体公园……如今,"听得见泉水叮咚,看得见一城山色"成为济南一张闪亮的生态名片。"老舍先生笔下那个济南又回来了!"央视《焦点访谈》栏目 3 月 31 日播出的《蓝天保卫战》,这样评价济南的环境之变。伴随一系列的生动实践和果敢探索,习近平生态文明思想在济南逐渐落地生根,一幅天蓝、水清、地绿、气爽的美丽画卷在 8000 平方公里的沃土上铺展开来。

——《济南日报》2018 年 6 月 13 日

材料十九:

浙江大通道建设的目标定了!将聚力构建"三个 1 小时"交通圈。到 2022 年,基本建成省域 1 小时交通圈、市域 1 小时交通圈和城区 1 小时交通圈,构建陆海空多元立体、无缝对接、安全便捷、绿色智能的现代交通运输网络,率先基本实现交通运输现代化。到 2035 年,90% 以上县(市)通高铁、有机场,在全国率先建成现代化的交通强省。

——《杭州日报》2018 年 5 月 29 日

材料二十：

大花园是自然生态与人文环境的结合体、现代都市与田园乡村的融合体、历史文化与现代文明的交汇体。建设大花园是我省践行"两山"理念,推进绿色发展,加快打造"诗画浙江"鲜活样板的重要举措,范围为全省,核心区是衢州市、丽水市。

建设大花园要努力形成全域大美格局。到 2022 年,把全省打造成为全国领先的绿色发展高地、全球知名的健康养生福地、国际影响力的旅游目的地,形成"一户一处景、一村一幅画、一镇一天地、一城一风光"的全域大美格局,建设现代版的富春山居图。到 2035 年,全省生产空间集约高效、生活空间宜居适度、生态空间山清水秀、生态文明高度发达的绿色发展空间格局、产业结构、生产生活全面形成,建成绿色美丽和谐幸福的现代化大花园。

——《钱江晚报》2018 年 5 月 28 日

【学生活动】阅读材料谈谈"绿水青山就是金山银山"政策有哪些变化和发展。

【设计意图】通过材料的展示,体现出"绿水青山就是金山银山"政策落实范围的扩大,在落实程度上的加深。学生主动探究政策落实的以上特点,感受国家落实政策的坚决和踏实,在学生心中树立起国家的公信力。同时向学生普及浙江未来发展计划,向学生科普家乡的经济政策,加强学生对于家乡的了解,增加学生的课外信息,培养学生关心政府决策、计划的习惯,将学生培养成有主人翁意识、对家乡负责的新时代青年。

【板书】改变持续中。

(2)我们需行动

【教师活动】教师通过 PPT 展示如下材料,引导学生回答问题并对学生的答案进行完善和概括、总结。

材料二十一：

为督促各地落实《大气污染防治行动计划》，做好大气污染防治工作，保障 APEC 会议期间空气质量，环境保护部于 10 月 20 日至 25 日，派出 15 个督查组对北京、天津、河北、山西、内蒙古、山东等 6 省（区、市）的 24 个重点地市空气质量保障方案落实情况进行了第一阶段督查。

督查中发现，秦皇岛、忻州、吕梁等地市保障工作部署较晚，石家庄、张家口、承德、沧州、邢台、邯郸、济南、淄博、德州等地市保障方案操作性不强，未对停产、限产企业提出明确标准和要求。

——《经济日报》2010 年 10 月 29 日

材料二十二：

自 8 月 20 日启动中国人民抗日战争暨世界反法西斯战争胜利 70 周年纪念活动空气质量保障措施以来，机动车限行、企业停限产、工地停工等减排措施落实到位，再加上周边部分省市也提前启动保障措施，使得北京的空气质量持续优良，PM2.5 浓度水平创有观测记录以来连续多日的浓度最低值。继"APEC 蓝"后，"阅兵蓝"成为首都市民追求的新目标。如何让可爱的"阅兵蓝"留下来？接受采访的首都职工纷纷献计：保住"阅兵蓝"，人人都有责。只要每个人都提高意识，多出一份力，北京的蓝天就一定能留下来。

——《劳动午报》2015 年 9 月 2 日

【学生活动】分享身边看到过的不符合"绿水青山就是金山银山"政策的事件，以及其他紧急整治环境的事件，并交流自己的感受。最后以小组为单位讨论作为学生应该如何从个人出发支持"绿水青山就是金山银山"政策。

【设计意图】通过周围发生的事件材料,并结合学生的生活体验,让学生清晰地感知到周边的环境问题仍然没有完全处理完,让学生明白问题的紧迫性。同时让学生通过材料了解事实,并分享自己生活中的细节,培养学生成为关心生活细节、有人文情怀的有心人。通过学生自己的讨论总结出学生愿意实施、参与的支持"绿水青山就是金山银山"政策的方式,推动学生成为积极支持国家政策,有环境保护意识的新时代青年。

【板书】我们需行动。

【教师活动】教师引导学生回答问题,在学生回答完问题之后进行必要的补充和完善。总结本节课的内容。

教师总结:通过这节课的学习,我们了解到了"绿水青山就是金山银山"政策提出的过程及其拓展完善,能感受到"绿水青山就是金山银山"政策在生活上带给人们的变化,知道了绿水青山和金山银山的关系,相信大家都受益匪浅。但是"纸上得来终觉浅,绝知此事要躬行"。我们周围的环境问题并不是完全解决了的,同学们也已经经过激烈的讨论发表了自己的小建议、小对策。老师希望同学们不是光说不练的假把式,希望通过我们大家的努力,让山更绿水更清。就让我们一起加油,助力浙江城市发展计划吧!

四、推荐阅读书目

1.《习近平谈新时代坚持和发展中国特色社会主义的基本方略》,新华网,2017 年 10 月 18 日。

2.《浙江日报》"之江新语"专栏文章《绿水青山也是金山银山》,2005 年 8 月 24 日。

五、课后思考

1. 思考"绿水青山就是金山银山"在治理过程中存在的问题,并思考应该如何由社会各界共同解决?

2. 中国的"绿水青山就是金山银山"政策对于国际生态防治的意义?

第三节　基层治理的典范:"枫桥经验"

一、本节概述

20 世纪 60 年代初,浙江省绍兴市诸暨县枫桥镇干部群众创造了"发动和依靠群众,坚持矛盾不上交,就地解决。实现捕人少,治安好"的"枫桥经验",为此,1963 年毛泽东同志就曾亲笔批示"要各地仿效,经过试点,推广去做"。"枫桥经验"由此成为全国政法战线一个脍炙人口的典型。之后,"枫桥经验"得到不断发展,形成了具有鲜明时代特色的"党政动手,依靠群众,预防纠纷,化解矛盾,维护稳定,促进发展"的枫桥新经验,成为新时期把党的群众路线坚持好、贯彻好的典范。

二、原典呈现

富治、彭真同志:

此件看过,很好。讲过后,请你们考虑,是否可以发到县一级党委及公安局,中央在文件前面写几句介绍的话,作为教育干部的材料。其中应提到诸暨的好例子,要各地仿效,经过试点,推广去做。

毛泽东

十一月二十日

在组织建设、整党建党阶段,坚持依靠和发动群众,实行开门整党建党。上党课吸收群众参加,把党员标准交给群众,发动群众对党员提意见,开展批评;接收新党员,须经党内和贫下中农的反复讨论;选举支部书记,要听取贫下中农的意见;订立党的思想政治工作制度,也须和群众共同讨论。经过整党,据54个公社统计,开除党籍11名,劝退198名,取消预备党员资格104名,共占54个公社党员总数6360名的6.5%。按《党章》规定共吸收新党员2764人,发展新团员12000名。运动中,还提拔了一批年轻干部和妇女干部。新的县委常委9人中,有5人是35岁以下的年轻干部;县、公社新配的团干部绝大多数是25岁以下的党团员;新提拔妇女干部39名。同时,精简了机构,县党政部门从原有的31个单位减少到19个,编制数从367人减少到150人。县委机关搬到安平公社,采用蹲在一个大队,搞好一个公社,指导全县的领导方法。1965年12月,诸暨的"四清"运动基本结束。

——中共诸暨市委党史研究室:《中国共产党诸暨历史》

三、教学设计

第1课时

导入:

【教师活动】"同学们现在生活的社区或者村庄近年来有发生过什么安全事件吗?"

【学生活动】分享事件。

【教师活动】"听了这些事件,再回忆自己的经历,你们满意所在地区的治安管理情况吗? 那我们来看一看浙江诸暨市枫桥镇的治安管理。"(教师应该提前搜寻相关案件,以防无事例或者事例少的情况出现。)

【教师活动】播放介绍"枫桥经验"的形成和发展视频。

【设计意图】首先从学生生活入手,让学生回忆自己所在居住地的治安情况,营造氛围。然后通过这首诗带领学生初步感受"枫桥经验"指导下的治理成果,引起学生兴趣。

1."枫桥经验"的发展历程

(1)"枫桥经验"的形成

材料一:

枫桥镇是"枫桥经验"的最初发源地,是坚持发展"枫桥经验"的最主要阵地,是传播辐射"枫桥经验"的最重要基地。枫桥镇位于浙江省诸暨市东北部,镇域面积165平方公里,常住人口8万,辖29个行政村、2个社区。以"枫桥经验""枫桥衬衫""枫桥香榧"闻名全国,是全国重点镇、全国文明镇、中国历史文化名镇,是浙江省第三批小城市培育试点镇,连续三次捧得全国综治最高荣誉"长安杯"。

——《新时代"枫桥经验":中国特色基层社会治理的典范》,

《人民法治》2019年2月号(下)

【教师活动】介绍枫桥镇的具体地理位置、乡镇概况以及近年来的治理成效和所获荣誉。

【教师活动】"通过材料我们对枫桥镇有了一定的了解,在此基础上,我们来看一看'枫桥经验'的形成与发展。"

材料二:

"枫桥经验"形成于社会主义建设时期,依靠群众改造"四类分子"。新中国建立后很长时间内,我国采用管制的方式,尤其对"四类分子"(地、富、反、坏)更是采用打压、歧视的方式。"枫桥经验"就是对"四类分子"开展阶级斗争过程中产生的。但是枫桥区的干部群众与众不同,在严酷的阶级斗争年代,也注重以人为本、分类评审,并提倡"文斗"不要"武斗",通过说理和教育的方式把"四类分子"改造成为社会主义新人,绝大多数"四类分子"被就地改造为新人,罕见地出现了"少捕人、治安好"的良好局面,实现"一个不杀,大部不捕,矛盾不上交"。(有删改)

——《新时代"枫桥经验":中国特色基层社会治理的典范》,
《人民法治》2019 年 2 月号(下)

【教师活动】"请同学们根据材料推断出'枫桥经验'出现时的社会背景。"

【学生活动】"社会主义建设时期""管制四类分子"等。

【教师活动】"20 世纪 60 年代,枫桥的干部群众创造了'发动和依靠群众,坚持矛盾不上交,就地解决。实现捕人少,治安好'的'枫桥经验'。请同学们联系所学,回忆一下在社会主义建设时期,其余人民大众是如何改造'四类分子'的? 与之相比,'枫桥经验'优秀在何处?"

【学生活动】回忆当时社会人民大部分采取强硬的方式来改造"四类分子",并在同学的讨论和教师的指导下提出"温和改造"、"省时省力"、"团结民心"、"转化人力资源"等优秀之处。

材料三:

1963 年 10 月底,毛泽东同志在杭州听取公安部有关负责同志汇报时说:"这叫做矛盾不上交,就地解决。"并指示有关部门要好好总结。同年 11 月 22 日,毛泽东同志在公安部递呈的书面发言稿上批示:"要各地仿效,经过试点,推广去做。"

同日,毛泽东同志在与有关负责同志口头谈话时指出,"枫桥经验"回答了两个问题:一是群众为什么懂得要这样做;二是证明依靠群众办事是个好办法。从诸暨的经验看,群众起来之后,做得并不比你们差,并不比你们弱,你们不要忘记动员群众,群众工作做好了,还可以减少反革命案件,减少刑事案件。

此后,为了化解矛盾,调动积极性,枫桥干部群众又创造就地改造"流窜犯"、帮教失足青少年与一般违法人员、为"四类分子"评审摘帽等具体经验,屡开全国先河。给"四类分子"摘帽,"摘掉一顶帽,调动几代人","枫桥经验"成了全国政法战线的一面旗帜。(有删改)

——《"枫桥经验"特有神魂永不褪色》,

《法制日报》2013 年 10 月 10 日

【教师活动】"毛主席十分肯定和表扬了枫桥镇的改造工作,并'要各地仿效,经过试点,推广去做'。除此之外,毛主席的这一番话还蕴含着什么信息?"

【学生活动】阅读材料,相互讨论,大致得出"毛主席认识到群众的重要性""群众路线是党的生命线和根本工作路线"等结论。

【设计意图】简单介绍枫桥镇现状,让学生知道"枫桥经验"这个名称的由来。然后结合社会背景介绍"枫桥经验"的诞生,培养学生"时空观念"的历史素养。

【板书】社会主义建设时期,"枫桥经验"诞生。

(2)"枫桥经验"的发展

材料四:

"枫桥经验"发展于改革开放新时期,发动群众维护社会稳定。党的十一届三中全会作出了改革开放的重大决定,我国开始从"以阶级斗争为纲"向"以经济建设为中心"转变。随着生产力的发展,人民群众的思想逐步解放,利益逐步多元化,社会主要矛盾转化为人民日益增长的物质文化需要与落后的社会生产之间的矛盾。同时,随着社会大转型、人口流动加剧,刑事犯罪持续高发,尤其青少年违法犯罪问题十分突出,社会治安问题变得日趋复杂。为维护社会稳定,我国采取比较刚性的社会管理手段,确保改革开放成果不被颠覆。此阶段,"枫桥经验"紧紧依靠群众,先后探索出社会治安综合治理、平安建设和社会管理等经验,有效确保了社会稳定、平安和谐,实现"小事不出村,大事不出镇,矛盾不上交"。此阶段,"枫桥经验"先后被誉为全国社会治安综合治理的典范、全国社会管理创新的楷模。

——《新时代"枫桥经验":中国特色基层社会治理的典范》,

《人民法治》2019 年 2 月号(下)

【教师活动】同学们快速阅读材料四,找出"枫桥经验"发展阶段的社会背景。

【学生活动】"改革开放""社会主要矛盾的转变""社会治安问题日趋复杂"等。

【教师活动】"结合材料思考,为什么'枫桥经验'能够有效解决这一时期的矛盾?"

【学生活动】原因围绕"'枫桥经验'紧紧依靠群众"回答。

【教师活动】"'枫桥经验'相对于社会主义建设时期有哪些发展?"

【学生活动】依据材料中的"先后探索出社会治安综合治理、平安建设和社会管理等经验,有效确保了社会稳定、平安和谐,实现'小事不出村,大事不出镇,矛盾不上交'"回答问题。

【教师活动】教师总结这一部分知识点。"在改革开放的时代主题下,社会的变革、体制的转型、利益的调整和观念的更新,使得社会治安和稳定面临新挑战,'枫桥经验'在坚持'发动和依靠群众'这一原则的同时顺应潮流,做出新探索。"

材料五:

2003 年 11 月,时任浙江省委书记习近平同志对坚持发展"枫桥经验"作出指示,"要充分珍惜'枫桥经验',大力推广'枫桥经验',不断创新'枫桥经验'",作出了建设平安浙江、法治浙江的工作部署。浙江省委和省政府把"枫桥经验"的基本精神贯穿于经济、政治、文化、社会、生态文明和党的建设各个领域,紧紧扭住做好群众工作这条主线,牢固树立大平安的理念,实施和谐促进工程,确保了社会大局持续和谐稳定;牢固树立依法治理的理念,把群众路线与法治方式有机结合起来,支持群众依法实现自我管理、自我服务;牢固树立改革创新的理念,全面实施创业富民、创新强省战略,形成了干部创事业、能人创企业、百姓创家业的生动局面;牢固树立共同富裕的理念,形成了城乡居民收入与经济发展同步增长的长效机制,实现了经济社会又好又快发展。

——孟建柱:《加强和创新群众工作 为全面建成小康社会创造和谐稳定的社会环境——纪念毛泽东同志批示"枫桥经验"50周年》,《求是》2013年第21期

【教师活动】介绍新世纪时期"枫桥经验"的发展。"世纪之交,经济先发的浙江,率先遇到成长的烦恼:经济越发展,社会矛盾越突出。如何破解?'枫桥经验'再次准确回答了时代之问。请同学们思考,在习近平同志的指示下,'枫桥经验'是如何用于实践的?"

【学生活动】围绕"群众路线",从经济、政治、文化、社会、生态文明和党的建设各方面回答。

【设计意图】介绍改革开放时期和新世纪时期的社会背景,让学生联系背景和材料思考这一阶段"枫桥经验"的发展,锻炼学生阅读材料,总结归纳的能力。

【板书】改革开放时期,"枫桥经验"发展。

(3)"枫桥经验"的深化

材料六:

"枫桥经验"深化于中国特色社会主义新时代,以人民为中心创新

社会治理。党的十八大以来，中央提出坚定不移沿着中国特色社会主义道路前进，强调推进国家治理体系和治理能力现代化，并且改"社会管理"为"社会治理"。在这样的背景下，"枫桥经验"逐步转型，着力创新基层社会治理，加快推进基层社会治理现代化步伐，创新了"基层党建引领、基层法治建设、社会组织培育、乡村道德重塑、矛盾纠纷多元化解、基层治理四个平台、最多跑一次"等新经验，努力实现"矛盾不上交，平安不出事，服务不缺位"。此阶段，"枫桥经验"是中国特色社会主义基层治理的典型代表。

——《新时代"枫桥经验"：中国特色基层社会治理的典范》，

《人民法治》2019 年 2 月号（下）

材料七：

2013 年 10 月，习近平总书记又作出重要指示强调，"发扬优良作风，适应时代要求，创新群众工作方法，善于运用法治思维和法治方式解决涉及群众切身利益的矛盾和问题，把'枫桥经验'坚持好、发展好，把党的群众路线坚持好、贯彻好。"

——《高扬旗帜坚持和发展"枫桥经验"》，

《法制日报》2013 年 10 月 13 日

【教师活动】"阅读材料，思考新时代'枫桥经验'深化在何处？"

【学生活动】围绕"枫桥经验"逐步转型，着力创新基层社会治理，加快推进基层社会治理现代化步伐，创新了"基层党建引领、基层法治建设、社会组织培育、乡村道德重塑、矛盾纠纷多元化解、基层治理四个平台、最多跑一次"回答。

【教师活动】"我们已经回顾了'枫桥经验'的诞生、发展和深化阶段。同学们回忆上述内容，思考'枫桥经验'为何能够指导基层治理工作，'枫桥经验'的实质是什么？"

【学生活动】围绕"群众路线"回答。

【教师活动】明确阐释"枫桥经验"的实质,帮助同学正确理解和定义"枫桥经验"。"'枫桥经验'的实质是用党的群众路线正确处理人民内部矛盾的经验。"

【教师活动】"近50多年来,'枫桥经验'一直指导基层治理,那么'枫桥经验'历久弥新的根本原因是什么?"

【学生活动】思考、回答。

【教师活动】明确解释"枫桥经验"历久弥新的原因,帮助学生更好地理解"枫桥经验"。

"'枫桥经验'历久弥新的根本原因在于其与以人民为中心的发展思想相契合,与现代治理理念相契合。"

【设计意图】让学生了解中国特色社会主义新时代"枫桥经验"的深化,与之前完成的发展链,帮助学生更好地理清"枫桥经验"的发展历程。同时,在了解完发展链后,学生要学会透过现象寻找本质,因此让学生思考"枫桥经验"的实质和历久弥新的原因。

【板书】中国特色社会主义新时代,"枫桥经验"深化。

【板书】实质:用党的群众路线正确处理人民内部矛盾的经验。

【板书】历久弥新的根本原因:在于其与以人民为中心的发展思想相契合,与现代治理理念相契合。

2."枫桥经验"的现实应用

(1)"枫桥经验"的现实应用

【教师活动】"'枫桥经验'的生命力和当代价值,不仅要体现在历史经验和理论概括中,更要体现在现实生活和实践发展中。考察'枫桥经验'在其发源地的社会治理中发挥着什么样的作用,对于认识、理解和评估'枫桥经验'的当代价值和意义具有最为直接的说服力。"

【教师活动】"2010年,诸暨市成为全国首批社会管理创新综合试点城市之一,枫桥镇自2005年中央综治委设立'长安杯'以来,已连续三届获得全国社会治安综合治理最高荣誉奖'长安杯'。其主要实践和探索有以下几个方面。"

材料八:

(1)构建大调解模式,健全社会矛盾调解机制。诸暨实行"点线面"结合的大调解模式。面上,市、镇、村三级联动,建立市级社会矛盾纠纷大调解工作体系建设领导小组,27个镇乡(街道)、468个行政村和59个社区全部建立人民调解委员会。线上,专业调解有序推进,组建医患纠纷、法院诉前、交通事故、消费权益、劳资纠纷、婚姻家庭等六大专业调解中心,法院和5个基层法庭建立诉前调解委员会,16个派出所建立治安纠纷调解中心,8个交警中队建立道路交通事故调解室。点上,多元调解全面铺开,创建枫桥"老杨调解中心"、璜山"老朱调解工作室"、"江大姐调解室"等品牌调解室。近五年共受理矛盾纠纷3.8万件,调解成功率达96%。

(2)深化网格化管理,加强基层基础建设。一是"网格化管理、组团式服务"。诸暨市共划分网格4780个,服务团队5109个,参与服务人数达3.8万人……目前,枫桥镇形成了民生信息实时收集、受理、流转、处置、反馈的"两张网":一张网在线下,全镇划分为189个村居网格,每个网格都配备网格长、网格员;一张网在线上,依托互联网建立了基层治理综合信息系统和综合信息指挥室。二是加强群防群治的社会治安防控体系建设,全面建立"综治工作中心",形成"敲锣打鼓赶麻雀"和"维稳工作大家挑"的良好态势。配套完善1727个治调组织、678支巡防队、1000多人的平安协管员和3.2万人的平安志愿者队伍。

(3)开展"最多跑一次"改革,增强群众获得感。诸暨市在"最多跑一次"改革中,大力推进"互联网+政务服务",创新推出"一证通办"信息管理系统,即以居民身份证作为唯一标识,依托大数据、云计算技术梳理整合社保、公安、民政、不动产等13个部门36项涉民数据资源并实现数据对接,推进建设"一库一窗一网一章一档"工程,实现市民凭身份证就可办理从出生至死亡的绝大部分涉民事项,最终达到以"一证"为标识,为市民"记录一生,管理一生,服务一生"的目标。实现了"多按钮、少跑腿,把问题解决在群众家门口"。

（4）培育社会组织,激发社会活力。近年来,诸暨市社会组织蓬勃发展,调解类、公益类和文体类社会组织总共超过1800余家,在社会治理中发挥重要作用。成立乡贤联合会,凝聚海内外枫桥人献计献策、出钱出力,参与到枫桥的建设和治理;培育发展三贤文化研究会、枫江书画社、枫桥书画协会等组织,传承弘扬"耕读传家、诚信立身、孝悌礼义"等优秀传统文化。

（5）加强和完善流动人口服务管理。诸暨市早些年开始就将流动人口纳入实有人口服务管理范畴,积极推进"本地农民市民化、外地民工本地化"。枫桥镇探索出具有枫桥特色的"创业式管理、民族式管理、亲情式管理"模式。大唐镇实行流动人口编码式管理、出租房屋"五个一"管理方法。店口镇建立"外警协管外口"模式,就是与流动（外来）人口输出地警方加强协作,共同做好流动人口教育管理、矛盾化解、服务维权等工作,同时,建设"新店口人之家",促进人口融入。目前,诸暨已杜绝了由外来务工人员引发的各类突发性和群体性事件,有效地控制了流动人口刑案事发总量。

（6）其他方面。如建立有规则、有程序、有监督、有测评、有追究、公开化的"五有一化"权力运行体系等。（有删改）

——侯怀霞主编:《人民调解理论与实务》

【教师活动】"上述材料就是枫桥镇目前正在实践的'枫桥经验',请同学们结合自己的生活实际来谈谈自己的看法。"

【学生活动】表达自己的观点。

【教师活动】在学生表达观点时教师可以适当点拨,比如提示学生将枫桥镇治理工作与自己所在地区的治理工作相比较,比如"最多跑一次"政策带来的便利等。

(2)浙江公安运用"枫桥经验"

【教师活动】播放视频,https://v.qq.com/x/page/a3015548wpr.html?(视频内容为新时代枫桥经验的运用,与下文材料相符。)

材料九:

织里镇位于浙江省湖州市吴兴区,是中国最大的童装产业市场。23平方公里的中心镇区聚集了10万本地人口和35万流动人口,是浙江省平均人口密度的30多倍,日平均接警量达200起,是浙江社会治安形势最复杂的区域之一。

"一段时间以来,织里公安面临群体性事件、公共安全事故、交通违法等风险压力。"织里公安分局局长周兴强介绍,正是坚持创新发展"枫桥经验",多次进行改革,才实现了由乱到治的转变。

……

走透网格,才能吃透民意、摸透实情。依靠警务网格力量,香圩墩网格由原来的矛盾频发变为全市第一批"无贼网格",做到了无发案、无事故、无纠纷。周兴强介绍,"通过职能调整,实施警力下沉,派出所警力占比由原来的45%提高到73.5%"。

——魏哲哲:《浙江公安创新实践"枫桥经验"》,
《人民日报》2018年12月5日

材料十：

"每月至少回一次村、联系一次村干部、沟通一次驻村民警"，这是浙江省绍兴市上虞区678名"乡警"的行动指南。

浙江省绍兴市上虞区公安分局交警大队副大队长朱列锋就是"乡警"的一员。每隔一段时间，朱列锋都会抽空回趟老家上虞区丰惠镇朱巷村，除了探亲外，他还有一项特别的任务——巡村。"其实，就是在村里走走，和乡亲们拉拉家常。"朱列锋介绍，巡村一圈，常会有不少新发现，比如有村民抱怨村里垃圾堆积的问题，需要及时和相关负责单位对接解决。

……

警务围着民意转，民警围着百姓转。"乡警"回归，上虞全区疑难复杂矛盾纠纷调解成功率达到98.7%，同比提升20.1%；成功化解一起长达8年的信访积案；110接报的矛盾纠纷警情同比下降21.8%，同一纠纷重复报警数同比下降49.5%，治安纠纷处罚率同比下降27.7%。

——魏哲哲：《浙江公安创新实践"枫桥经验"》，

《人民日报》2018年12月5日

材料十一：

居民小区是社会治安防控体系中的基础单位，只有小区的小平安才能累积社会的大平安。"这个智能门磁报警器主要是安装在门和窗上的，居民外出时，如果门窗被异常开启，它就会通过手机APP报警，让主人第一时间了解突发状况。安装了电子猫眼，如果有陌生人在门口逗留5秒以上，就能自动抓取拍摄，图像实时传给主人。"嘉兴市嘉善县公安局民警介绍，智慧安防让群众生活更安全、便利。

……

记者了解到，近两年，依托智慧安防，已协助抓获各类逃犯、涉毒人员等63名,破获各类案件430余起,同时及时发出小区内预警信息,确保了小区"矛盾不上交、平安不出事"。

——魏哲哲:《浙江公安创新实践"枫桥经验"》,

《人民日报》2018年12月5日

【教师活动】"请同学们阅读材料,并分别概括出'枫桥经验'在三个材料中是如何被运用的?"

【学生活动】分别大致概括出"警力下沉,走透网格,吃透民意";"'乡警'回归,打造共治共享的社会治理格局";"智慧安防,社区'小平安'累积社会'大平安'"。

【设计意图】展示"枫桥经验"在枫桥镇和浙江其余地区的现实应用,让学生知道和了解"枫桥经验"在现实生活中的强大指导能力。学生结合自身生活实际,切实感受"枫桥经验"为人民带来的便利,加深学生对"枫桥经验"的理解。

3. 新时代"枫桥经验"对中国特色基层社会治理的启示

【教师活动】新时代"枫桥经验"在习近平新时代中国特色社会主义思想的指导下,不断创新发展与转型升级,已经超越了枫桥镇的地方经验范畴,成为一种具有中国特色的基层社会治理模式。这种经验蕴含有共性规律,可以给全国各地基层带来启示。

材料十二:

(一)始终坚持"党的领导",又不断创新党建引领路径

"党的领导"始终是"枫桥经验"坚持、发展和创新的政治优势和推动力量,也是中国特色的经验与西方治理经验不同之处。"枫桥经验"一直坚持党的领导,既服从中央政策方针,又能结合地方特色善于机制创新,把中央的意图贯彻得更到位,把工作做得更有成效,因此一直是中央力推的地方样板。同时,"枫桥经验"也能适应时代变化,改善党

在基层的领导方式,实施基层党建网格化、创新不同基层党支部形式、搭建新的党建平台(如镇村都建立党群服务中心),使党建渗透到行政村、社区、非公企业和社会组织等各个领域,丰富了基层党建的各种引领路径,也开创了新时代基层党建的全新格局。

(二)始终坚持"人民主体",又不断创新群众工作方法

"枫桥经验"坚持以"人民为中心",始终依靠人民群众,发动人民群众,为了人民群众,满足人民群众,从而充分调动人民群众的积极性、主动性和创造性。同时,"枫桥经验"又能随着时代的变化,不断创新做群众工作的体制机制和方式方法,从传统群众工作方法向现代群众工作方法转变,从网下群众工作方法向网上群众工作方法拓展,把更广泛的人民群众动员起来,充分发挥人民群众在社会治理中的主体作用。

(三)始终坚持"方法为术",又不断创新不同治理方法

"枫桥经验"始终重视方法论的创新,在不同时代创造了各种不同的方法,成为地方经验中方法论创新的佼佼者。其诞生之初是用政治动员的方法,20世纪80年代是用自治的方法,20世纪90年代开始采用法治的方法。新时代"枫桥经验"的方法论又有创新,以自治为基,法治为本,德治为先,形成了"自治、法治、德治"三治结合的乡村治理新模式,又为新时代基层社会治理方法论创新提供了鲜活样板。

(四)始终坚持"共建共享",又不断创新成果共享形式

"枫桥经验"始终坚持各方协同治理,党政社民共建共享,是不同时代共享改革成果的标杆,因此一直得到人民群众的积极拥护。最初是共享阶级斗争的成果,保证新中国革命事业不被颠覆。后来是共享社会治安综合治理的成果,保护国家财产安全和人民群众的人身财产安全不受侵害。新时代又有了新的共享成果形式,其通过创新社会治理和"枫桥经验"品牌效应,有效推动枫桥经济发展,推动枫桥民生改

善,不断满足人民群众对美好生活的向往。新时代"枫桥经验"的共享机制,使人民群众有了更强的获得感、幸福感、安全感。

(五)始终坚持"平安和谐",又不断创新化解矛盾机制

"枫桥经验"始终坚持化解矛盾,确保平安和谐,是不同时代就地化解矛盾、维护社会稳定的典范。但是,随着不同时代基层社会矛盾的变化,"枫桥经验"解决矛盾纠纷的机制也在相应变化。从最初的"社教"改造机制、"文斗"机制,到后来的"四前"工作机制、"六联"机制,再到现在的多元化矛盾纠纷解决机制,一直在与时俱进创新。新时代"枫桥经验"已经形成了风险预警机制、人民调解机制、社会组织参与机制、社会心理疏导机制、诉讼机制等各类机制,有效创新了新时代矛盾纠纷多元化解机制。

——《新时代"枫桥经验":中国特色基层社会治理的典范》,
《人民法治》2019 年 2 月号(下)

【教师活动】"请五位同学来分别读一下这五个启示"。

【学生活动】朗读。

【教师活动】学生读完材料之后教师再稍加阐述一下。

【教师活动】"有同学想来谈一谈自己的想法吗? 除了材料上的启示,你还有没有别的启示?"

【学生活动】表达想法。

【设计意图】展示"枫桥经验"对中国特色基层社会治理的启示,让学生明白"枫桥经验"将继续发挥它的作用,体会"枫桥经验"的伟大。

【板书】

社会主义建设时期,"枫桥经验"诞生。

改革开放时期,"枫桥经验"发展。

中国特色社会主义新时代,"枫桥经验"深化。

实质:用党的群众路线正确处理人民内部矛盾的经验。

历久弥新的根本原因:在于其与以人民为中心的发展思想相契合,与现代治理理念相契合。

第 2 课时

【教师活动】组织学生观看视频《坚持发展"枫桥经验"——中国基层社会治理现代化之路》第二集,多元共治。见 http://tv.cctv.com/2018/11/14/VIDE592Ki9fXon95bVlczm2y181114.shtml。

【学生活动】观看视频。

【教师活动】布置作业,以 6—8 人为单位组成小组,搜集所在地区"枫桥经验"指导下的治理成果,写成调查报告。

【设计意图】借助央视纪录片丰富学生知识,加深对第一节课的理论知识理解。要求学生以小组合作的形式撰写调查报告,培养学生实地考察的能力。

四、推荐阅读书目

1. 侯怀霞主编:《人民调解理论与实务》,上海交通大学出版社 2017 年版。

2. 央视纪录片《坚持发展"枫桥经验"——中国基层社会治理现代化之路》。

3. 蔡娟主编:《枫桥经验之人民调解案例故事》,浙江工商大学出版社 2018 年版。

五、课后思考

1. 思考新时代"枫桥经验"面临的挑战有哪些?

2. 概述新时期"枫桥经验"的内容。

3.为什么要坚持和发展新时代"枫桥经验"?

第四节　妇女能顶半边天:千鹤妇女

一、本节概述

中华人民共和国成立初期,在建德境内流传着"妇女下田,无米过年"的说法,民间甚至有"妇女踩过的田不长庄稼"等荒诞言论。但农民分得了土地,有的家庭劳动力严重不足。时任建德县妇联主任的胡采薇,来到千鹤村蹲点,使得妇女们走出家庭,走上田间地头。她和浙江省妇联调查组同事一起写了一篇题为《千鹤农业社发动妇女投入生产,解决夏收夏种中劳动力不足的困难》的总结报告。写下了新中国的妇女解放妇女能顶半边天的佳话。

二、原典呈现

在合作化以前,全国很多地方存在着劳动力过剩的问题。在合作化以后,许多合作社感到劳动力不足了,有必要发动过去不参加田间劳动的广大的妇女群众参加到劳动战线上去。这是出于许多人意料之外的一件大事。过去,人们总以为合作化以后,劳动力一定会过剩。原来已经过剩了,再来一个过剩,怎么办呢! 在许多地方,合作化的实践,打破了人们的这种顾虑,劳动力不是过剩,而是不足。有些地方,合作化以后,一时感到劳动力过剩,那是因为还没有扩大生产规模,还没有进行多种经营,耕作也还没有精致化的缘故。对于很多地方说来,生产的规模大了,经营的部门多了,劳动的范围向自然界的广度和深度扩张了,工作做得精致了,劳动力就会感到不足。这种情形,现在还只是在开始,将来会一年一年地发展起来。农业机械化以后也将是这样。将来会出现从来没有被人们设想过的种种事业，几倍、十几倍以至几十倍于现在的农作物的高产量。工业、交通和交换事业的发展，更是前人所不能设想的。科学、文化、教育、卫生等项事业也是如此。中国的妇女是一种伟大的人力资源。必须发掘这种资源，为了建设一个伟大的社会主义国家而奋斗。要发动妇女参加劳动，必须实行男女同工同酬的原则。浙江建德县的经验，一切合作社都可以采用。

——《发动妇女投入生产，解决了劳动力不足的困难》，

《毛泽东文集》第六卷

一九五五年，伟大领袖毛主席在《中国农村的社会主义高潮》一书中，对我们千鹤《发动妇女投入生产，解决了劳动力不足的困难》一文，作了光辉的批示。毛主席在批示中指出："中国的妇女是一种伟大的人力资源。必须发掘这种资源，为了建设一个伟大的社会主义国家而奋斗。要发动妇女参加劳动，必须实行男女同工同酬的原则。"今天，我们千鹤大队广大妇女重温毛主席的这一光辉批示，感到格外亲切、无比幸福。十八年来，特别是无产阶级"文化大革命"和批林整风以来，我们千鹤妇女沿着毛主席指引的航向，积极投入阶级斗争、生产斗争和科学实验三大革命运动，取得了一个又一个的胜利。男女同工同酬的原则得到了进一步贯彻，妇女积极性更加高涨。现在，割麦、割稻，插秧、耘田、养猪、积肥样样农活我们妇女都干。男社员们都说：妇女真是"半边天"。

——《战斗在农林战线上的妇女》

三、教学活动

第 1 课时

【课前任务】学生执行查阅千鹤妇女相关历史知识，包括后人总结的"千鹤妇女精神"，思考：千鹤妇女对如今有什么样的启示？

导入：

PPT 呈现千鹤妇女纪念馆图片。

【教师活动】直入主题：同学们，1953 年，杭州建德的一个小村庄，一群勇敢的妇女，她们打破封建礼教的束缚，走出家庭，来到了田间地头，和"家中顶梁柱"们一起在田地里劳作。和现在不同，那个时候，妇女走出家庭，外出工作，会被认为是很"出格"的事，但是她们不顾其他人的眼光，毅然投入到生产劳动中，为解决劳动力不足的情况率先做出了榜样。他们就是"千鹤妇女"，这是一个光荣的称呼，是对她们的无上褒奖。后人也根据她们的精神，总结出了"千鹤妇女精神"，一直传承至今。今天我们要学习的就是，这群勇敢的"千鹤妇女"，以及她们所展现的"千鹤妇女精神"。

【学生活动】欣赏图片，听教师导入讲解。

【设计意图】直入主题，充分利用课堂时间；结合图片，增强教学直观性、生动性。

1. 时代背景

【教师活动】提问：1953 年，那时的中国社会，处在一个什么样的情况下？

【学生活动】根据课前任务所查资料，回答问题。预设答案：新中国成立，农业社会主义改造计划开始实行；国民经济尚未完全恢复；人民生活贫困……

材料一：

解放前，我们劳动妇女受苦最深，除了受地主阶级的残酷剥削，还受封建礼教的"三纲五常"，"三从四德"的精神束缚，在政治上、经济上都没有地位，受尽人间之苦。……"妇女下田，没米过年"。

——浙江省建德县千鹤大队全体妇女：《毛主席永远活在我们劳动妇女心中》，《农业科技通讯》1977 年第 9 期

材料二：

1953年4月15日至23日在北京召开，有900多名代表参加。会议通过《关于四年来中国妇女运动的基本总结和今后任务报告的决议》和修改后的《中华全国民主妇女联合会章程》，选出了全国妇联第二届执委会委员。宋庆龄、何香凝为名誉主席，蔡畅为主席，邓颖超、李德全、许广平、史良、章蕴为副主席。

——王振川、徐祥之等主编：《新时期党的工作手册》

材料三：

土改后的我国农村，基本上是一家一户为一个生产单位的小农经济，其所占有的生产资料非常单薄。据统计，当时我国大约有耕地十六亿亩，这些耕地分散在一亿一千多万个农户手中。就全国来说，每户农民平均占有的耕地不足十五亩。南方一些省份，每户占有的耕地平均不足五亩。而贫农、下中农缺乏生产资料的情况尤为严重。根据对二十三省一万五千四百三十二户农家的调查，土地改革结束时，贫雇农每户平均占有的耕地只有十二·四六亩。他们不但耕地少，而且耕畜不足，农具缺乏。

——刘裕清：《论我国农业的社会主义改造》，《历史研究》1981年第5期

材料四：

这个决议，中共中央于一九五一年十二月十五日以草案形式发给地方各级党委试行。一九五三年二月十五日，中共中央作了部分修改后，通过成为正式决议。决议指出，在我国农村完成土地改革以后，必须按照自愿和互利的原则，积极领导农民走互助合作的道路。决议规定的互助合作运动三种主要的形式，即：临时互助组，常年互助组，和以土地入股为特点的农业生产合作社。

——《建国以来重要文献选编》第7册

【教师活动】根据四则材料,针对学生回答作相应的补充或纠正:首先,1953 年,中国妇女地位虽然逐渐受到重视,权益一定程度上受到保障,但总体来说,男女地位依旧不平等,妇女处于弱势地位,尤其是农村妇女;其次,新中国成立后实行土地改革,农民分到了土地,但是由于耕地较少,农民手中的土地依旧很少,甚至不能维持基本的生活,农业生产技术水平也不高,年农业所得较少;再次,农业的社会主义改造正式实行,各地纷纷成立农业合作社,开展集体农业生产;最后,老师补充一点,大家想想,从清末到新中国成立,一百年多的时间里,中国经历了多少战争,就近来看,新中国成立前夕两次最大的战争,抗日战争和解放战争,牺牲了多少青壮年,这导致了一个问题,就是劳动力严重不足,在这样的情况下,妇女走出家庭,尤其是农村妇女走出家庭,外出劳动,也成了迫不得已的事情。

【学生活动】阅读材料,根据教师补充,对笔记作相应的补充。

【板书】时代背景:农业社会主义改造;妇女尚未取得平等地位;农村人民生活困苦;劳动力不足。

【设计意图】首先学生回答,检验学生课前自学成果的同时,增加课堂的互动性,也促使学生思考问题,集中注意力;其次再策划贡献材料,起到补充说明的作用。

2. 千鹤村

PPT 呈现千鹤村图片。(图片略)

【教师活动】介绍千鹤村的基本情况:原名"城西村","城西村"位于新安江北岸、梅城镇西面,故名。现村域在南宋淳熙十二年(1185 年)属龙山乡;明万历六年(1578 年)属龙山乡;清雍正六年(1728 年)属西湖庄,光绪八年(1882 年)属十六都;1941 年属山鹤乡。新中国成立初期属梅城镇、山鹤乡,1950 年 10 月为庵口乡黄栗坪、鹤皋村,1956

年 10 月为庵口乡黎明、千鹤高级社,1958 年 9 月为梅城公社黄栗坪、千鹤生产队,1961 年 7 月为庵口公社黄栗坪、千鹤大队,1983 年 11 月为千鹤乡黄栗坪、千鹤村,两村自 1992 年 5 月起属梅城镇,2007 年 7 月合并。村委会驻地黄栗坪,辖黄栗坪、千家、下高、西山下、下路山 5 个自然村。区域面积 5.2 平方千米,有耕地 89 公顷,山林 295 公顷。428 户,1342 人,门牌 428 块。主要出产稻谷、原木、茶叶、水果等。县道杨梅公路、杨梓公路穿村而过。2019 年,"城西村"更名为"千鹤村"。

　　——建德市民政局《建德市地名志》编纂委员会编:《建德市地名志》

　　【学生活动】欣赏图片,根据教师讲解了解千鹤村的地理位置以及名称变革。

　　【板书】千鹤村。

　　【设计意图】教师直接讲解,提高教学效率,充分利用课堂时间;配合图片,增强教学直观性。再者,讲述"千鹤村"的名称变革,有助于突出"千鹤"这一名称对于该地、该村居民以及后人的重要性,为后文重点讲授"千鹤妇女精神"做铺垫。

　　3. **历史回溯**

　　【教师活动】那我们回到 1953 年,在这片土地上,究竟发生了什么,才能让千鹤村的后人,到今天依然如此骄傲呢?

　　【学生活动】根据课前所查资料回答问题:1953 年,为解决劳动力不足的问题,千鹤妇女打破传统旧俗,走出家庭,走上田间地头,倡导男女同工同酬,有效地解决了劳动力不足的问题。这一典型事迹被当时的县妇联主任胡采薇和浙江省妇联调查组采写并上报中央,这篇调查报告就是《千鹤农业社发动妇女投入生产,解决夏收夏种中劳动力不足的困难》。1955 年,毛泽东同志在这篇调查报告上作出长达 466 字的批示,提到"中国的妇女是一种伟大的人力资源。……要发动妇女参加劳动,必须实行男女同工同酬的原则。浙江建德县的经验,一切合作社都可以采用"。

【教师活动】肯定学生回答,重点指出:这是毛泽东同志"妇女能顶半边天"的重要理论来源。(PPT 呈现毛泽东批复原件图片)

【设计意图】千鹤妇女的历史事件并不难理解,可让学生根据课前自学回答问题,增加课堂互动,也能发挥学生的主体性作用。

【教师活动】千鹤妇女走出家庭,是一项伟大创举,那么,无可避免地,她们会遇上以前不曾有的困难。那么,同学们,千鹤妇女,在走出家庭的过程中,遇上了什么样的困难呢? 她们又是怎么解决的呢?

【学生活动】根据课前自学回答问题:家中的小孩子无人照料,因此她们成立了托儿所。

材料五:

妇女下地劳动,面临一个非常实际的问题——家里孩子没人管怎么办?

1956 年,千鹤大队办起了托儿所,这是全国最早建立的村级托儿所之一。"托儿所里的孩子跟我感情都很好,前任村书记就是我带出来的孩子。"65 岁的蒋竹珍曾是托儿所的阿姨。一开始,妈妈们并不放心把孩子托付出去,后来,她们发现蒋竹珍对孩子有耐心,还会给孩子做玩具,讲故事,渐渐相信了她。"一开始只有十几个孩子,最多的时候发展到五十几个,从早上 7 点半入托到晚上 5 点,我再一个个送回家。"蒋竹珍就这样带大了一群孩子,直到把他们送到小学。

千鹤村妇女胡寿珠还记得,为了照顾自己 4 个月大的孩子,完全出不了门。后来,她把孩子放在了托儿所,终于也能腾出双手搞生产了。"妇女们都说,有了托儿所,可以安心参加生产了。"蒋竹珍说。

——张梦月:《妇女能顶半边天　建德千鹤"归来"再说

当年红色故事》,《浙江新闻》2019 年 12 月 22 日

【教师活动】根据材料,肯定学生回答,并做总结补充:在"男主外女主内"思想观念的影响下,妇女通常承担着照顾家庭的义务,包括家务和带孩子,现在妇女外出劳动,这些就成了现实中必须要面对的问题。其中最重要的就是,孩子怎么办? 为了解决这个问题,千鹤村首先办起了托儿所。刚开始,村民们也都并不放心将自家孩子教给别人抚养,但是在托儿所阿姨的努力下,村民们看到了他们认真负责的态度,也渐渐开始放心。托儿所的成立,为千鹤妇女们解决了后顾之忧,在当时,也是一项创举。

【设计意图】首先,先提问,再补充材料,是以学生回答为主、教师补充为辅。其次,以当事人的口述回忆为材料,在提升学生阅读、分析史料能力的同时,以口述资料的形式,从第一视角展现历史事实,更直观,也能体现口述历史独特的魅力。

【教师活动】除了材料五中提到的蒋竹珍老人,千鹤村还有许许多多在领导人的鼓舞下,走出家庭,参与劳动的妇女,千鹤村涌现出了许多全国妇女典型,有苏连珠、洪水花、傅爱娥等。接下来,就让我们走进这群老人,去深刻感受一下她们身上存在的这种"千鹤妇女精神"。

材料六:

上世纪40年代,3岁的傅爱娥因火烧伤了双手,变成了两个光秃秃的拳头。从孩提时期到成人,她的心情一直徘徊在谷底,常常一人痛哭,甚至有过轻生的念头。

"但识字让我心胸变得宽大,有了自信。"傅爱娥说,当时村里有个王玉英书记,每天给她讲毛主席语录,鼓励开导她,教她干力所能及的农活。傅爱娥心中的阴霾渐渐散开,"没有双手又如何,我还活在这里!"

从此,傅爱娥白天学农活,晚上学文化。条件差,她自带煤油灯去村里学文化;不能拿笔,她用绳子把笔绑在手上写字。1966年上半年,县里派人来采访她,并写成了《人残志不残》在《浙江日报》头版头条发表。见报后,大家都被她的励志故事深深感动。后来,她还被推荐参加省里青年团会议,在浙江省人民大会堂发言。同年,又被评为全国劳动先进积极分子……

1966年10月1日,中华人民共和国成立17周年。县里推荐她去北京参加国庆观礼。她终于见到了敬爱的毛主席和周总理,"我当时泪流满面……"随后,她又随代表团专程前往山西大寨参观学习:"我见到了陈永贵、郭凤莲,听了他们的创业报告。这些经历都深深地激励着我。"

1969年6月10日,是傅爱娥一生铭记的日子,那天她正式成为一名共产党员。此后,傅爱娥更加斗志昂扬地投身于工作中。"人家割草用双手,爱娥割草用双拳,人家割了一百斤,爱娥要割一百廿……"她是那个时代的一个传说。

——《半个多世纪的千鹤传奇还在继续》,

《杭州日报》2019年4月1日

【教师活动】同学们阅读上面这段文字,有什么感受?

【学生活动】阅读材料,回答问题。预设回答:傅爱娥奶奶艰苦奋斗,永不放弃,即使残疾也不放弃努力提升自我;傅奶奶积极拥护党组织,向党组织靠拢;傅奶奶很努力,不输给健全人……

【教师活动】肯定学生回答,引出"千鹤妇女精神":傅爱娥老人只是千鹤妇女的一个缩影,或者说,是其中的杰出代表,从这位傅奶奶的身上,我们可以看到千鹤妇女身上那种独特的精神,后来,人们就把这种精神归纳为"千鹤妇女精神",同学们课前查过资料,"千鹤妇女精神"的具体内涵,究竟是什么呢?

【学生活动】根据课前所查资料,回答问题:男女平等,不等不靠,敢想敢干,团结协作,艰苦创业。

【设计意图】以傅爱娥老人的事迹为引入,引导学生感受并总结千鹤妇女精神的具体内涵;增强学生的情感体验,更直接地感受千鹤妇女那种勤劳、坚韧的品质;以傅爱娥老人的事迹为范例,为之后布置口述采访任务做铺垫。

4.回首当今

【教师活动】过渡性讲解:60多年过去了,"千鹤妇女精神"对于当今社会又有什么样的启示呢? 同学们阅读以下几则材料,结合自己课前查的资料和自己的想法,一起来谈一谈。

材料七:

过去,千鹤妇女因受毛主席的批示精神感召,凝聚起无往不胜的磅礴合力。新时代,我们必须全面贯彻落实党的十九大精神,推动习近平新时代中国特色社会主义思想入脑入心,开创出乡村振兴别样精彩的新业绩。

——《传承"千鹤妇女精神"助力实现乡村振兴
调研报告》,《浙江日报》2018年7月6日

材料八:

过去,县、乡、村三级党组织发动、组织、号召广大群众白天搞生产、晚上抓学习,实现了物质精神双丰收。当前,基层党委、政府不仅要在推动工作上发挥好组织引领作用,更要在意识形态领域强化阵地意识,把握工作主动权。

——《传承"千鹤妇女精神"助力实现乡村振兴
调研报告》,《浙江日报》2018年7月6日

材料九:

千鹤之所以在上世纪两次出现辉煌,与各级领导干部和群众苦干实干、巧干会干分不开。新时代乡村振兴如何因村制宜、因势而

动,做到求真务实、开拓进取,真正考验的是为政者的思想意志和执政能力。

——《传承"千鹤妇女精神"助力实现乡村振兴

调研报告》,《浙江日报》2018 年 7 月 6 日

材料十:

过去,千鹤提出"男女同工同酬",针对的是生产要素不足的现状,补的是生产力低下的短板,解决的是人民温饱问题。在乡村振兴大背景下,广大群众不再满足于基本物质的追求,期盼更高层次美好家园建设的综合愿景,只有一任接着一任干、一锤接着一锤敲,才能全力以赴做好乡村振兴大文章。

——《传承"千鹤妇女精神"助力实现乡村振兴

调研报告》,《浙江日报》2018 年 7 月 6 日

【学生活动】阅读材料,结合课前自学,和同学讨论,发散思维,总结"千鹤妇女精神"对当今的启示。

【教师活动】对学生讨论回答的结果进行点评,最后总结:其实同学们说的都有道理,这个问题并不存在所谓的正确答案,大家思考的方向都是对的。老师给出答案,只是其中最基础、最核心的一些启示:任何时候都必须保持坚定的核心意识;任何时候都必须充分发挥好党组织的领导力;任何时候都必须保持扎实的作风、运用科学的方法;任何时候都必须坚持问题导向、短板思维,以钉钉子精神抓落实。

【设计意图】首先,PPT 呈现材料,帮助学生找到思考方向;其次,提问学生,促使学生进一步思考问题,发散思维;再次,讨论环节,集思广益,拓宽思路,同时提升课堂活跃度,教师参与学生讨论,增加师生间的互动;复次,将时间线拉回现代,让学生思考"千鹤妇女精神"对当今社会的启示,明确历史服务于现代社会,提示学生,学会从历史中汲取

经验;最后,点明中国共产党在其中起到的作用,点明党的正确领导是当今社会、国家发展所必不可缺的条件,身为青年人要坚定不移地拥护党和国家,落实"家国情怀"。

【教师活动】我们不仅要看到"千鹤妇女精神"在当今的现状,也要看到孕育她的千鹤村的现状。我们来看下面几则材料,这几则材料充分说明了千鹤村现状,同学们根据这些现象,一起给出有针对性的发展建议。

材料十一:

村庄环境乱象相对突出。城西村因地处梅城工业功能区,在城镇化发展过程中,吸纳大量外来务工人员就业,出现较为明显的"城乡接合部"式脏乱差环境问题。公共基础设施配套欠缺,与群众对美好生活的向往还有一定差距。

——《传承"千鹤妇女精神"助力实现乡村振兴调研报告》,《浙江日报》2018年7月6日

材料十二:

乡村产业支撑力度不足。城西村在规划中被纳入梅城新城区块,用于承接疏散梅城古镇相关功能。由于依赖新城相关项目的推进,新城规划目前暂未落地,使村内缺少支柱型产业,企业多以低小散为主,经济效益不高,缺乏长期的支撑和后劲。

——《传承"千鹤妇女精神"助力实现乡村振兴调研报告》,《浙江日报》2018年7月6日

材料十三:

集体经济"造血"功能薄弱。城西村存在典型的"民富村穷""寅吃卯粮"现象。2017年,农村居民人均可支配收入为2.82万元,高于全市2.38万元的平均水平,主要来源于城西工业功能区的企业务工收

入;而村集体经济收入为 14.07 万元,低于全市 56.5 万元的平均水平,属于全市 52 个集体经济收入 20 万元以下的相对薄弱村之一。

——《传承"千鹤妇女精神"助力实现乡村振兴

调研报告》,《浙江日报》2018 年 7 月 6 日

材料十四:

村级组织引领作用不强。一方面,村干部的视野境界和能力水平与新时代的要求还存在不相适应的地方,整体战斗力还不够强;另一方面,村级组织未能充分依靠群众、发动群众,与群众的交流渠道不畅。调研中发现,村民对村级事务参与度不高,存在"干部在干、群众在看"的现象。

——《传承"千鹤妇女精神"助力实现乡村振兴

调研报告》,《浙江日报》2018 年 7 月 6 日

【学生活动】根据以上材料中提到的问题,给出自己的建议。预设回答:治理乱象,统一规划;发展支柱型产业;依靠群众……

【教师活动】根据学生回答,进行总结补充:1. 弘扬红色精神,建强基层堡垒,努力让广大群众成为乡村振兴的主力军。2. 重整拆改空间,持续美化环境,努力让水绿山青成为乡村振兴的主色彩。3. 推动镇村融合,谋划产业联动,努力让价值回归成为乡村振兴的主旋律。4. 增强造血功能,壮大集体经济,努力让民富村强成为乡村振兴的主基调。

【设计意图】从千鹤村现状出发,让学生明白"千鹤妇女精神"对于千鹤村的重要意义。同时结合乡村振兴计划,让学生对一些国家政策有基本的了解。

5. 妇女能顶半边天

【教师活动】在"千鹤妇女精神"的引领下,能顶半边天的妇女同志们不甘居于人后,都在自己的岗位上发光发热,为社会作出自己的贡

献,是当之无愧的"半边天"。

材料十五:

发扬千鹤妇女精神,"若有战,召必回,战必胜"已成广大女性的自觉行动。市妇联机关全体(除按要求居家隔离外)全部下沉基层服务点、居住地社区参与疫情防控,并广泛动员妇联干部、执委和巾帼志愿者主动加入村社防控一线,筑起基层防控"铜墙铁壁"。每天从清晨到深夜,村社卡点、街头巷尾、楼道庭院,都有妇联人和巾帼志愿者战斗的身影。她们舍弃万家灯火的温暖,屹立于寒冬的深夜,守护着城乡战"疫"需要的每个角落。滨江区妇联主席彭虹刚动过大手术,尚未痊愈已冲上了第一线;滨江区6名护士以及1名普通志愿者组成"爱心天使妈妈团",轮流照顾2个因家长确诊而无人照看的武汉幼儿的故事感动了社会各界,被多家知名媒体转载;建德市妇联持续发动巾帼志愿者成为口罩生产线、消毒水车间的特殊"临时工",加班加点、日夜赶制,事迹上了《人民日报》;下城区"武林大妈"组成"喊街队",呼喊在街头巷尾,向居民宣传防疫新策。在千鹤妇女精神和杭州女医务工作者勇做最美"逆行者"感人事迹的感召下,广大妇女众志成城、共克时艰的信心空前高涨,各行各业妇女立足岗位建功立业的感人事例层出不穷:如全国三八红旗手李小方带领团队加班加点,向全国小朋友开放免费的阿U学科学课程1000多个;省三八红旗手季红丽和团队加班训练升级企业自主研发的"啄医生"智能阅片机器人,配合医生分析影像,24小时值守,做前线医生们的技术后盾;浙江长龙航空有限公司客航部"翎龙"巾帼文明岗为我省首架执行驰援武汉任务的包机航班提供后勤保障……"若有战,召必回,战必胜"已成为杭州女性的信仰和千鹤精神的最好诠释。同时,市妇联把家庭作为阻击疫情的最小堡垒,用新媒体手段如抖音、漫画、短视频等形式发布防疫知识、家教短片、居家健身操等,营造安心居家、健康宅家的氛围;还联合市委宣传部(文明办)、《杭州日报》等开辟"战疫,最美家庭在奋战"专栏,每天宣传2户防控工作中的先进家庭。市妇联联动各区县市及时开通心理咨询热线13条,为在疫情中感到焦虑的妇女和家庭提供心理干预公益服务,并在全省率先会同市检察院、民政局发布了《关于在新型冠状病毒肺炎疫情防控期间做好困境儿童和农村留守儿童帮扶关爱工作的通告》等。

——杭州市妇联发布,杭州市政府信息公开,2020年2月17日

【学生活动】阅读材料,感受千鹤妇女在今天发挥的重要引领作用。深刻领悟"妇女能顶半边天"口号的内涵。然后根据教师引导,分享自己身边的"巾帼故事"。

【设计意图】点出"妇女能顶半边天"这一重要理论,强调妇女在今天的社会中发挥的巨大作用。再者,引导学生分享身边的"巾帼故事",拉近距离,不仅是师生之间,还有历史与现实之间,从理论到实际,从历史到现实,以身边的故事为抓手,让学生明白历史不是遥不可及、不可触摸的。

小结

【教师活动】60多年前,千鹤妇女勇敢走出家庭,她们独特的"千鹤妇女精神"使得她们成为全国妇女的典范代表。而如今的千鹤村,也需要这种精神的引领,实现乡村振兴。下节课我们将前往"千鹤妇女纪念馆",走进千鹤村,去实地感受、采访那里的老人,同学们课后先设计一份口述采访的问题稿,便于下节课开展口述采访。

第2课时

前往"千鹤妇女纪念馆",了解红色历史;

采访村中老人,了解她们的事迹,整理采访稿。

【设计意图】参观纪念馆,实地阅读观察一些珍贵的资料原件,增加印象,也是对第 1 课时内容的补充。其次,口述采访,锻炼学生的沟通能力,让学生了解口述历史,明白口述历史也是历史的重要组成部分,有其特殊的意义。

第 3 课时

采访稿整理成果展示。

四、推荐阅读书目

1. 沙吉才主编:《中国妇女地位研究》,中国人口出版社 1998 年版。

2. 陶春芳、蒋永萍主编:《中国妇女社会地位概观》,中国妇女出版社 1993 年版。

3. [英]保尔·汤普逊:《过去的声音:口述史》,覃方明、渠东、张旅平译,辽宁教育出版社 2000 年版。

五、课后思考

1. 课后查阅相关资料,了解中国妇女地位的变迁史。

2. 你认为中国妇女如今的地位如何? 说说你的理由。

3. 你认为口述资料在历史资料中的地位如何? 有何优缺点?

责任编辑：詹　夺

封面设计：徐　晖

责任校对：刘　青

图书在版编目（CIP）数据

浙江红色历史文化课例/周东华 编著. —北京：人民出版社，2021.8

ISBN 978－7－01－023491－5

Ⅰ.①浙…　Ⅱ.①周…　Ⅲ.①革命史-概论-浙江　Ⅳ.①K295.5

中国版本图书馆 CIP 数据核字（2021）第 115985 号

浙江红色历史文化课例

ZHEJIANG HONGSE LISHI WENHUA KELI

周东华　编著

人 民 出 版 社 出版发行

（100706　北京市东城区隆福寺街 99 号）

环球东方（北京）印务有限公司印刷　新华书店经销

2021 年 8 月第 1 版　2021 年 8 月北京第 1 次印刷

开本：710 毫米×1000 毫米 1/16　印张：22

字数：259 千字

ISBN 978－7－01－023491－5　定价：69.00 元

邮购地址 100706　北京市东城区隆福寺街 99 号

人民东方图书销售中心　电话（010）65250042　65289539